令和4年版

土 地 白 書

国土交通省

CONTENTS　目次

第1部　土地に関する動向

第1章　令和3年度の不動産市場等の動向 ……………………………………… 3
　第1節　地価の動向 …………………………………………………………… 3
　第2節　土地取引の動向 ……………………………………………………… 11
　第3節　土地利用の動向 ……………………………………………………… 15
　第4節　不動産市場の動向 …………………………………………………… 28
　第5節　不動産投資市場の動向 ……………………………………………… 35
　第6節　土地・不動産の所有・利用・管理に関する意識 ………………… 40
第2章　人口減少社会における所有者不明
　　　　土地対策等の取組と関連施策の動向 ………………………………… 47
　第1節　所有者不明土地対策等における取組状況 ………………………… 49
　第2節　所有者不明土地法の一部を改正する法律 ………………………… 72
　第3節　関連施策の動向 ……………………………………………………… 78

CONTENTS 目次

第2部　令和3年度土地に関して講じた基本的施策

第1章　土地の利用及び管理に関する計画の策定等 ……………………………… 89
　　第1節　国土計画における適正な土地利用の推進 ……………………………… 89
　　第2節　都市計画における適正な土地利用の推進 ……………………………… 90
　　第3節　農業振興地域整備計画等による優良農地の確保と
　　　　　　有効利用の取組の推進 ………………………………………………… 91
　　第4節　森林計画等による適正な利用・管理の推進 …………………………… 91

第2章　適正な土地利用及び管理の確保を図るための施策 …………………… 92
　　第1節　地方創生・都市再生の推進等 …………………………………………… 92
　　第2節　災害に強いまちづくりの推進 …………………………………………… 94
　　第3節　低未利用土地の利用促進等 ……………………………………………… 97
　　第4節　国公有地の利活用等 ……………………………………………………… 99
　　第5節　住宅対策の推進 ………………………………………………………… 100
　　第6節　都市と緑・農の共生するまちづくりの推進 ………………………… 103
　　第7節　農地の適切な保全 ……………………………………………………… 103
　　第8節　森林の適正な保全・利用の確保 ……………………………………… 104
　　第9節　環境保全等に係る施策の推進 ………………………………………… 105
　　第10節　文化財等の適切な保護及び良好な景観形成の推進等 …………… 106
　　第11節　適正な土地の管理の確保方策の推進 ……………………………… 107
　　第12節　所有者不明土地問題への対応方策の推進 ………………………… 108
　　第13節　安全保障等の観点に基づく土地利用に係る調査及び規制 ……… 109

第3章　土地の取引に関する施策 ………………………………………………… 110
　　第1節　不動産取引市場の整備等 ……………………………………………… 110
　　第2節　不動産投資市場の整備 ………………………………………………… 110
　　第3節　土地税制における対応 ………………………………………………… 111
　　第4節　不動産市場における国際展開支援 …………………………………… 111
　　第5節　土地取引制度の適切な運用 …………………………………………… 112

第4章　土地に関する調査の実施及び情報の提供等に関する施策 ………… 113
　　第1節　国土調査の推進等 ……………………………………………………… 113
　　第2節　国土に関する情報の整備等の推進 …………………………………… 113
　　第3節　土地に関する登記制度の整備 ………………………………………… 114
　　第4節　不動産取引情報の推進等 ……………………………………………… 114
　　第5節　災害リスク等についての情報の提供等の推進 ……………………… 115

第5章　土地に関する施策の総合的な推進 …………………………………… 116
　　第1節　国・地方公共団体の連携協力 ………………………………………… 116
　　第2節　関連分野の専門家等との連携協力 …………………………………… 116
　　第3節　土地に関する基本理念の普及等 ……………………………………… 116

　　第4節　資金・担い手の確保 ……………………………………117
第6章　東日本大震災と土地に関する復旧・復興施策 …………118
　　第1節　土地利用関連施策 ………………………………………118
　　第2節　住宅関連施策………………………………………………118
　　第3節　被災自治体による土地活用の取組の推進 ………………119
　　第4節　土地情報関連施策 ………………………………………119
　　第5節　税制上の措置………………………………………………119

CONTENTS 目次

第3部　令和4年度土地に関する基本的施策

第1章　土地の利用及び管理に関する計画の策定等 ……………………………… 123
　第1節　国土計画における適正な土地利用の推進 ………………………… 123
　第2節　都市計画における適正な土地利用の推進 ………………………… 124
　第3節　農業振興地域整備計画等による優良農地の確保と
　　　　　有効利用の取組の推進 ………………………………………………… 125
　第4節　森林計画等による適正な利用・管理の推進 …………………… 125

第2章　適正な土地利用及び管理の確保を図るための施策 ………………… 126
　第1節　地方創生・都市再生の推進等 ……………………………………… 126
　第2節　災害に強いまちづくりの推進 ……………………………………… 128
　第3節　低未利用土地の利用促進等 ………………………………………… 131
　第4節　国公有地の利活用等 ………………………………………………… 132
　第5節　住宅対策の推進 ……………………………………………………… 133
　第6節　都市と緑・農の共生するまちづくりの推進 …………………… 137
　第7節　農地の適切な保全 …………………………………………………… 137
　第8節　森林の適正な保全・利用の確保 ………………………………… 138
　第9節　環境保全等に係る施策の推進 ……………………………………… 138
　第10節　文化財等の適切な保護及び良好な景観形成の推進等 ………… 140
　第11節　適正な土地の管理の確保方策の推進 …………………………… 140
　第12節　所有者不明土地問題への対応方策の推進 ……………………… 141
　第13節　安全保障等の観点に基づく土地利用に係る調査及び規制 ……… 142

第3章　土地の取引に関する施策 ………………………………………………… 143
　第1節　不動産取引市場の整備等 …………………………………………… 143
　第2節　不動産投資市場の整備 ……………………………………………… 143
　第3節　土地税制における対応 ……………………………………………… 144
　第4節　不動産市場における国際展開支援 ……………………………… 144
　第5節　土地取引制度の適切な運用 ………………………………………… 144

第4章　土地に関する調査の実施及び情報の提供等に関する施策 ………… 145
　第1節　国土調査の推進等 …………………………………………………… 145
　第2節　国土に関する情報の整備等の推進 ……………………………… 145
　第3節　土地に関する登記制度の整備 ……………………………………… 146
　第4節　不動産取引情報の推進等 …………………………………………… 146
　第5節　災害リスク等についての情報の提供等の推進 ………………… 147

第5章　土地に関する施策の総合的な推進 …………………………………… 148
　第1節　国・地方公共団体の連携協力 ……………………………………… 148
　第2節　関連分野の専門家等との連携協力 ……………………………… 148
　第3節　土地に関する基本理念の普及等 ………………………………… 148

第4節　資金・担い手の確保 ……………………………………………… 148

第6章　東日本大震災と土地に関する復旧・復興施策 …………………… 150

第1節　土地利用関連施策 ………………………………………………… 150

第2節　住宅関連施策…………………………………………………………… 150

第3節　被災自治体による土地活用の取組の推進 ……………………… 151

第4節　土地情報関連施策 ………………………………………………… 151

第5節　税制上の措置………………………………………………………… 151

CONTENTS 目次

資料編

1. 経済の動向 ……………………………………………………………… 154
    図表1　実質ＧＤＰ成長率と寄与度の推移
    図表2　生産・営業用設備ＤＩの推移
    図表3　雇用判断ＤＩ、有効求人倍率の推移
    図表4　実質家計最終消費支出（前年同期比）の推移

2. 地価の動向 ……………………………………………………………… 156
  （1）地価動向の的確な把握 ………………………………………… 156
    図表5　地価公示の対象区域、標準地数等の推移
    図表6　地価公示と都道府県地価調査との比較
    図表7　公的土地評価一覧
  （2）各圏域別の地価動向について ………………………………… 159
    図表8　東京圏の地域別対前年平均変動率
    図表9　東京圏の市区の対前年平均変動率
    図表10　大阪圏の地域別対前年平均変動率
    図表11　大阪圏の市区の対前年平均変動率
    図表12　名古屋圏の地域別対前年平均変動率
    図表13　名古屋圏の市区の対前年平均変動率
    図表14　地方圏の市区別変動率（人口10万人以上の市）
    図表15　名目GDPと地価の推移

3. 土地取引の動向 ………………………………………………………… 169
    図表16　制度部門別土地純購入額の推移
    図表17　土地売却主体の状況（面積割合）
    図表18　土地購入主体の状況（面積割合）
    図表19　売主・買主の形態（件数割合）
    図表20　売主・買主の形態（面積割合）
    図表21　土地取引の地目別割合（件数割合）
    図表22　土地取引の地目別割合（面積割合）
    図表23　個人買主の購入目的（件数割合）
    図表24　個人売主の売却理由（件数割合）
    図表25　法人買主の業種（件数割合）
    図表26　法人買主の購入目的（件数割合）
    図表27　法人売主の業種（件数割合）
    図表28　法人売主の売却理由（件数割合）
    図表29　耕作目的の農地の権利移動
    図表30　土地取得面積の業種別割合の推移（販売用土地）
    図表31　土地売却面積の業種別割合の推移（販売用土地）
    図表32　産業別工場立地面積の推移
    図表33　地域別工場立地面積の推移
    図表34　産業別工業用地取得金額の推移

4. 土地利用の動向 ………………………………………………………… 179
    図表35　国有地の面積の推移
    図表36　公有地の面積の推移

　　　　図表37　国土（宅地・農地及び森林・原野等）の所有主体別面積
　　　　図表38　個人及び法人の所有地面積の地目別構成比の推移
　　　　図表39　個人及び法人の所有地面積の地域別構成比
　　　　図表40　法人所有土地・建物及び世帯所有土地の面積
　　　　図表41　地目別土地所有者数の推移
　　（1）宅地などの利用現況 ･･ 182
　　　　図表42　法人が所有する宅地などの利用現況別面積
　　　　図表43　世帯が所有する宅地などの利用現況別面積割合
　　（2）未利用地の状況 ･･･ 183
　　　　図表44　法人・世帯が所有する宅地などの空き地及び低利用地面積の推移
　　　　図表45　利用関係別新設住宅着工戸数の推移
　　　　図表46　新設住宅（利用関係別）着工戸数の推移
　　　　図表47　新設住宅（利用関係別）着工床面積の推移
　　　　図表48　新設住宅（利用関係別、地域別、資金別）着工戸数
　　　　図表49　新設住宅（地域別、利用関係別）着工床面積及び1戸あたり平均床面積
　　　　図表50　産業別工業用地面積の推移
　　　　図表51　地域別工業用地面積の推移
　　　　図表52　地域別森林面積
　　　　図表53　地域別耕地面積
　　　　図表54　耕地面積等の推移
　　　　図表55　市街化区域内に占める市街化区域農地の割合
　　　　図表56　市街化区域内農地の転用面積
　　　　図表57　農地に太陽光発電設備を設置するための農地転用許可実績
　　　　図表58　営農型太陽光発電設備を設置するための農地転用許可実績
　　　　図表59　三大都市圏特定市における生産緑地地区指定状況
　　　　図表60　オフィスの新規賃借予定理由
　　　　図表61　新規賃借予定面積の拡大縮小割合
　　　　図表62　コイン式駐車場の車室数の推移
　5．不動産投資市場の動向 ･･ 193
　　　　図表63　東証REIT指数の推移（令和3年1月～令和4年3月）
　　　　図表64　Jリート資産取得額の推移
　　　　図表65　Jリートにおける外国人の売買状況
　　　　図表66　Jリート等の取得件数・割合の推移
　　　　図表67　Jリートの物件取得額の推移
　　　　図表68　Jリートの取得した物件の推移（地域別累積件数）
　6．土地資産額の動向 ･･ 196
　　　　図表69　我が国の資産額の推移
　　　　図表70　名目GDPと土地資産額の推移
　　　　図表71　制度部門別土地資産額の推移
　　　　図表72　法人所有土地・建物及び世帯所有土地の資産額
　7．土地関連諸制度の動向 ･･ 199
　　（1）土地取引規制等 ･･･ 199
　　　　図表73　土地取引規制制度について
　　　　図表74　届出制フロー
　　　　図表75　事後届出があった場合において勧告・助言をした割合
　　　　図表76　監視区域指定市町村数の推移
　　　　図表77　監視区域の指定を行っている団体
　　　　図表78　遊休土地制度の仕組み

図表79　遊休土地の通知条件

(2) 国土利用計画体系 ……………………………………………………………… 203

図表80　国土利用計画市町村計画策定状況

図表81　五地域の指定状況

図表82　都市計画区域の指定状況

図表83　都市計画法第29条に基づく開発許可の状況

図表84　農用地区域の状況

図表85　転用用途別にみた農地転用の状況

図表86　森林面積及び保安林面積の推移

図表87　森林法第10条の2に基づく林地開発許可の状況

図表88　国立公園等の指定状況

図表89　自然環境保全地域等の面積

(3) 自然環境保全等のための土地利用規制 …………………………………………… 208

図表90　生息地等保護区の現況

図表91　鳥獣保護区の現況

図表92　特別緑地保全地区等の指定状況

図表93　保安林の指定状況

図表94　保護林の現況

(4) 国土調査 ………………………………………………………………………… 211

図表95　国土調査の種類

図表96　第7次国土調査事業十箇年計画の事業量

図表97　公図と地籍図

図表98　地籍調査の地域区分別の進捗率

第1部

土地に関する動向

第１章 令和３年度の不動産市場等の動向

　令和３年度の不動産市場については、地価公示の全用途の全国平均が２年ぶりに上昇に転じ、Ｊリート市場の時価総額が過去最高を記録するなど、回復の兆しが見えている。

　本章では、令和３年度における地価の動向、土地取引の動向、土地利用の動向、不動産市場の動向、不動産投資市場の動向等についてみていく。

第１節　地価の動向

（令和３年の地価動向）

　国土交通省「地価公示」により、令和４年１月１日時点における全国の地価動向をみると、全用途平均・住宅地・商業地のいずれも２年ぶりに上昇に転じた。

　三大都市圏の平均変動率でみると、全用途平均・住宅地は東京圏、大阪圏、名古屋圏のいずれも２年ぶりに上昇に転じ、商業地は東京圏、名古屋圏は上昇に、大阪圏は横ばいに転じた。

　地方圏では、全用途平均・住宅地・商業地のいずれも２年ぶりに上昇に転じた。地方圏のうち地方四市（札幌市、仙台市、広島市及び福岡市）では、全用途平均・住宅地・商業地のいずれも上昇が継続し上昇率が拡大した。地方四市を除くその他の地域では、全用途平均・住宅地・商業地のいずれも下落が継続しているが下落率は縮小した。

　新型コロナウイルス感染症の拡大の影響が徐々に薄れつつある中で、全体的に昨年からは回復傾向が見られ、住宅地については、景況感の改善、低金利環境の継続、住宅取得支援施策等による下支えの効果もあり、取引件数は昨年と比較して増加しており、全国的に住宅地の需要は回復し、地価は上昇に転じ、また、都市中心部の希少性が高い住宅地や交通利便性、住環境に優れた住宅地では地価の上昇が継続するとともに、生活スタイルの変化による需要者のニーズの多様化などにより、バス圏や郊外の相対的に価格水準の低い地域にも上昇範囲が拡大している。商業地については、都心近郊部において、景況感の改善により、店舗やマンション用地に対する需要が高まり、上昇に転じた地点が多く見られ、また、駅徒歩圏内の繁華性のある商業地や地方圏の路線商業地など日常生活に必要な店舗等の需要を対象とする地域では、上昇地点が増加するとともに、再開発事業等の進展期待がある地域やマンション用地と競合する地域で、上昇地点が見られることが地価上昇の要因となった（図表1-1-1〜3）。

(%)

	住宅地				商業地				全用途			
	H31公示	R2公示	R3公示	R4公示	H31公示	R2公示	R3公示	R4公示	H31公示	R2公示	R3公示	R4公示
全国	0.6	0.8	▲0.4	0.5	2.8	3.1	▲0.8	0.4	1.2	1.4	▲0.5	0.6
三大都市圏	1.0	1.1	▲0.6	0.5	5.1	5.4	▲1.3	0.7	2.0	2.1	▲0.7	0.7
東京圏	1.3	1.4	▲0.5	0.6	4.7	5.2	▲1.0	0.7	2.2	2.3	▲0.5	0.8
大阪圏	0.3	0.4	▲0.5	0.1	6.4	6.9	▲1.8	0.0	1.6	1.8	▲0.7	0.2
名古屋圏	1.2	1.1	▲1.0	1.0	4.7	4.1	▲1.7	1.7	2.1	1.9	▲1.1	1.2
地方圏	0.2	0.5	▲0.3	0.5	1.0	1.5	▲0.5	0.2	0.4	0.8	▲0.3	0.5
札幌・仙台・広島・福岡	4.4	5.9	2.7	5.8	9.4	11.3	3.1	5.7	5.9	7.4	2.9	5.8
その他	▲0.2	0.0	▲0.6	▲0.1	0.0	0.3	▲0.9	▲0.5	▲0.2	0.1	▲0.6	▲0.1

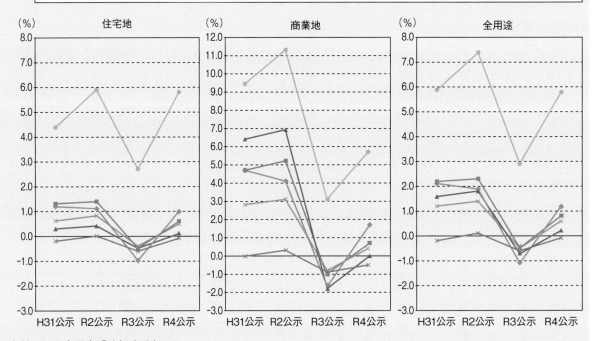

凡例：-×- 全国　-■- 東京圏　-▲- 大阪圏　-◆- 名古屋圏　-●- 地方圏（札幌・仙台・広島・福岡）　-×- 地方圏（その他）

住宅地　商業地　全用途

資料：国土交通省「地価公示」
注1：地域区分は以下のとおり
　　　三大都市圏：東京圏、大阪圏、名古屋圏
　　　東 　京 　圏：首都圏整備法による既成市街地及び近郊整備地帯を含む市区町村の区域
　　　大 　阪 　圏：近畿圏整備法による既成都市区域及び近郊整備区域を含む市町村の区域
　　　名 古 屋 圏：中部圏開発整備法による都市整備区域を含む市町村の区域
　　　地 　方 　圏：三大都市圏を除く地域
　　　そ 　の 　他：地方圏のうち札幌市・仙台市・広島市・福岡市を除いた市町村の区域
注2：H31公示：平成31年地価公示（平成30年1月1日〜平成31年1月1日）
　　　R2公示：令和2年地価公示（平成31年1月1日〜令和2年1月1日）
　　　R3公示：令和3年地価公示（令和2年1月1日〜令和3年1月1日）
　　　R4公示：令和4年地価公示（令和3年1月1日〜令和4年1月1日）
注3：□ 前年よりも下落率縮小・上昇率拡大　■ 前年よりも下落率拡大・上昇率縮小　□ 前年と変動幅同一

| 図表1-1-2 | 三大都市圏における地価の対前年平均変動率の推移 |

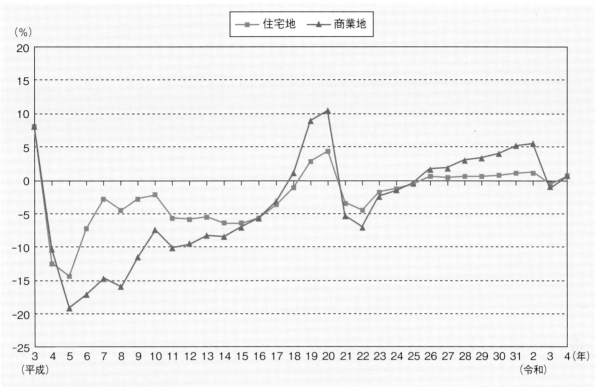

資料：国土交通省「地価公示」
　注：三大都市圏：東京圏、大阪圏、名古屋圏
　　東 京 圏：首都圏整備法による既成市街地及び近郊整備地帯を含む市区町村の区域
　　大 阪 圏：近畿圏整備法による既成都市区域及び近郊整備区域を含む市町村の区域
　　名古屋圏：中部圏開発整備法による都市整備区域を含む市町村の区域

| 図表1-1-3 | 地方圏における地価の対前年平均変動率の推移 |

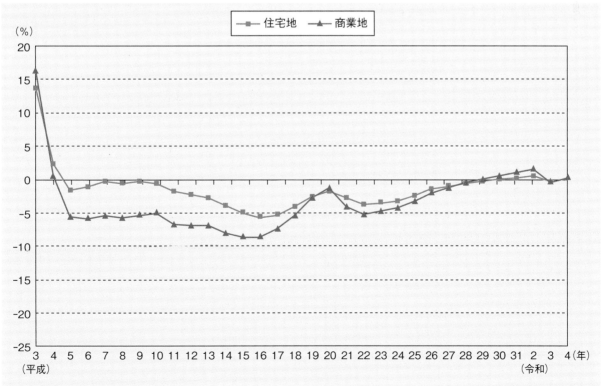

資料：国土交通省「地価公示」
　注：「地方圏」とは、三大都市圏を除く地域を指す

（長期的な地価動向）

　全国の長期的な地価の動向について、昭和49年以降の地価公示をみると、住宅地・商業地ともに昭和62年頃から平成3年にかけて大幅な上昇となった。

　その後、平成19年、平成20年を除き下落が続いたが、景気回復や低金利環境等を背景に、住宅地は平成30年、商業地は平成28年以降上昇を示していた。

　令和3年は新型コロナウイルス感染症の影響により住宅地は平成28年以来5年ぶりに、商業地は平成26年以来7年ぶりに下落に転じたが、令和4年は景況感の改善等を背景に住宅地・商業地ともに上昇に転じた（図表1-1-4）。

図表1-1-4	地価の推移（全国）

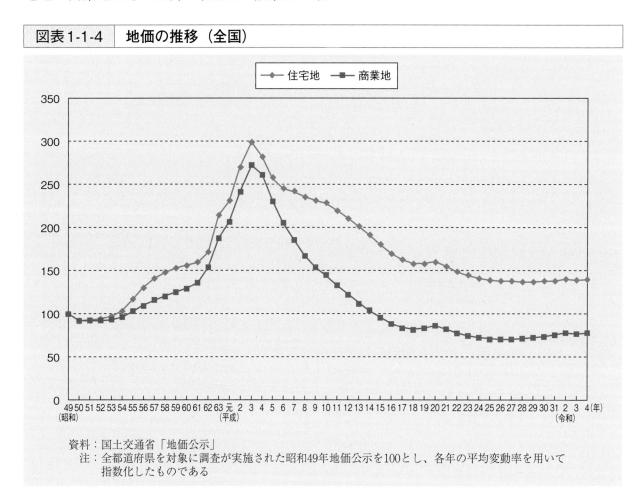

　　資料：国土交通省「地価公示」
　　　注：全都道府県を対象に調査が実施された昭和49年地価公示を100とし、各年の平均変動率を用いて
　　　　　指数化したものである

（地価に関する意識）

　企業の地価に関する意識についてみると、公益社団法人全国宅地建物取引業協会連合会不動産総合研究所「不動産市況DI調査」によれば、現在の地価水準の実感に関するDI[1]（３か月前と比較して調査時点の地価が、「大きく上昇している」と回答した企業の割合と「やや上昇している」と回答した企業の割合の1/2との和から、「大きく下落している」と回答した企業の割合と「やや下落している」と回答した企業の割合の1/2との和を差し引いたもの）は、令和４年１月は関東で18.2ポイント、近畿で8.8ポイント、全国で10.8ポイントといずれも前年同月から上昇した（図表1-1-5）。

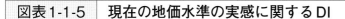

| 図表1-1-5 | 現在の地価水準の実感に関するDI |

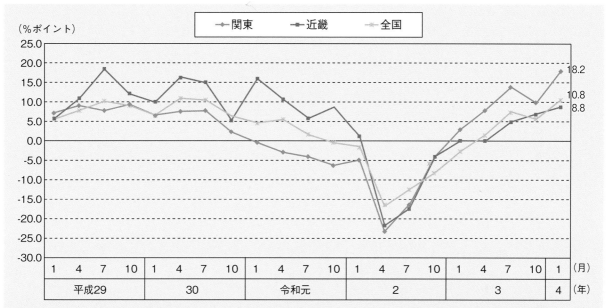

資料：（公社）全国宅地建物取引業協会連合会不動産総合研究所「不動産市況DI調査」より国土交通省作成
注１：DI＝（「大きく上昇している」*2＋「やや上昇している」-「やや下落している」-「大きく下落している」*2）/2
注２：「大きく上昇している」、「やや上昇している」、「やや下落している」、「大きく下落している」の数値は、「大きく上昇している」と回答した企業、「やや上昇している」と回答した企業、「やや下落している」と回答した企業、「大きく下落している」と回答した企業の有効回答数に対するそれぞれの割合
注３：対象地域は
　　　関東：茨城県、栃木県、群馬県、埼玉県、千葉県、東京都、神奈川県
　　　近畿：滋賀県、京都府、大阪府、兵庫県、奈良県、和歌山県

---

[1] DIの定義　Diffusion Indexの略で企業の業況感や設備、雇用人数の過不足などの各種判断を指数化したもの

3か月後の地価水準の予想に関するDI（3か月後の地価の予想について、「大きく上昇している」と回答した企業の割合と「やや上昇している」と回答した企業の割合の1/2との和から、「大きく下落している」と回答した企業の割合と「やや下落している」と回答した企業の割合の1/2との和を差し引いたもの）は、令和4年1月は関東で7.2ポイント、近畿で8.8ポイント、全国で5.7ポイントといずれも前年同月から上昇した（図表1-1-6）。

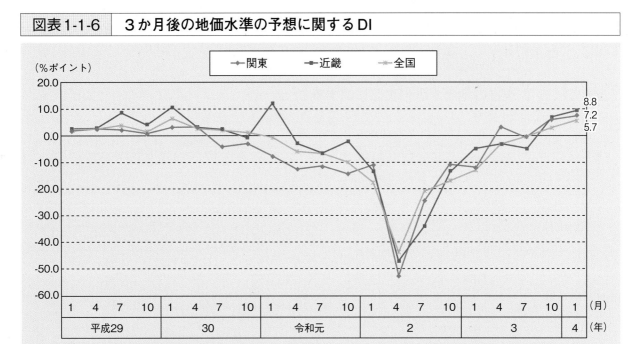

図表1-1-6	3か月後の地価水準の予想に関するDI

資料：（公社）全国宅地建物取引業協会連合会不動産総合研究所「不動産市況DI調査」より国土交通省作成
注1：DI＝（「大きく上昇している」*2＋「やや上昇している」-「やや下落している」-「大きく下落している」*2)/2
注2：「大きく上昇している」、「やや上昇している」、「やや下落している」、「大きく下落している」の数値は、「大きく上昇している」と回答した企業、「やや上昇している」と回答した企業、「やや下落している」と回答した企業、「大きく下落している」と回答した企業の有効回答数に対するそれぞれの割合
注3：対象地域は図表1-1-5に同じ

コラム	コロナ禍におけるテレワーク事情

　テレワークとは、ICT（情報通信技術）を利用し、時間や場所を有効に活用できる柔軟な働き方である。新型コロナウイルス感染症の拡大に伴う出勤抑制の方策として、首都圏を中心に、テレワークが広く利用されることとなった。また、労働者のテレワークの継続利用希望は高く、人材確保にも一定の効果が見られている。

　長野県では、「仕事を変えずに働く場所を変える」をキーワードに、普段の職場や居住地から離れ、信州ならではの魅力に触れながら仕事をする「信州リゾートテレワーク」という新たなライフスタイルを提案し、県内の様々な取組みなどを情報発信している。

信州リゾートテレワークの施設

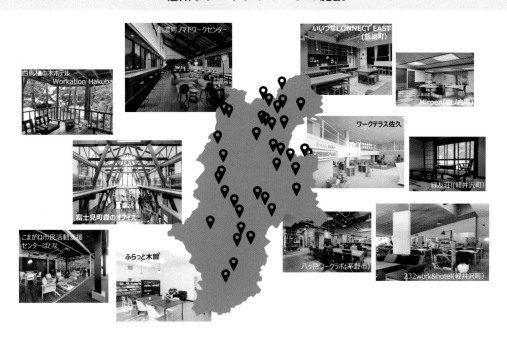

資料：長野県庁

　長野県軽井沢町では、民間が主体となり、新幹線による都心へのアクセス利便性や軽井沢の気候、自然、様々な人々が集うコミュニティといった魅力をアピールし、企業・団体に軽井沢でのリゾートテレワークを促し、働き方改革や地域の活性化を推進している。

　軽井沢町は、近年、人口が転入超過となっており、これまでの別荘地需要に加えて、移住等による需要が高まっていることから地価の上昇が継続している。

軽井沢リゾートテレワークの状況（長野県軽井沢町）

資料：軽井沢リゾートテレワーク協会

軽井沢町の人口動態と地価の動向

軽井沢町の人口の社会動態（転入と転出）

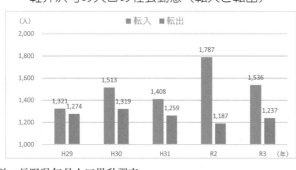

軽井沢町（住宅地）の地価変動率の推移

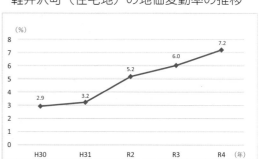

資料：長野県毎月人口異動調査
　　　国土交通省「地価公示」

第2節 土地取引の動向

（土地取引件数等の推移）

　土地取引について、売買による所有権の移転登記の件数でその動向をみると、法務省「法務統計月報」によれば、令和3年の全国の土地取引件数は約133万件となり、ほぼ横ばいで推移している（図表1-2-1）。

| 図表1-2-1 | 売買による土地取引件数の推移 |

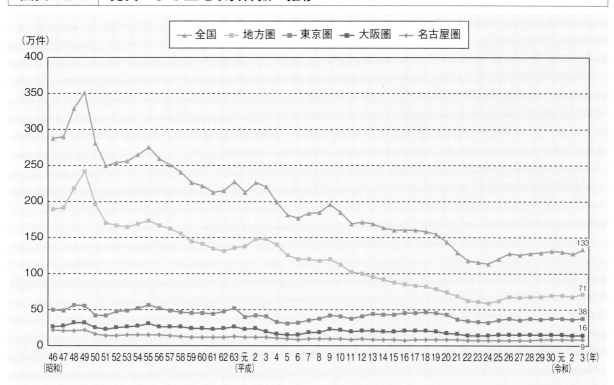

　　資料：法務省「法務統計月報」より国土交通省作成
　　注1：圏域区分は以下のとおり
　　　　　東　京　圏：埼玉県、千葉県、東京都、神奈川県
　　　　　名古屋圏：愛知県、三重県
　　　　　大　阪　圏：大阪府、京都府、兵庫県
　　　　　地　方　圏：上記以外の地域
　　注2：千の位を四捨五入。四捨五入の関係で4圏の和が全国の値と一致しない場合がある

企業の土地投資額の動向をみると、日本銀行「全国企業短期経済観測調査」によると、令和4年度の計画値は全産業で2兆7,747億円（前年度比22.4％減）であり、全ての分類で前年度に対し減少の見込みとなっている（図表1-2-2）。

図表1-2-2　企業の土地投資額の推移

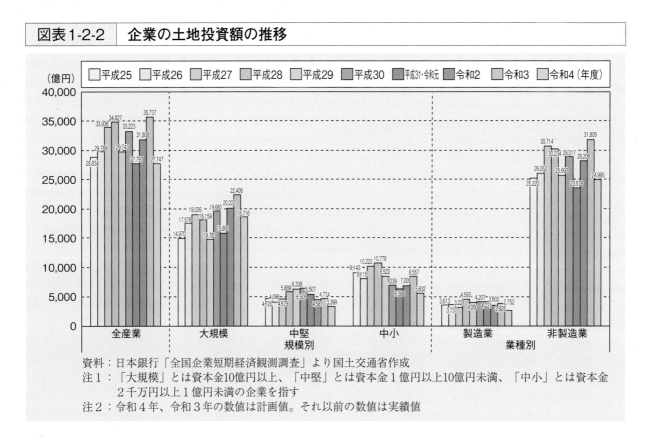

資料：日本銀行「全国企業短期経済観測調査」より国土交通省作成
注1：「大規模」とは資本金10億円以上、「中堅」とは資本金1億円以上10億円未満、「中小」とは資本金
　　　2千万円以上1億円未満の企業を指す
注2：令和4年、令和3年の数値は計画値。それ以前の数値は実績値

　「国土利用計画法」（昭和49年法律第92号）第23条に基づく事後届出の面積及び件数をみると、令和3年の面積は47,064ha、件数は18,147件となっており、いずれも前年より増加した（図表1-2-3）。

図表1-2-3　事後届出の面積及び件数の推移

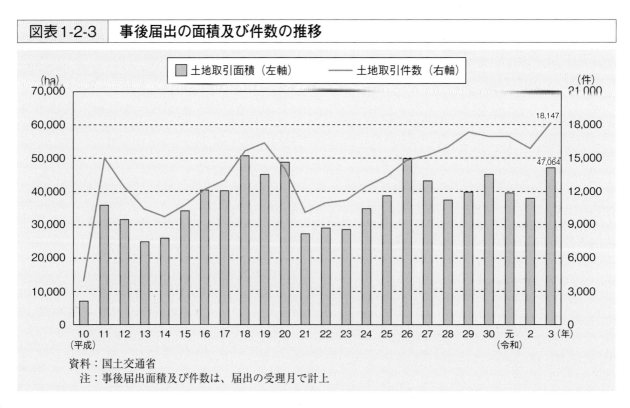

資料：国土交通省
　　注：事後届出面積及び件数は、届出の受理月で計上

（土地取引に関する意識）

　企業の土地取引に関する意識についてみると、公益社団法人全国宅地建物取引業協会連合会不動産総合研究所「不動産市況DI調査」によれば、現在の土地取引に関するDI（３か月前と比較して調査時点の土地取引件数が、「大きく増加している」と回答した企業の割合と「やや増加している」と回答した企業の割合の1/2との和から、「大きく減少している」と回答した企業の割合と「やや減少している」と回答した企業の割合の1/2との和を差し引いたもの）は令和３年４月にはプラスに転じたものの、令和４年１月には、関東が-2.8ポイント、近畿が-12.5ポイント、全国が-10.4ポイントといずれもマイナスとなった（図表1-2-4）。

　３か月後の土地取引に関するDI（３か月後の土地取引件数の予想について、「大きく増加している」と回答した企業の割合と「やや増加している」と回答した企業の割合の1/2との和から、「大きく減少している」と回答した企業の割合と「やや減少している」と回答した企業の割合の1/2との和を差し引いたもの）は、令和４年１月には、関東が-3.5ポイント、近畿が-12.5ポイント、全国が-7.1ポイントといずれもマイナスとなった（図表1-2-5）。

図表1-2-4	現在の土地取引の状況の実感に関するDI

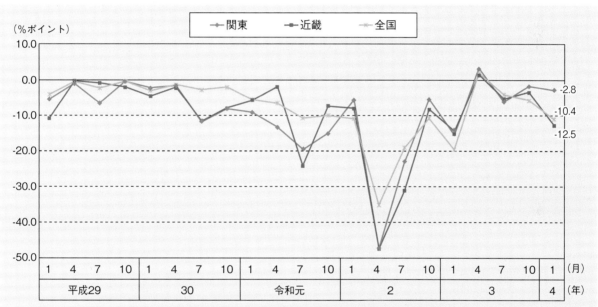

資料：（公社）全国宅地建物取引業協会連合会不動産総合研究所「不動産市況DI調査」より国土交通省作成
注１：DI＝（「大きく増加している」*2＋「やや増加している」-「やや減少している」-「大きく減少している」*2)/2
注２：「大きく減少している」、「やや減少している」、「やや減少している」、「大きく減少している」の数値は、「大きく増加している」と回答した企業、「やや増加している」と回答した企業、「やや減少している」と回答した企業、「大きく減少している」と回答した企業の有効回答数に対するそれぞれの割合
注３：対象地域は図表1-1-5に同じ

図表1-2-5　3か月後の土地取引の状況の予想に関するDI

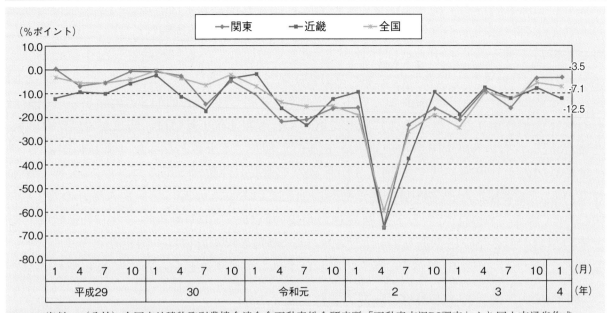

資料：（公社）全国宅地建物取引業協会連合会不動産総合研究所「不動産市況DI調査」より国土交通省作成
注１：DI＝（「大きく上昇している」*2＋「やや上昇している」-「やや下落している」-「大きく下落している」*2）/2
注２：「大きく減少している」、「やや減少している」、「やや減少している」、「大きく減少している」の
　　　数値は、「大きく増加している」と回答した企業、「やや増加している」と回答した企業、「やや減少
　　　している」と回答した企業、「大きく減少している」と回答した企業の有効回答数に対するそれぞれの
　　　割合
注３：対象地域は図表1-1-5に同じ

第3節　土地利用の動向

（土地利用等の概況）

　令和２年における我が国の国土面積は約3,780万haであり、このうち森林が約2,503万haと最も多く、次いで農地が約437万haとなっており、これらで全国土面積の約8割を占めている。このほか、住宅地、工業用地等の宅地は約197万ha、道路は約142万ha、水面・河川・水路が約135万ha、原野等が約31万haとなっている（図表1-3-1,2）。

図表1-3-1	我が国の国土利用の概況

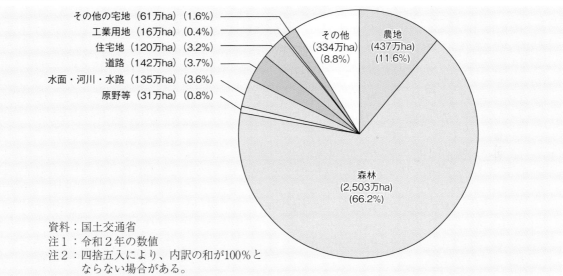

その他の宅地（61万ha）（1.6%）
工業用地（16万ha）（0.4%）
住宅地（120万ha）（3.2%）
道路（142万ha）（3.7%）
水面・河川・水路（135万ha）（3.6%）
原野等（31万ha）（0.8%）
その他（334万ha）（8.8%）
農地（437万ha）（11.6%）
森林（2,503万ha）（66.2%）

資料：国土交通省
注1：令和2年の数値
注2：四捨五入により、内訳の和が100%とならない場合がある。

図表1-3-2	我が国の国土利用の推移

（万ha、%）

区分／地目	昭和50年（1975年）全国	三大都市圏	地方圏	昭和60年（1985年）全国	三大都市圏	地方圏	平成7年（1995年）全国	三大都市圏	地方圏	平成17年（2005年）全国	三大都市圏	地方圏	平成27年（2015年）全国	三大都市圏	地方圏	令和元年（2019年）全国	三大都市圏	地方圏	令和2年（2020年）全国	三大都市圏	地方圏
1. 農　地	557 (14.8)	80 (15.0)	477 (14.7)	538 (14.2)	72 (13.5)	466 (14.4)	504 (13.3)	66 (12.2)	438 (13.5)	470 (12.4)	61 (11.4)	409 (12.6)	450 (11.9)	56 (10.5)	393 (12.1)	440 (11.6)	55 (10.2)	385 (11.9)	437 (11.6)	54 (10.1)	383 (11.8)
2. 森　林	2,529 (67.0)	324 (60.7)	2,205 (68.0)	2,530 (67.0)	323 (60.3)	2,207 (68.1)	2,514 (66.5)	318 (59.3)	2,195 (67.7)	2,509 (66.4)	316 (58.8)	2,193 (67.7)	2,505 (66.3)	314 (58.5)	2,191 (67.6)	2,503 (66.2)	314 (58.3)	2,190 (67.5)	2,503 (66.2)	313 (58.3)	2,190 (67.5)
3. 原野等	62 (1.6)	2 (0.4)	60 (1.9)	41 (1.1)	1 (0.2)	40 (1.2)	35 (0.9)	1 (0.2)	34 (1.1)	36 (1.0)	1 (0.2)	35 (1.1)	35 (0.9)	1 (0.2)	34 (1.0)	35 (0.9)	1 (0.2)	33 (1.0)	31 (0.8)	1 (0.2)	30 (0.9)
4. 水面・河川・水路	128 (3.4)	18 (3.4)	110 (3.4)	130 (3.4)	18 (3.4)	112 (3.5)	132 (3.5)	19 (3.6)	113 (3.5)	134 (3.5)	19 (3.6)	115 (3.5)	134 (3.6)	19 (3.6)	115 (3.5)	135 (3.6)	19 (3.6)	116 (3.6)	135 (3.6)	19 (3.6)	116 (3.6)
5. 道　路	89 (2.4)	19 (3.6)	70 (2.2)	107 (2.8)	23 (4.3)	84 (2.6)	121 (3.2)	25 (4.7)	95 (2.9)	132 (3.5)	27 (5.1)	105 (3.2)	139 (3.7)	28 (5.1)	110 (3.4)	141 (3.7)	29 (5.4)	112 (3.5)	142 (3.7)	29 (5.4)	113 (3.5)
6. 宅　地	124 (3.3)	43 (8.1)	81 (2.5)	150 (4.0)	51 (9.6)	99 (3.0)	170 (4.5)	57 (10.6)	113 (3.5)	185 (4.9)	61 (11.3)	124 (3.8)	193 (5.1)	63 (11.8)	130 (4.0)	197 (5.2)	64 (12.0)	132 (4.1)	197 (5.2)	65 (12.0)	133 (4.1)
住宅地	79 (2.1)	26 (4.9)	53 (1.6)	92 (2.4)	31 (5.7)	61 (1.9)	102 (2.7)	34 (6.4)	68 (2.1)	112 (3.0)	37 (7.0)	74 (2.3)	118 (3.1)	40 (7.4)	78 (2.4)	120 (3.2)	41 (7.6)	80 (2.5)	120 (3.2)	41 (7.6)	80 (2.5)
工業用地	14 (0.4)	6 (1.1)	9 (0.2)	8 (0.4)	5 (1.1)	9 (0.3)	17 (0.5)	6 (1.1)	11 (0.3)	16 (0.4)	5 (1.0)	10 (0.3)	15 (0.4)	5 (1.0)	10 (0.3)	16 (0.4)	6 (1.1)	11 (0.3)	16 (0.4)	6 (1.1)	11 (0.3)
その他の宅地	31 (0.8)	11 (2.1)	20 (0.6)	44 (1.2)	15 (2.7)	29 (0.9)	51 (1.4)	17 (3.1)	35 (1.1)	57 (1.5)	18 (3.4)	39 (1.2)	60 (1.6)	18 (3.4)	41 (1.3)	60 (1.6)	18 (3.4)	42 (1.3)	61 (1.6)	18 (3.4)	43 (1.3)
7. その他	286 (7.6)	48 (9.0)	238 (7.3)	283 (7.5)	47 (8.8)	236 (7.3)	303 (8.0)	51 (9.4)	252 (7.8)	312 (8.3)	52 (9.6)	261 (8.0)	324 (8.6)	55 (10.2)	269 (8.3)	330 (8.7)	55 (10.3)	274 (8.5)	334 (8.8)	56 (10.4)	278 (8.6)
合　計	3,775 (100.0)	534 (100.0)	3,241 (100.0)	3,778 (100.0)	536 (100.0)	3,242 (100.0)	3,778 (100.0)	537 (100.0)	3,242 (100.0)	3,779 (100.0)	537 (100.0)	3,242 (100.0)	3,780 (100.0)	537 (100.0)	3,243 (100.0)	3,780 (100.0)	537 (100.0)	3,242 (100.0)	3,780 (100.0)	537 (100.0)	3,242 (100.0)

資料：国土交通省
注1：道路は、一般道路、農道及び林道
注2：四捨五入により、内訳の和と合計等との数値が一致しない場合がある
注3：（ ）内は、全国・三大都市圏・地方圏ごとの合計の面積に占める割合
　　三大都市圏：埼玉県、千葉県、東京都、神奈川県、岐阜県、愛知県、三重県、京都府、大阪府、兵庫県、奈良県の1都2府8県
　　地　方　圏：三大都市圏を除く地域
注4：平成23年から地目区分を変更し、従来の「採草放牧地」、「原野」の区分を統合し、「原野等」とした
注5：平成29年から工業用地の対象を変更し、従来の「従業者10人以上の事業所敷地面積」から「従業者4人以上の事業所敷地面積」とした

令和元年の土地利用転換面積は、約22,800haで前年より増加した。主な内訳として、農林地及び埋立地から都市的土地利用（住宅地、工業用地、公共用地等）への転換面積は約17,300ha（前年比約1,100ha増）、農地から林地への転換面積は約3,100ha（前年比約300ha減）となった（図表1-3-3）。

図表1-3-3　土地利用転換の概況

(ha、%)

用途 ＼ 年	平成3	4	5	6	7	8	9	10	11	12	13	14	15	16	17	18	19	20	21
（都市的土地利用）																			
住宅地 (%)	(21.7)	(22.5)	(25.3)	(31.3)	(31.4)	(31.2)	(33.3)	(29.8)	(30.8)	(32.4)	(27.9)	(28.5)	(31.6)	(33.7)	(33.1)	(32.5)	(32.1)	(32.6)	(34.1)
住宅地	9,700	10,400	9,900	10,600	10,600	10,100	9,600	8,100	7,800	7,700	6,100	5,300	5,500	5,800	5,500	5,300	5,300	4,700	4,200
工業用地 (%)	(19.2)	(17.3)	(18.4)	(18.6)	(18.6)	(18.8)	(20.5)	(17.3)	(15.0)	(13.4)	(12.3)	(13.4)	(12.1)	(11.6)	(13.9)	(12.4)	(15.2)	(14.0)	(13.8)
工業用地	8,600	8,000	7,200	6,300	6,300	6,100	5,900	4,700	3,800	3,200	2,700	2,500	2,100	2,000	2,300	2,100	2,500	2,000	1,700
公共用地 (%)	(23.5)	(22.7)	(26.6)	(23.0)	(27.5)	(28.1)	(27.4)	(32.7)	(31.2)	(28.6)	(33.3)	(26.9)	(25.9)	(22.7)	(21.1)	(22.5)	(20.3)	(20.3)	(22.8)
公共用地	10,500	10,500	10,400	7,800	9,300	9,100	7,900	8,900	7,900	6,800	7,300	5,000	4,500	3,900	3,500	3,800	3,300	2,900	2,800
レジャー施設用地 (%)	(21.7)	(23.6)	(18.2)	(13.9)	(9.2)	(7.1)	(2.1)	(4.4)	(2.0)	(1.7)	(1.8)	(0.5)	(1.1)	(1.1)	(1.8)	(1.8)	(1.2)	(0.7)	(0.8)
レジャー施設用地	9,700	10,900	7,100	4,700	3,100	2,300	600	1,200	500	400	400	100	200	200	300	300	300	100	100
その他の都市的土地利用 (%)	(13.9)	(13.9)	(11.5)	(13.3)	(13.3)	(14.8)	(16.7)	(15.8)	(20.9)	(23.9)	(24.7)	(30.6)	(29.3)	(30.2)	(30.7)	(30.8)	(32.1)	(32.4)	(27.6)
その他の都市的土地利用	6,200	6,400	4,500	4,500	4,500	4,800	4,800	4,300	5,300	5,700	5,400	5,700	5,100	5,200	5,100	5,200	5,300	4,700	3,400
小計 (%)	(100)	(100)	(100)	(100)	(100)	(100)	(100)	(100)	(100)	(100)	(100)	(100)	(100)	(100)	(100)	(100)	(100)	(100)	(100)
小計	44,700	46,200	39,100	33,900	33,800	32,400	28,800	27,200	25,300	23,800	21,900	18,600	17,400	17,200	16,600	16,900	16,500	14,600	12,300
（農林業的土地利用）																			
農地 (%)	(56.9)	(63.3)	(41.4)	(42.3)	(42.3)	(30.8)	(24.0)	(29.2)	(29.2)	(34.8)	(17.6)	(12.5)	(20.0)	(17.6)	(16.7)	(25.0)	(35.7)	(13.0)	(16.7)
農地	2,900	3,100	1,200	1,100	1,100	800	600	700	700	800	300	200	300	300	200	300	500	300	300
林地 (%)	(43.1)	(36.7)	(58.6)	(57.7)	(57.7)	(69.2)	(76.0)	(70.8)	(70.8)	(65.2)	(82.4)	(87.5)	(80.0)	(82.4)	(83.3)	(75.0)	(64.3)	(87.0)	(83.3)
林地	2,200	1,800	1,700	1,500	1,500	1,800	1,900	1,700	1,700	1,500	1,400	1,400	1,200	1,400	1,000	900	900	2,000	1,500
小計 (%)	(100)	(100)	(100)	(100)	(100)	(100)	(100)	(100)	(100)	(100)	(100)	(100)	(100)	(100)	(100)	(100)	(100)	(100)	(100)
小計	5,100	4,900	2,900	2,600	2,600	2,600	2,500	2,400	2,400	2,300	1,700	1,600	1,500	1,700	1,200	1,200	1,400	2,300	1,800
その他	7,800	7,000	7,600	6,200	5,700	5,400	5,500	5,100	4,500	4,000	3,800	3,700	3,300	3,400	2,900	3,200	2,900	2,900	3,300
合計	57,600	58,100	49,600	42,700	42,100	40,400	36,800	34,700	32,200	30,100	27,400	23,900	22,200	22,200	20,800	21,300	20,600	20,700	17,400

用途 ＼ 年・転換源	22 農地	22 林地	22 埋立地	22 計	23 農地	23 林地	23 埋立地	23 計	24 農地	24 林地	24 埋立地	24 計	25 農地	25 林地	25 埋立地	25 計	26 農地	26 林地	26 埋立地	26 計
（都市的土地利用）																				
住宅地	3,800	300	0	(35.3) 4,100	3,900	100	0	(37.7) 4,000	4,200	100	0	(36.8) 4,300	4,500	-100	0	(31.7) 4,400	4,100	0	0	(25.8) 4,100
工業用地	1,200	500	0	(14.7) 1,700	1,000	400	0	(13.2) 1,400	1,100	600	0	(14.5) 1,700	1,000	1,100	100	(15.8) 2,200	1,200	2,600	100	(24.5) 3,900
公共用地	1,200	800	100	(18.1) 2,100	1,300	900	100	(21.7) 2,300	1,300	800	200	(19.7) 2,300	1,500	1,100	100	(19.4) 2,700	1,600	700	0	(14.5) 2,300
レジャー施設用地	100	0	-	(0.9) 100	100	100	0	(0.9) 200	100	100	0	(1.7) 200	100	0	-	(0.7) 100	100	0	-	(0.6) 100
その他の都市的土地利用	3,200	-	200	(29.3) 3,400	2,800	-	100	(27.4) 2,900	3,300	-	100	(29.1) 3,400	4,300	-	100	(31.7) 4,400	5,500	-	200	(35.8) 5,700
うち商業用地(店舗等施設)	600	-	-	(5.2) 600	600	-	-	(5.7) 600	800	-	-	(6.8) 800	800	-	-	(5.8) 800	800	-	-	(5.0) 800
小計	9,600	1,600	400	(100) 11,600	9,000	1,300	300	(100) 10,600	9,800	1,600	300	(100) 11,700	11,500	2,100	300	(100) 13,900	12,400	3,200	300	(100) 15,900
（農林業的土地利用）																				
農地	-	200		(14.3) 200	-	300		(21.4) 300	-	300		(27.3) 300	-	100		(12.5) 100	-	200		(15.4) 200
林地	1,200			(85.7) 1,200	1,100			(78.6) 1,100	800			(72.7) 800	700			(87.5) 700	1,100			(84.6) 1,100
小計	1,200	200		(100) 1,400	1,100	300	0	(100) 1,400	800	300	0	(100) 1,100	700	100	0	(100) 800	1,100	200		(100) 1,300
その他	1,500	1,200		2,700	1,200	1,000	0	2,200	1,300	1,000	0	2,300	1,600	1,400	0	3,000	1,100	2,000	0	3,200
合計	12,300	3,000	400	15,700	11,300	2,600	300	14,200	12,000	2,900	300	15,200	13,800	3,700	300	17,800	15,200	4,800	300	20,300

用途 ＼ 年・転換源	27 農地	27 林地	27 埋立地	27 計	28 農地	28 林地	28 埋立地	28 計	29 農地	29 林地	29 埋立地	29 計	30 農地	30 林地	30 埋立地	30 計	令和元年 農地	令和元年 林地	令和元年 埋立地	令和元年 計
（都市的土地利用）																				
住宅地	4,200	0	0	(26.9) 4,200	4,200	100	0	(26.4) 4,300	4,000	100	0	(26.6) 4,100	4,100	0	0	(25.5) 4,100	3,900	100	0	(23.1) 4,000
工業用地	1,000	2,600	0	(25.0) 3,600	1,100	3,000	100	(25.8) 4,200	1,100	2,700	100	(25.2) 3,900	1,100	2,700	0	(23.6) 3,800	1,100	3,900	100	(29.5) 5,100
公共用地	1,300	600	0	(12.2) 1,900	1,300	700	0	(12.9) 2,100	1,100	400	0	(9.7) 1,500	1,300	300	0	(9.9) 1,600	1,100	400	0	(8.7) 1,500
レジャー施設用地	100	0	-	(0.6) 100	100	0	0	(0.6) 100	100	0	0	(0.6) 100	100	0	0	(0.6) 100	100	0	0	(0.6) 100
その他の都市的土地利用	5,500	-	100	(35.9) 5,600	5,500	-	0	(34.4) 5,600	5,800	-	100	(38.1) 5,900	6,400	-	100	(40.4) 6,500	6,600	-	100	(38.7) 6,700
うち商業用地(店舗等施設)	700	-	-	(4.5) 700	700	-	-	(4.3) 700	700	-	-	(4.5) 700	600	-	-	(3.7) 600	500	-	-	(2.9) 500
小計	12,200	3,200	200	(100) 15,600	12,200	3,800	300	(100) 16,300	12,000	3,200	200	(100) 15,400	13,000	3,100	100	(100) 16,200	12,800	4,300	200	(100) 17,300
（農林業的土地利用）																				
農地	-	200		(7.1) 200	-	200		(5.7) 200	-	200		(4.1) 200	-	100		(2.9) 100	-	200		(6.1) 200
林地	2,600			(92.9) 2,600	3,300			(94.3) 3,300	4,700			(95.9) 4,700	3,400			(97.1) 3,400	3,100			(93.9) 3,100
小計	2,600	200		(100) 2,800	3,300	200		(100) 3,500	4,700	200		(100) 4,900	3,400	100		(100) 3,500	3,100	200		(100) 3,300
その他	1,600	1,200		2,800	1,000	1,300	0	2,300	800	1,000	0	1,800	900	1,100		2,000	900	1,400	0	2,300
合計	16,500	4,600	200	21,300	16,400	5,400	300	22,100	17,500	4,400	200	22,100	17,300	4,300	100	21,700	16,800	5,800	200	22,800

資料：農林水産省、国土交通省の資料に基づき、国土交通省で推計
注1：農地、林地及び埋立地からの転換ベースの面積であり、原野等からの転換面積は含まれていない
注2：農地からの公共用地への転換面積については、農道、農業用排水路等農業的な土地利用が一部含まれている
注3：林地からの転換には、1ha未満のものは含まれていない
注4：林地からの転用については、当該年度の新規許可面積に対して変更許可による面積の減が大きければ負数となる場合がある
注5：十の位を四捨五入。四捨五入の関係で内訳の和が小計又は合計と一致しない場合がある
注6：（　）内は、小計の面積に占める割合である

（土地利用の推移）

　全国の宅地供給量の推移をみると、令和２年度の宅地供給量は4,524ha（平成30年度比24.2％減）で、その内訳は、公的供給が249ha（平成30年度比34.5％減）、民間供給が4,275ha（平成30年度比23.5％減）となっており、いずれも平成30年度から大きく減少した（図表1-3-4）。

| 図表1-3-4 | 全国の宅地供給量の推移 |

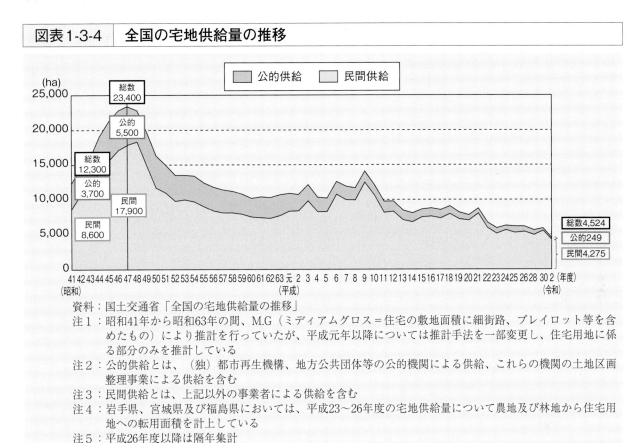

資料：国土交通省「全国の宅地供給量の推移」
注１：昭和41年から昭和63年の間、M.G（ミディアムグロス＝住宅の敷地面積に細街路、プレイロット等を含めたもの）により推計を行っていたが、平成元年以降については推計手法を一部変更し、住宅用地に係る部分のみを推計している
注２：公的供給とは、（独）都市再生機構、地方公共団体等の公的機関による供給、これらの機関の土地区画整理事業による供給を含む
注３：民間供給とは、上記以外の事業者による供給を含む
注４：岩手県、宮城県及び福島県においては、平成23〜26年度の宅地供給量について農地及び林地から住宅用地への転用面積を計上している
注５：平成26年度以降は隔年集計

　令和２年度の開発許可面積は2,041ha、土地区画整理事業認可面積は536haとなっている（図表1-3-5）。

| 図表1-3-5 | 開発許可面積及び土地区画整理事業認可面積の推移 |

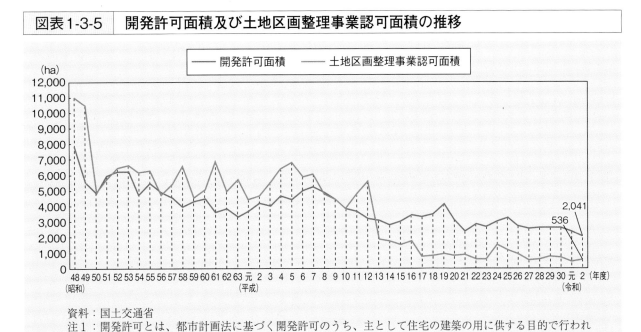

資料：国土交通省
注１：開発許可とは、都市計画法に基づく開発許可のうち、主として住宅の建築の用に供する目的で行われる開発行為に係るもの
注２：開発許可面積の昭和48、49年度の数値は、旧「住宅地造成事業に関する法律」による許可面積を加えたもの
注３：土地区画整理事業認可面積は、個人・共同、組合、公共団体、行政庁、（独）都市再生機構、地方住宅供給公社施行の合計

土地に関する動向

市街化区域内農地面積と生産緑地地区指定面積の推移をみると、令和２年の全国における市街化区域内農地面積は49,085ha、生産緑地地区指定面積は12,332haとなっており、近年はいずれも減少傾向である（図表1-3-6）。

図表1-3-6	市街化区域内の農地面積の推移

(面積：ha、農地率：%)

地域＼年				昭和60	平成7	12	17	22	25	30	令和元	2
市街化区域内農地面積	全国（A）			186,787	118,257	100,505	84,552	71,625	65,781	53,831	51,120	49,085
	三大都市圏			85,775	48,217	40,062	33,457	30,771	27,785	22,505	21,374	20,519
		東京圏		40,779	23,468	20,094	16,457	13,446	11,927	9,416	9,013	8,662
			東京都	8,764	2,666	2,013	1,478	1,161	1,003	811	763	725
			区部	1,877	603	438	247	176	132	89		
	地方圏			101,012	70,130	60,443	51,094	40,854	37,996	31,326	29,746	28,567
生産緑地地区指定面積	全国				15,497	15,381	14,696	14,248	13,859	12,713	12,497	12,332
	三大都市圏				15,494	15,378	14,690	14,193	13,783	12,627	12,410	12,234
		東京圏			8,695	8,794	8,487	8,157	7,942	7,300	7,181	7,072
			東京都		4,060	3,925	3,746	3,521	3,381	3,100	3,064	3,018
			区部		591	558	515	472	451	413	407	401
	地方圏				2	3	6	55	76	86	87	98
市街化区域面積（B）				1,342,936	1,410,296 (5.0)	1,432,302 (1.5)	1,434,640 (0.2)	1,440,000 (0.4)	1,447,771 (0.5)	1,451,690 (0.6)	1,451,092 (0.0)	1,451,864 (0.0)
農地率　A／B				13.9	8.4	7.0	5.9	5.0	4.5	3.7	3.5	3.4

資料：総務省「固定資産の価格等の概要調書」及び国土交通省「都市計画年報」より作成
注１：地域区分は以下のとおり
　　　三大都市圏：東京圏、中部圏及び近畿圏
　　　東京圏：茨城県、埼玉県、千葉県、東京都及び神奈川県
　　　中部圏：静岡県、愛知県及び三重県
　　　近畿圏：京都府、大阪府、兵庫県及び奈良県
　　　地方圏：三大都市圏以外の道県
注２：各年とも市街化区域内農地面積は１月１日現在、生産緑地地区指定面積は３月31日現在の数値
　　　最新のデータについては、市街化区域農地面積が令和２年、生産緑地地区指定面積が令和２年の数値
注３：（　）内は、左隣の欄に掲載している数値に対する伸び率
注４：市街化区域農地面積には、生産緑地、都市計画施設として定められた公園または緑地の区域等の内の農地面積を含まない

市街化区域内農地の転用のための届出面積の推移をみると、令和元年は3,386ha（前年度比8.1％減）と、近年は3,000ha台で推移している（図表1-3-7）。

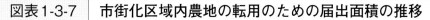

図表1-3-7　市街化区域内農地の転用のための届出面積の推移

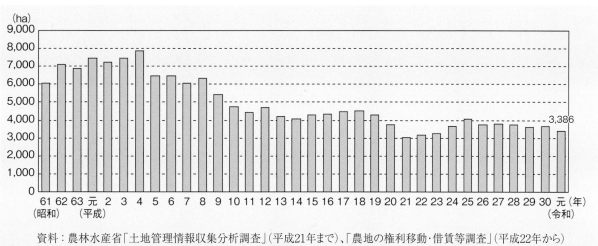

資料：農林水産省「土地管理情報収集分析調査」（平成21年まで）、「農地の権利移動・借賃等調査」（平成22年から）
注：届出は、市街化区域内農地の転用について農業委員会へ届出したもの

生産緑地と生産緑地以外の市街化区域内農地の面積をみると、令和２年度の生産緑地は12,332ha（前年比1.3％減）と、ここ数年はほぼ横ばいで推移しており、生産緑地以外の市街化区域内農地は9,972ha（前年比4.4％減）と長期的に減少傾向である（図表1-3-8）。

図表1-3-8　生産緑地と生産緑地以外の市街化区域内農地の面積の推移

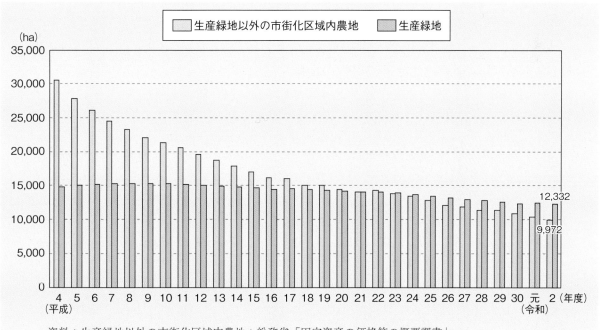

資料：生産緑地以外の市街化区域内農地：総務省「固定資産の価格等の概要調書」
　　　生産緑地：国土交通省「都市計画年報」
注１：生産緑地以外の市街化区域内農地は、各年度中の１月１日時点、生産緑地は、各年度中の３月31日時点
注２：生産緑地以外の市街化区域内農地は、三大都市圏特定市の市街化区域内にある農地

（不動産供給等の推移）

令和3年の都市別事務所着工面積については、東京都は約2,740千㎡（前年比127.8％増）と大幅に増加し、大阪府は約893千㎡（前年比18.4％増）、愛知県は約459千㎡（前年比17.7％増）といずれも増加した（図表1-3-9）。

| 図表1-3-9 | 都市別事務所着工面積の推移 |

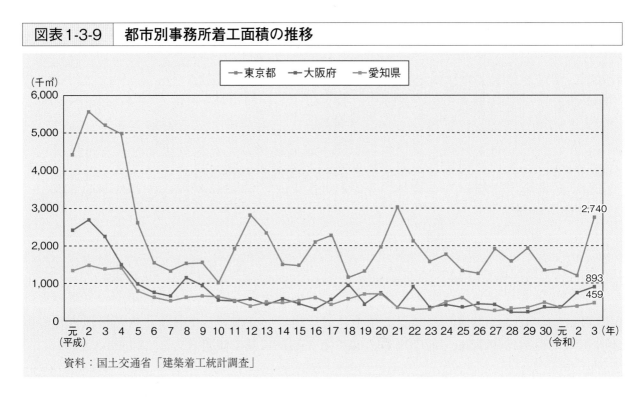

資料：国土交通省「建築着工統計調査」

新設住宅着工戸数については、令和3年は約85.6万戸であり、前年と比較すると5.0％の増加で、全ての圏域で増加となった（図表1-3-10）。

| 図表1-3-10 | 圏域別新設住宅着工戸数の推移 |

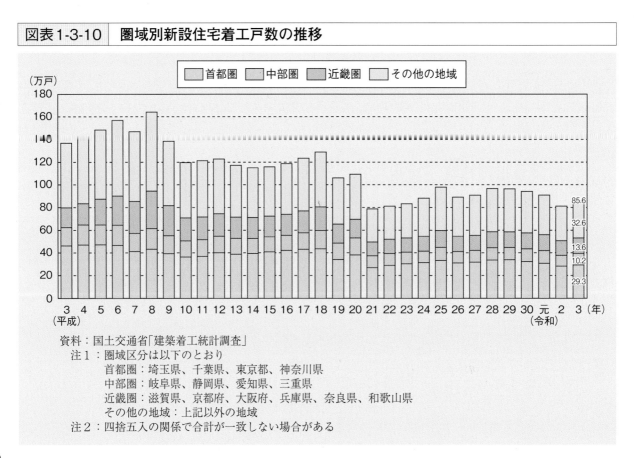

資料：国土交通省「建築着工統計調査」
注1：圏域区分は以下のとおり
　　　首都圏：埼玉県、千葉県、東京都、神奈川県
　　　中部圏：岐阜県、静岡県、愛知県、三重県
　　　近畿圏：滋賀県、京都府、大阪府、兵庫県、奈良県、和歌山県
　　　その他の地域：上記以外の地域
注2：四捨五入の関係で合計が一致しない場合がある

令和３年のマンションの新規供給戸数については、全国で77,552戸（前年比29.5％増）となっており、大きく増加した。内訳は、首都圏が33,636戸（前年比23.5％増）、近畿圏が18,951戸（前年比24.7％増）、その他が24,965戸（前年比42.8％増）となり、全ての圏域で増加となった（図表1-3-11）。

| 図表1-3-11 | 圏域別新築マンションの供給戸数の推移 |

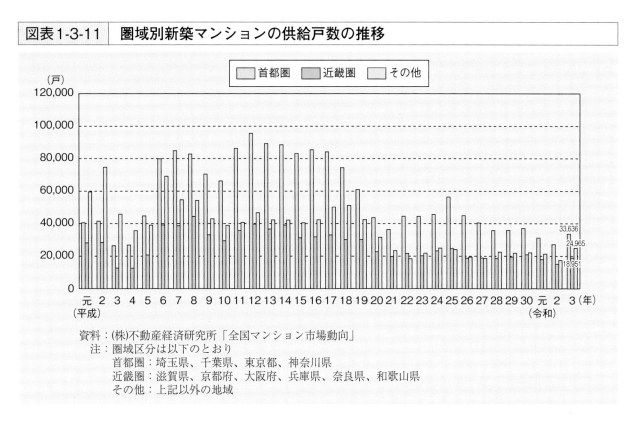

資料：(株)不動産経済研究所「全国マンション市場動向」
注：圏域区分は以下のとおり
　　首都圏：埼玉県、千葉県、東京都、神奈川県
　　近畿圏：滋賀県、京都府、大阪府、兵庫県、奈良県、和歌山県
　　その他：上記以外の地域

長期優良住宅認定実績（新築）については、令和２年度は、一戸建ての住宅が100,503戸で共同住宅等は889戸となっており、概ね横ばいで推移している（図表1-3-12）。

| 図表1-3-12 | 長期優良住宅認定実績（新築）の推移 |

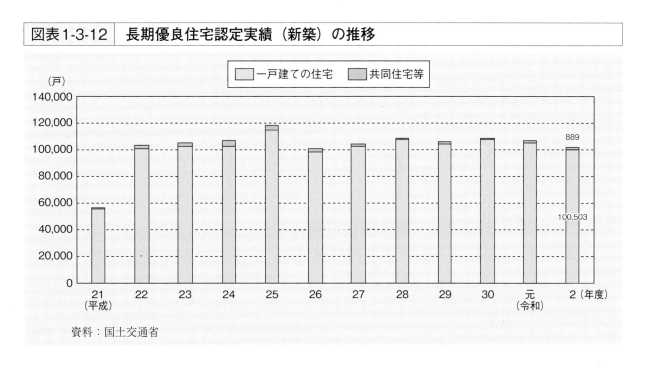

資料：国土交通省

高齢者向け施設のうち、認知症高齢者グループホーム、有料老人ホーム、介護老人福祉施設、サービス付き高齢者向け住宅は増加傾向が続いており、特に有料老人ホームは大きく増加している（図表1-3-13）。

図表1-3-13	高齢者向け施設・サービス付き高齢者向け住宅数の推移

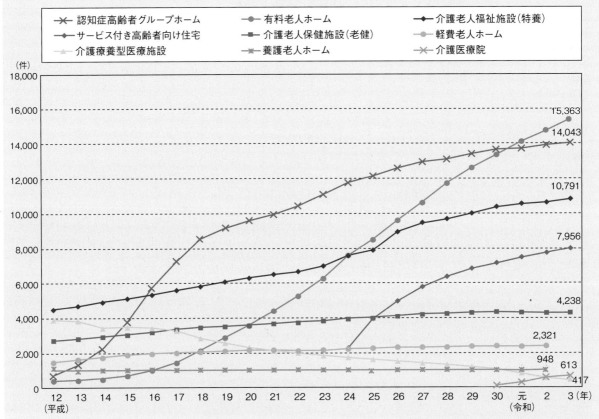

※1：介護保険施設及び認知症高齢者グループホームは、「介護サービス施設・事業所調査（10月1日時点）【平成12・13年】」、「介護給付費等実態調査（10月審査分）【平成14〜29年】」、「介護給付費等実態統計（10月審査分）【平成30年〜令和3年】」
※2：介護老人福祉施設は、介護福祉施設サービスと地域密着型介護福祉施設サービスの請求事業所を合算したもの
※3：認知症高齢者グループホームは、平成12〜16年は痴呆対応型共同生活介護、平成17年〜は認知症対応型共同生活介護により表示（短期利用を除く）
※4：養護老人ホーム・軽費老人ホームは、「社会福祉施設等調査（10月1日時点）」による。ただし、平成21〜23年は調査対象施設の数、平成24〜29年は基本票に基づく数
※5：有料老人ホームは、厚生労働省老健局の調査結果による
※6：サービス付き高齢者向け住宅は、「サービス付き高齢者向け住宅情報提供システム（9月30日時点）」による

店舗の着工面積及び１棟あたりの床面積については、令和３年は、着工面積が約4,273千㎡（前年比9.0％増）で平成25年以来の大幅な増加となった。また、１棟あたりの床面積は791㎡（前年比2.3％増）で増加した（図表1-3-14）。

図表1-3-14　店舗着工面積の推移

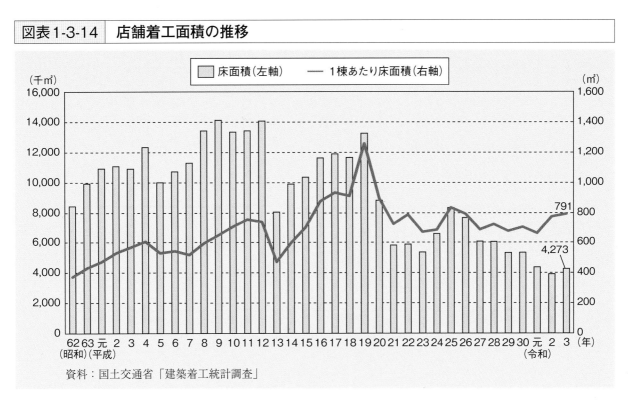

資料：国土交通省「建築着工統計調査」

「大規模小売店舗立地法」（平成10年法律第91号）に基づく届出件数については、令和３年度は、672件（前年度比46.4％増）であり、前年度から大きく増加した（図表1-3-15）。

図表1-3-15　大規模小売店舗立地法に基づく新設届出件数の推移

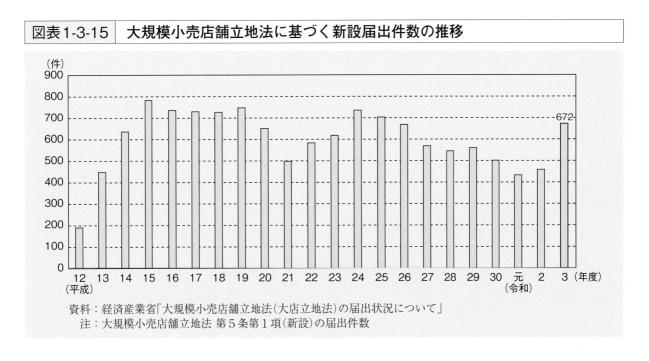

資料：経済産業省「大規模小売店舗立地法（大店立地法）の届出状況について」
注：大規模小売店舗立地法　第５条第１項（新設）の届出件数

宿泊業用建築物の着工面積及び１棟当たりの床面積については、令和２年から引き続き減少し、着工面積は約1,319千㎡（前年比25.9％減）、１棟当たりの床面積は927㎡（前年比15.0％減）となった（図表1-3-16）。

図表1-3-16　宿泊業用建築物着工面積の推移

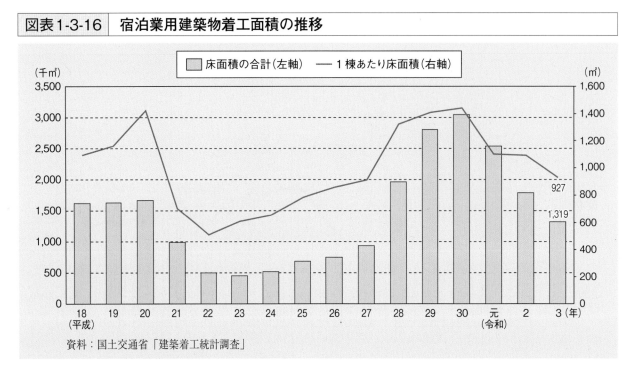

資料：国土交通省「建築着工統計調査」

　また、宿泊施設の施設数及び客室数については、令和２年度は、ホテル・旅館営業の施設数が50,703件（前年度比0.6％減）と前年より減少したものの、ホテル・旅館営業の客室数は1,739千室（前年度比1.9％増）と前年より増加した。また、簡易宿所が37,847件（前年度比1.4％増）と、前年より増加した（図表1-3-17）。

図表1-3-17　宿泊施設の施設数及び客室数の推移

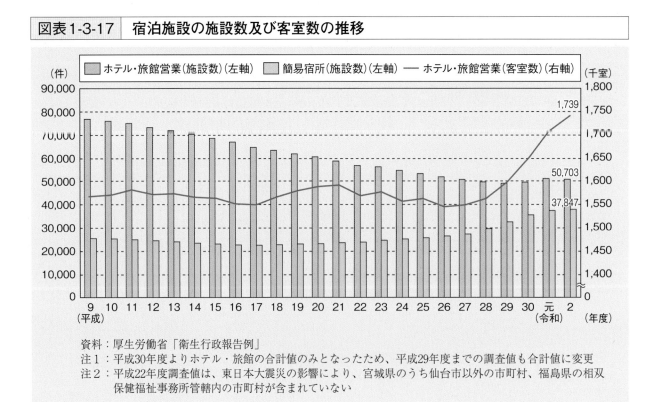

資料：厚生労働省「衛生行政報告例」
注１：平成30年度よりホテル・旅館の合計値のみとなったため、平成29年度までの調査値も合計値に変更
注２：平成22年度調査値は、東日本大震災の影響により、宮城県のうち仙台市以外の市町村、福島県の相双保健福祉事務所管轄内の市町村が含まれていない

令和2年度の工場の立地件数及び立地面積については、立地件数は831件（前年比18.8%減）、立地面積は11,549ha（前年比10.5%減）といずれも前年より減少した（図表1-3-18）。

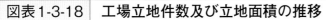

| 図表1-3-18 | 工場立地件数及び立地面積の推移 |

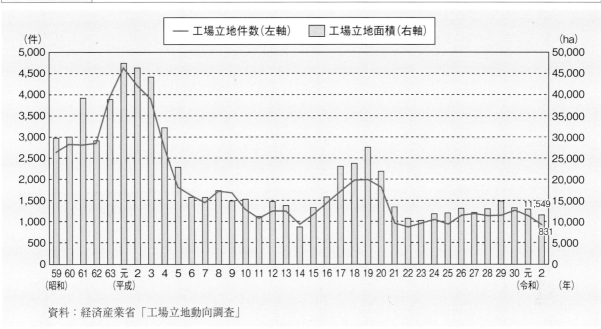

資料：経済産業省「工場立地動向調査」

地域別工場立地件数の割合については、東海、近畿臨海、地方圏の割合が低下した一方、関東内陸の割合が上昇し、関東臨海、近畿内陸は横ばいとなっている。地方圏を除くと東海の割合が最も多くなっている（図表1-3-19）。

| 図表1-3-19 | 地域別工場立地件数の割合 |

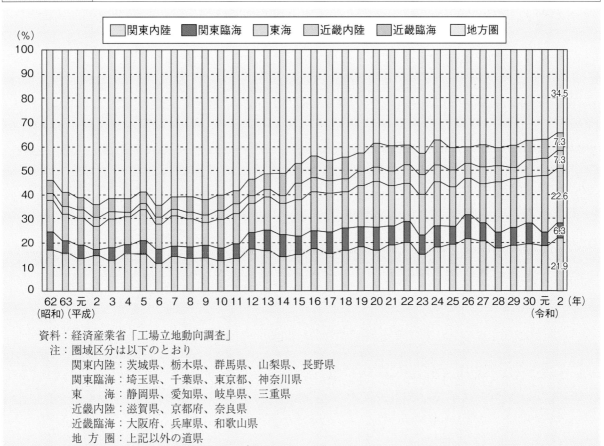

資料：経済産業省「工場立地動向調査」
注：圏域区分は以下のとおり
　　関東内陸：茨城県、栃木県、群馬県、山梨県、長野県
　　関東臨海：埼玉県、千葉県、東京都、神奈川県
　　東　　海：静岡県、愛知県、岐阜県、三重県
　　近畿内陸：滋賀県、京都府、奈良県
　　近畿臨海：大阪府、兵庫県、和歌山県
　　地　方　圏：上記以外の道県

倉庫の着工面積及び1棟当たりの床面積については、いずれも増加しており、着工面積は約13,157千㎡（前年比14.8％増）、1棟当たりの床面積は952㎡（前年比24.4％増）となった（図表1-3-20）。

図表1-3-20　倉庫着工面積の推移

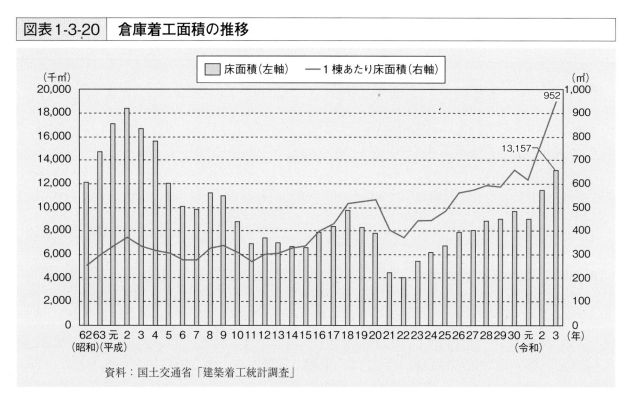

資料：国土交通省「建築着工統計調査」

　令和2年度の駐車場整備については、「駐車場法」（昭和32年法律第106号）に基づく附置義務駐車施設が最も多く約3,442千台であり、調査開始以来、増加を続けている。次いで多いのが届出駐車場で、約1,881千台であった。都市計画駐車場（約115千台）と路上駐車場（約0.6千台）は横ばいで推移している（図表1-3-21）。

図表1-3-21　駐車場整備の推移

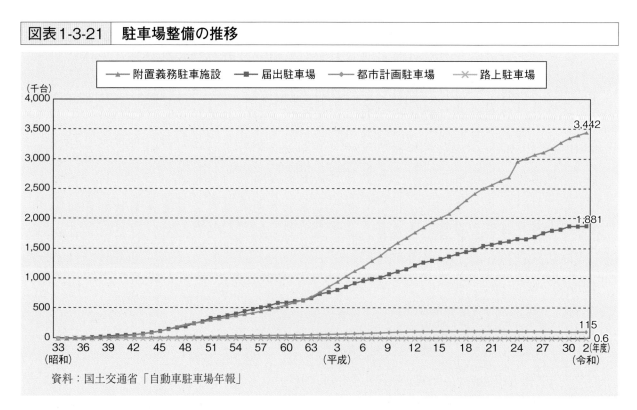

資料：国土交通省「自動車駐車場年報」

　総務省「住宅・土地統計調査」によると、平成30年の空き家は、平成25年と比べ、約29万戸増加し約849万戸となっている。また、総住宅数に占める空き家の割合（空き家率）は13.6％で、平成25年から0.1ポイント上昇している。

　空き家の内訳をみると、「賃貸用又は売却用の住宅」が約462万戸、別荘などの「二次的住宅」が約38万戸、「その他の住宅」が約349万戸となっており、平成25年と比べると、「賃貸用又は売却用の住宅」が約2万戸増、「二次的住宅」が約3万戸減、「その他の住宅」が約31万戸増となっている（図表1-3-22）。

図表1-3-22　空き家数と空き家率の推移

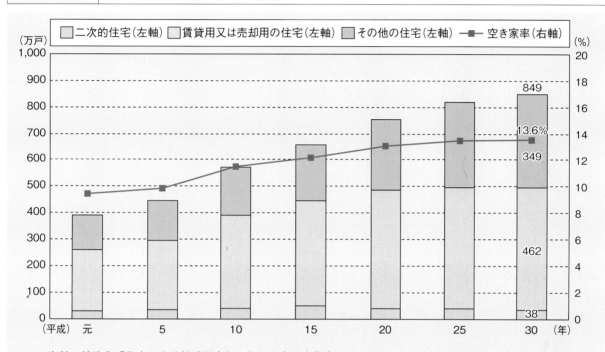

資料：総務省「住宅・土地統計調査」より国土交通省作成
注：二次的住宅：別荘及びその他（たまに寝泊まりする人がいる住宅）
　　賃貸用又は売却用の住宅：新築・中古を問わず，賃貸又は売却のために空き家になっている住宅
　　その他の住宅：上記の他に人が住んでいない住宅

（オフィス市場の動向）

　東京都心5区（千代田区、中央区、港区、新宿区、渋谷区）では、令和2年度以来上昇が続いていた空室率が、令和3年7-9月期には6.3％と、平成26年10-12月期以来7年振りに6.0％を超えたが、令和3年10-12月期には6.4％と前期からほぼ横ばいとなった。平均募集賃料については、令和2年7-9月期をピークに、下落が続いている（図表1-4-1）。

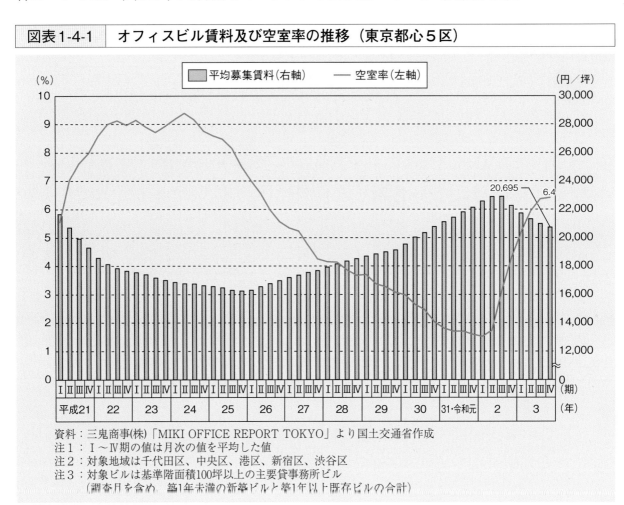

図表1-4-1　オフィスビル賃料及び空室率の推移（東京都心5区）

資料：三鬼商事(株)「MIKI OFFICE REPORT TOKYO」より国土交通省作成
注1：I〜IV期の値は月次の値を平均した値
注2：対象地域は千代田区、中央区、港区、新宿区、渋谷区
注3：対象ビルは基準階面積100坪以上の主要貸事務所ビル
　　（調査日を含め、築1年未満の新築ビルと築1年以上既存ビルの合計）

　東京以外の都市をみると、大阪市及び名古屋市においても、令和2年より空室率は上昇が続いている。平均賃料については、大阪市では下落が続いている一方で、名古屋市では令和3年に入り再び上昇に転じた（図表1-4-2）。

| 図表1-4-2 | オフィスビル賃料及び空室率の推移（大阪・名古屋） |

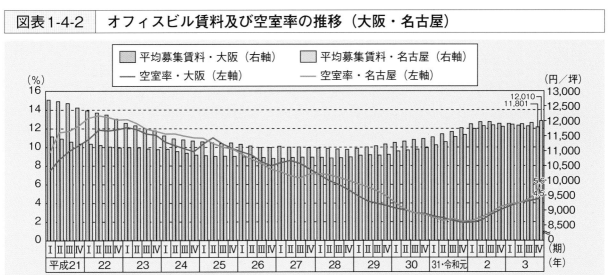

資料：三鬼商事(株)「MIKI OFFICE REPORT OSAKA」・「MIKI OFFICE REPORT NAGOYA」
　　　より国土交通省作成
注1：I〜IV期の値は月次の値を平均した値
注2：対象地域は
　　　大　阪：梅田地区、南森町地区、淀屋橋・本町地区、船場地区、心斎橋・難波地区、新大阪地区
　　　名古屋：名駅地区、伏見地区、栄地区、丸の内地区
注3：対象ビルは
　　　大　阪：延床面積1,000坪以上の主要貸事務所ビル
　　　名古屋：延床面積500坪以上の主要貸事務所ビル
　　　（調査月を含め、築1年未満の新築ビルと築1年以上既存ビルの合計）

　また、令和３年の空室率は、福岡市は年間を通して上昇しているが、札幌市、仙台市は令和３年7-9月期までは上昇していたが、9-12月期は下落に転じた。平均賃料については、福岡市は年間を通して上昇、札幌市、仙台市はほぼ横ばいとなった（図表1-4-3）。

| 図表1-4-3 | オフィスビル賃料及び空室率の推移（札幌・仙台・福岡） |

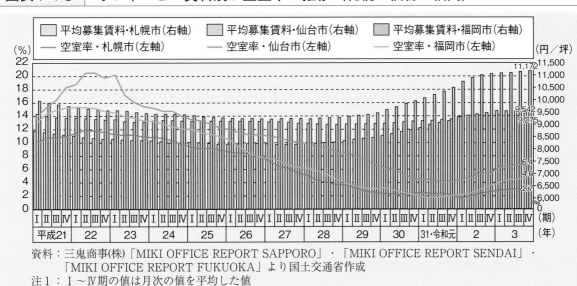

資料：三鬼商事(株)「MIKI OFFICE REPORT SAPPORO」・「MIKI OFFICE REPORT SENDAI」・
　　　「MIKI OFFICE REPORT FUKUOKA」より国土交通省作成
注1：I〜IV期の値は月次の値を平均した値
注2：平成23年３月の仙台市のデータ集計が東日本大震災の影響による集計休止のため、
　　　平成23年I期は３月値を除いた平均値となっている
注3：対象地域は
　　　札幌：駅前通・大通公園地区、駅前東西地区、南1条以南地区、創成川東・西11丁目近辺地区、北口地区
　　　仙台：駅前地区、一番町周辺地区、県庁・市役所周辺地区、駅東地区、周辺オフィス地区
　　　福岡：赤坂・大名地区、天神地区、薬院・渡辺通地区、祇園・呉服町地区、博多駅前地区、
　　　　　　博多駅東・駅南地区
注4：対象ビルは
　　　札幌：延床面積100坪以上の主要貸事務所ビル
　　　仙台：延床面積300坪以上の主要貸事務所ビル
　　　福岡：延床面積100坪以上の主要貸事務所ビル
　　　（調査月を含め、築1年未満の新築ビルと築1年以上既存ビルの合計）

（住宅市場の動向）

　新築マンション価格については、1㎡あたり単価が、首都圏は令和3年4-6月期に100万円を超えたが、その後90万円台まで下落している。一方、近畿圏は年間を通して上昇した。平均価格は、首都圏は1㎡あたり単価と同様の推移を示し、令和3年7-9月期までは上昇したものの、令和3年10-12月期には大幅に下落した。近畿圏は増減があるものの、概ね上昇している（図表1-4-4）。

図表1-4-4	首都圏・近畿圏の新築マンション価格の推移

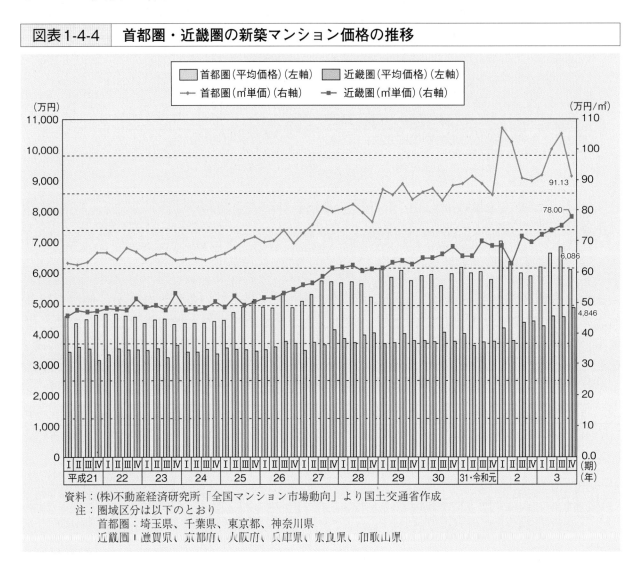

資料：(株)不動産経済研究所「全国マンション市場動向」より国土交通省作成
　注：圏域区分は以下のとおり
　　　首都圏：埼玉県、千葉県、東京都、神奈川県
　　　近畿圏：滋賀県、京都府、大阪府、兵庫県、奈良県、和歌山県

　令和3年のマンションの在庫戸数と契約率について、在庫戸数は、首都圏は大きく減少し、6,848戸であったが、近畿圏は令和2年に引き続いて増加し、4,400戸であった。

　また、契約率（新規に発売されたマンションのうち、当月内に成約となった物件の割合）について、首都圏は大きく増加し6年ぶりに70%を超えたが、近畿圏は引き続き下落している（図表1-4-5）。

図表1-4-5	首都圏・近畿圏のマンションの在庫戸数と契約率の推移

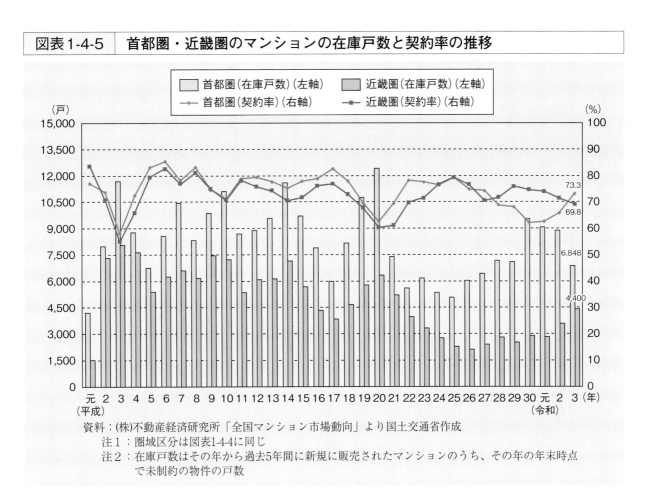

資料：(株)不動産経済研究所「全国マンション市場動向」より国土交通省作成
注1：圏域区分は図表1-4-4に同じ
注2：在庫戸数はその年から過去5年間に新規に販売されたマンションのうち、その年の年末時点で未制約の物件の戸数

賃貸マンションの賃料指数（平成21年Ⅰ期を100とする）の推移をみると、令和3年10-12月期は、東京23区で113.2となり、年間を通して下落した。また、大阪市で123.9となり、ほぼ横ばいとなった（図表1-4-6）。

図表1-4-6	東京23区・大阪市のマンション賃料指数の推移

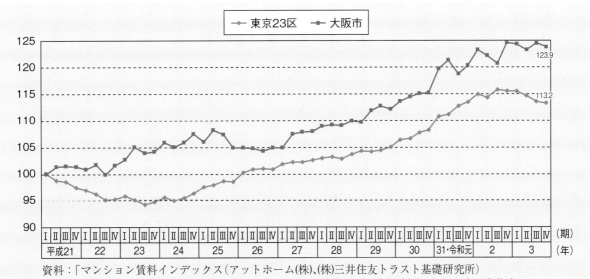

資料：「マンション賃料インデックス(アットホーム(株)、(株)三井住友トラスト基礎研究所)
　　　（部屋タイプ：総合：18㎡以上100㎡未満、エリア：東京23区・大阪市)」より国土交通省作成
注：平成21年Ⅰ期を100とした指数値である

中古マンション市場の動向をみると、令和３年は、成約平均価格が、首都圏で3,869万円（前年比7.5％増）、近畿圏で2,509万円（前年比7.4％増）であり、上昇基調である。また、成約件数は、首都圏が39,812件（前年比11.1％増）、近畿圏では17,083件（前年比1.3％増）となり、前年から一転して、いずれの圏域も増加した（図表1-4-7）。

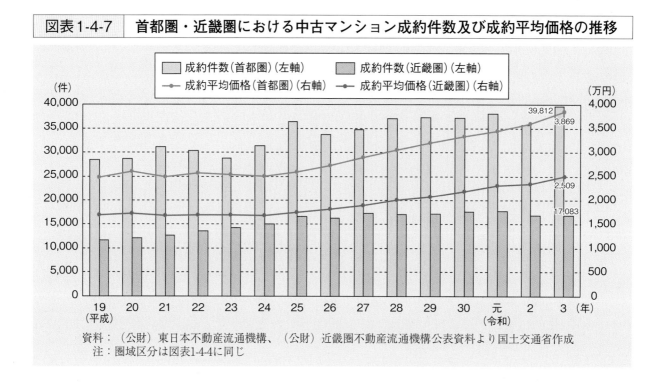

図表1-4-7　首都圏・近畿圏における中古マンション成約件数及び成約平均価格の推移

資料：（公財）東日本不動産流通機構、（公財）近畿圏不動産流通機構公表資料より国土交通省作成
注：圏域区分は図表1-4-4に同じ

　また、令和３年の中古戸建住宅市場については、成約件数は、首都圏で15,436件（前年度比15.6％増）と大きく増加し、近畿圏では15,392件（前年度比5.8％増）といずれの圏域も増加となった。成約平均価格についても、首都圏で3,451万円（前年度比11.0％増）、近畿圏で2,423万円（前年度比8.8％増）といずれの圏域も上昇した（図表1-4-8）。

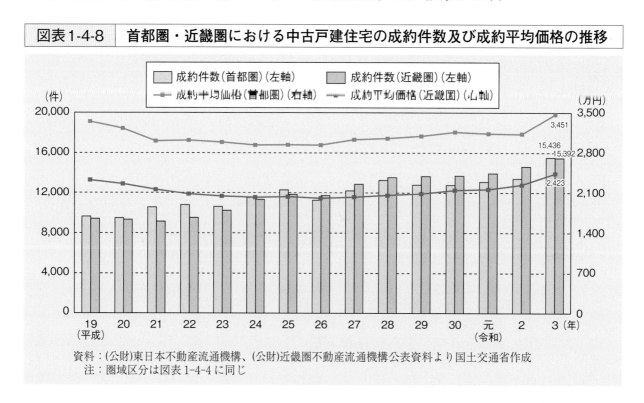

図表1-4-8　首都圏・近畿圏における中古戸建住宅の成約件数及び成約平均価格の推移

資料：（公財）東日本不動産流通機構、（公財）近畿圏不動産流通機構公表資料より国土交通省作成
注：圏域区分は図表1-4-4に同じ

　既存住宅流通シェアの動向をみると、直近では減少傾向であったが、平成30年は14.5％となり、４年ぶりにシェアが増加した。なお、既存住宅取引戸数及び新設着工戸数は、概ね横ばいで推移している（図表1-4-9）。

| 図表1-4-9 | 既存住宅流通シェアの推移 |

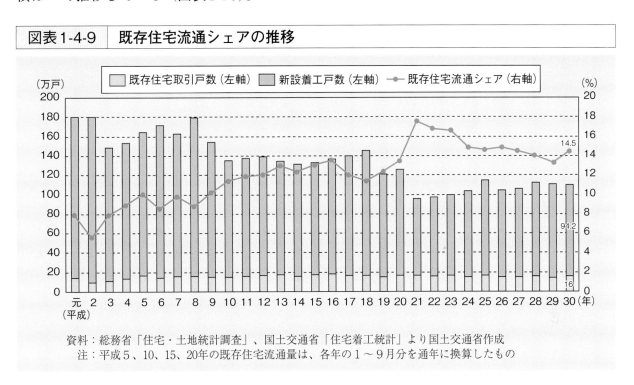

資料：総務省「住宅・土地統計調査」、国土交通省「住宅着工統計」より国土交通省作成
注：平成５、10、15、20年の既存住宅流通量は、各年の１～９月分を通年に換算したもの

（店舗、宿泊施設、物流施設の市場の動向）

　主要都市の店舗賃料の推移をみると、令和３年10-12月期は、東京・横浜で34,655円／坪（対前年同月期比5.4％増）、京都・大阪・神戸で20,074円／坪（対前年同月期比7.7％増）、名古屋で17,896円／坪（対前年同月期比6.7％増）、札幌で12,751円／坪（対前年同月期比4.4％減）、福岡で19,770円／坪（対前年同月期比3.8％増）となり、札幌以外の都市で上昇となった（図表1-4-10）。

| 図表1-4-10 | 主要都市の店舗賃料の推移 |

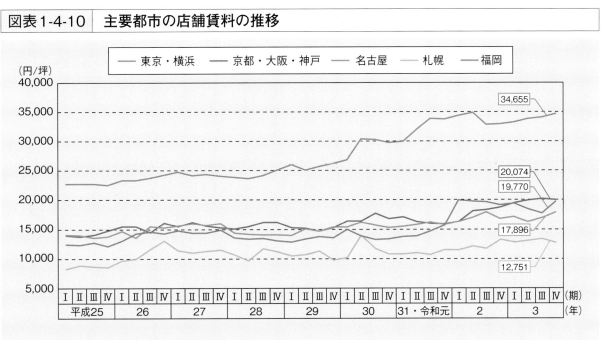

資料：(一財)日本不動産研究所、(株)ビーエーシー・アーバンプロジェクト「店舗賃料トレンド」
　　　（データ提供：スタイルアクト(株)）より作成

令和2年の旅館・ホテルの客室稼働率については、いずれの宿泊施設タイプでも大きく下落している（図表1-4-11）。

図表1-4-11　旅館・ホテルの客室稼働率の推移

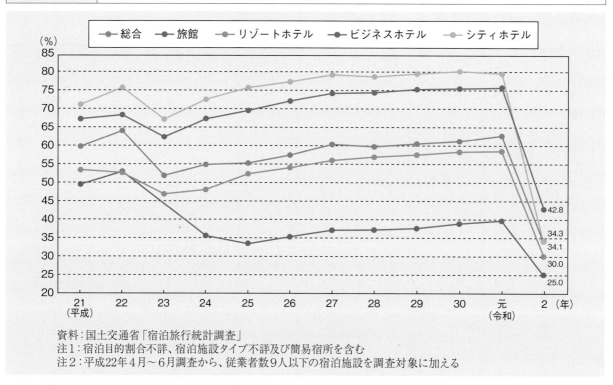

資料：国土交通省「宿泊旅行統計調査」
注1：宿泊目的割合不詳、宿泊施設タイプ不詳及び簡易宿所を含む
注2：平成22年4月～6月調査から、従業者数9人以下の宿泊施設を調査対象に加える

　首都圏における物流施設の市況をみると、令和3年は、首都圏4エリア全てで賃料は高水準で横ばいであり、空室率については令和2年度から変わらず低水準であった（図表1-4-12）。

図表1-4-12　首都圏における物流施設の賃料と空室率

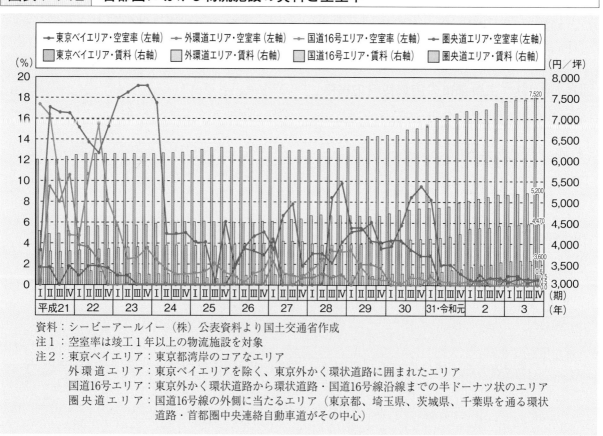

資料：シービーアールイー（株）公表資料より国土交通省作成
注1：空室率は竣工1年以上の物流施設を対象
注2：東京ベイエリア：東京都湾岸のコアなエリア
　　　外環道エリア：東京ベイエリアを除く、東京外かく環状道路に囲まれたエリア
　　　国道16号エリア：東京外かく環状道路から環状道路・国道16号線沿線までの半ドーナツ状のエリア
　　　圏央道エリア：国道16号線の外側に当たるエリア（東京都、埼玉県、茨城県、千葉県を通る環状
　　　　　　　　　　道路・首都圏中央連絡自動車道がその中心）

第5節　不動産投資市場の動向

（不動産証券化市場の動向）

　不動産証券化には、主なスキームとして、①「投資信託及び投資法人に関する法律」（昭和26年法律第198号）に基づく不動産投資信託（リート）、②「不動産特定共同事業法」（平成６年法律第77号）に基づく不動産特定共同事業、③「資産の流動化に関する法律」（平成10年法律第105号）に基づく特定目的会社（ＴＭＫ）、④合同会社を資産保有主体として、匿名組合出資等で資金調達を行うＧＫ－ＴＫスキーム（合同会社-匿名組合方式）等がある。

　国土交通省では、令和12年頃までにリート等（上記①及び②）の資産総額を約40兆円にするという目標を新たに設定したところ、令和３年３月末時点の資産総額は取得価額ベースで約25.5兆円となっており、その主な用途について資産取得額割合でみると、事務所が33.3％、住宅が13.3％、商業施設が4.2％、倉庫が33.3％、ホテル・旅館が1.6％、ヘルスケア施設が4.1％となった（図表1-5-1,2）。

図表1-5-1	リート等の資産総額の推移

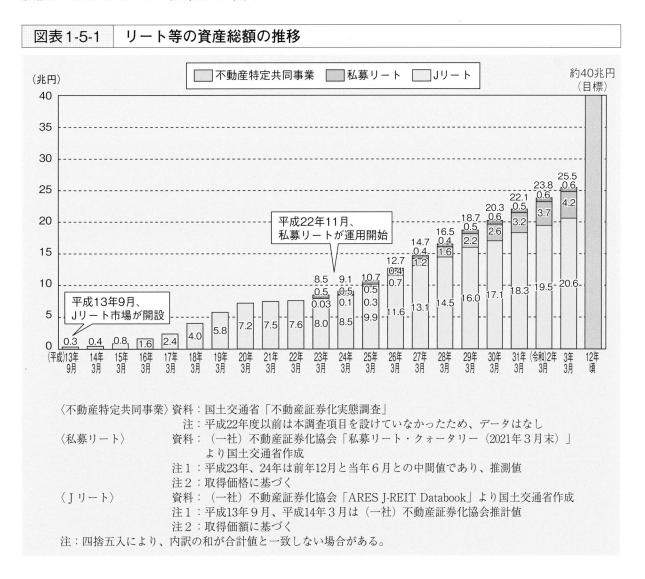

〈不動産特定共同事業〉資料：国土交通省「不動産証券化実態調査」
　　　　　　　　　　　注：平成22年度以前は本調査項目を設けていなかったため、データはなし
〈私募リート〉　　　　資料：（一社）不動産証券化協会「私募リート・クォータリー（2021年３月末）」
　　　　　　　　　　　　　　より国土交通省作成
　　　　　　　　　　　注１：平成23年、24年は前年12月と当年６月との中間値であり、推測値
　　　　　　　　　　　注２：取得価格に基づく
〈Ｊリート〉　　　　　資料：（一社）不動産証券化協会「ARES J-REIT Databook」より国土交通省作成
　　　　　　　　　　　注１：平成13年９月、平成14年３月は（一社）不動産証券化協会推計値
　　　　　　　　　　　注２：取得価額に基づく
注：四捨五入により、内訳の和が合計値と一致しない場合がある。

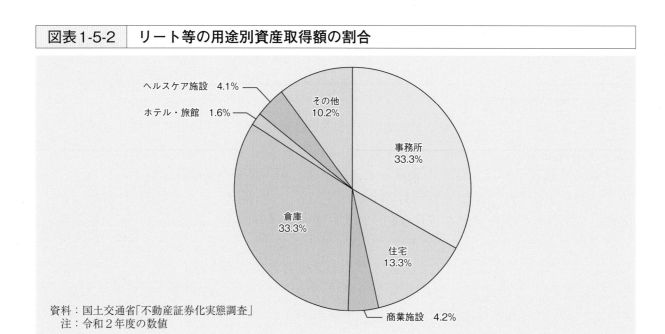

| 図表1-5-2 | リート等の用途別資産取得額の割合 |

ヘルスケア施設　4.1%

ホテル・旅館　1.6%

その他
10.2%

事務所
33.3%

倉庫
33.3%

住宅
13.3%

商業施設　4.2%

資料：国土交通省「不動産証券化実態調査」
注：令和2年度の数値

（Jリート市場の動向）

　Jリートについて、令和4年3月末現在、61銘柄が東京証券取引所に上場されており、時価総額は約16.6兆円となっている（図表1-5-3）。

| 図表1-5-3 | Jリート上場銘柄数と時価総額の推移 |

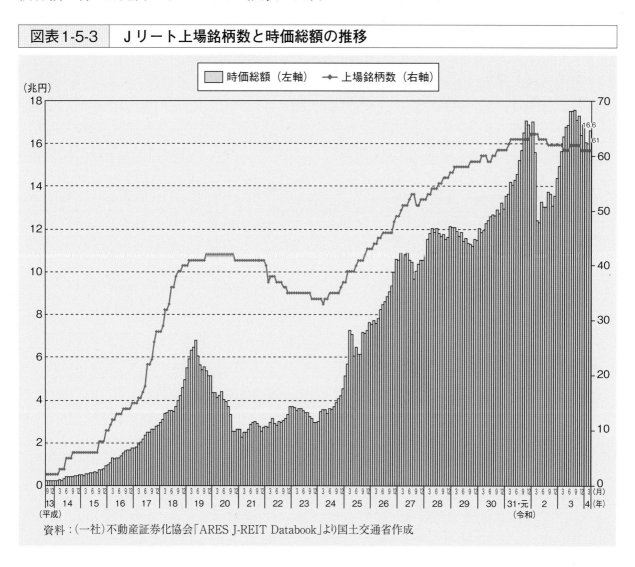

資料：(一社)不動産証券化協会「ARES J-REIT Databook」より国土交通省作成

　Ｊリート市場全体の値動きを示す東証REIT指数は令和2年11月から上昇傾向であり、令和3年6月には2,100ポイント台まで回復したが、米金利上昇への警戒感や新型コロナウイルス感染症の再拡大等による投資家心理の悪化やロシアによるウクライナ侵略が影響し、令和4年2月末には1,800ポイント台まで下落した。そこからウクライナ情勢についての改善期待や米金融政策に係る警戒感の後退から、同年3月末には2,000ポイント台まで回復した（図表1-5-4）。

図表1-5-4	東証REIT指数と日経平均株価の推移

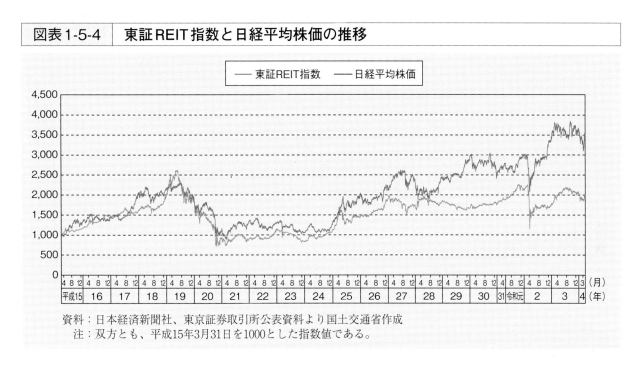

資料：日本経済新聞社、東京証券取引所公表資料より国土交通省作成
注：双方とも、平成15年3月31日を1000とした指数値である。

　投資部門別Ｊリート売買動向を令和3年度の購入金額割合でみると、海外投資家が70.8%、投資信託が10.9%、国内個人投資家が8.5%、金融機関が8.3%、事業法人が0.7%、証券会社が0.7%、その他法人等が0.1%を占めており、海外投資家の動向がＪリート市場に与える影響は大きい（図表1-5-5）。

図表1-5-5	投資部門別のＪリート売買動向

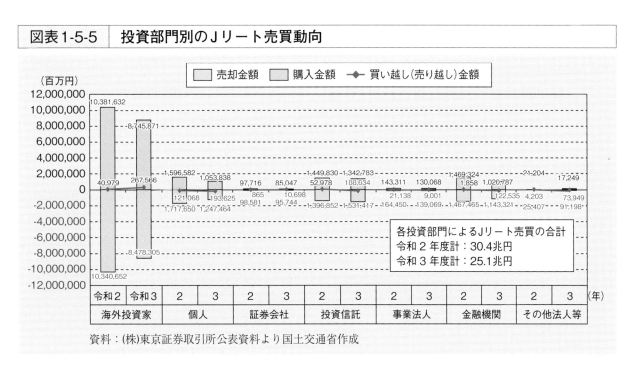

資料：(株)東京証券取引所公表資料より国土交通省作成

（資金調達環境の動向）

　企業の資金調達環境については、日本銀行「全国企業短期経済観測調査」における資金繰り判断ＤＩ（「楽である」との回答者数構成比から「苦しい」との回答者数構成比を差し引いたもの）によれば、令和３年は7-9月期に不動産業でポイントが下落しているほかは、全産業、不動産業ともに概ね上昇している（図表1-5-6）。

図表1-5-6	資金繰り判断ＤＩの推移

資料：日本銀行「全国企業短期経済観測調査」より国土交通省作成
　注：ＤＩは「楽である」（回答社数構成比）－「苦しい」（回答社数構成比）

（不動産業向けの貸出動向）

銀行等による不動産業向け新規貸出については、日本銀行「貸出先別貸出金」をみると、令和３年は前年から増加し11兆1,473億円となっている（図表1-5-7）。

図表1-5-7	不動産業向け新規貸出の推移

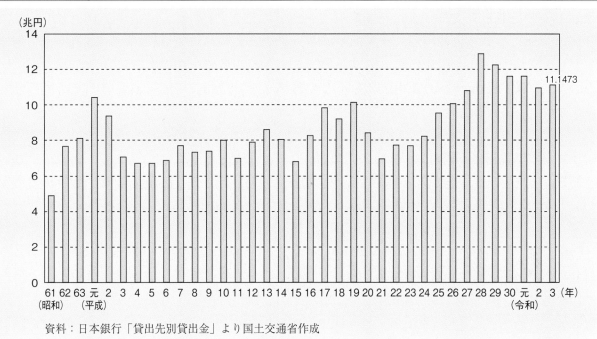

資料：日本銀行「貸出先別貸出金」より国土交通省作成

また、銀行等による不動産業向け貸出残高については、日本銀行「貸出先別貸出残高」をみると、引き続き増加傾向が顕著であり、令和３年は昭和61年以降過去最高の89兆8,556億円となっている（図表1-5-8）。

図表1-5-8	不動産業向け貸出残高の推移

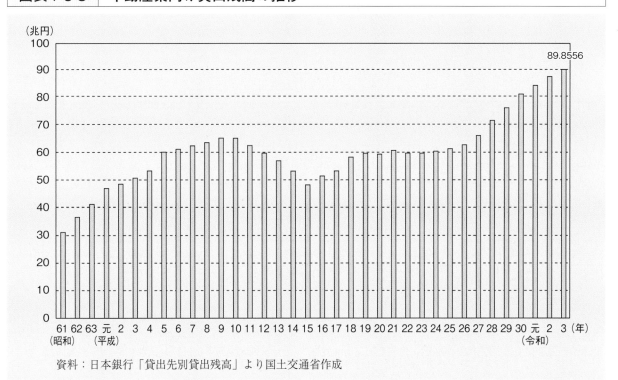

資料：日本銀行「貸出先別貸出残高」より国土交通省作成

土地に関する動向

39

（国民の土地・不動産に関する意識）

　国民にとって、土地の所有は、生活の基盤である住宅用地等としての目的だけでなく、資産としての目的を有する。

　国土交通省では「土地問題に関する国民の意識調査」（以下「意識調査」という。）を毎年行っているが、令和2年度においては新型コロナウイルス感染症の影響により、調査方法をこれまでの面接聴取法から郵送法に変更して実施した。令和3年度においては昨年度の郵送法に加え、オンラインによる回答も可能として実施した[2]。

　令和3年度の意識調査によると、「土地は預貯金や株式などに比べて有利な資産か」という質問に対し、「そう思う」と回答した者の割合は17.4%、「そうは思わない」と回答した者の割合は27.5%、「どちらともいえない」と答えた者の割合が35.8%となった。過去の調査結果では、平成21年度意識調査から令和2年度意識調査まで「そうは思わない」の割合が「そう思う」の割合を上回る結果が続いており、今回の意識調査でも「そうは思わない」の割合が「そう思う」の割合を上回った。

　これらの回答を土地の所有の有無別にみると、土地所有者のうち「そう思う」と回答した者の割合は19.6%、土地を所有していない者のうち「そう思う」と回答した者の割合は14.7%となっており、土地所有者の方が「そう思う」と回答した割合が高くなった。また、都市圏別にみると、「そう思う」と回答した者の割合が大都市圏で19.5%、地方圏で15.6%となっており、大都市圏が地方圏より高くなった（図表1-6-1）。

---

[2] 「土地問題に関する国民の意識調査」（令和3年度調査対象）：・母集団、全国の市区町村に居住する満20歳以上の者。・サンプルサイズ、3,000人。・抽出方法、層化二段無作為抽出法。・有効回答数、774人【1,618人】（男性51.4【46.8】%：女性47.9【53.2】%、大都市圏33.9【41.9】%：地方圏59.8【58.1】%、土地を所有している61.4【57.7】%：土地を所有していない35.3【38.8】%、なお、回答には無回答・その他もあるため、比率の合計は必ずしも100%にはならない。【　】内は、令和2年度の数字）。・調査期間：令和4年1月4日〜3月20日。令和2年度及び令和3年度の調査手法はそれぞれ、それ以前の調査手法と異なるため、当該各年度の調査結果とそれ以前の調査結果は単純に比較することができない。

| 図表1-6-1 | 土地は預貯金や株式などに比べて有利な資産か |

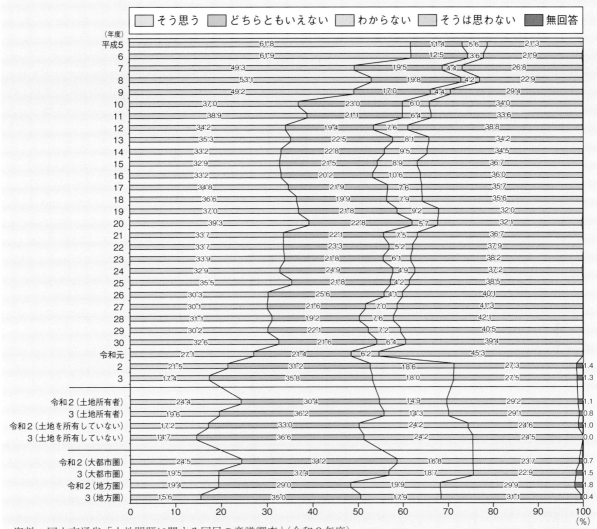

資料：国土交通省「土地問題に関する国民の意識調査」（令和３年度）
注：大都市圏：東京圏、大阪圏、名古屋圏
　　東　京　圏：首都圏整備法による既成市街地及び近郊整備地帯を含む市区町村
　　大　阪　圏：近畿圏整備法による既成都市区域及び近郊整備区域を含む市町村
　　名古屋圏：中部圏開発整備法による都市整備区域を含む市町村
　　地　方　圏：大都市圏以外の市町村

「そう思う」と回答した者にその理由を聞いたところ、「土地はいくら使っても減りもしなければ、古くもならない、なくならない（物理的に滅失しない）」と回答した者と「土地は生活や生産に有用だ（役に立つ）」と回答した者の割合が29.6%と最も高かった（図表1-6-2）。

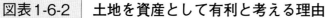

図表1-6-2　土地を資産として有利と考える理由

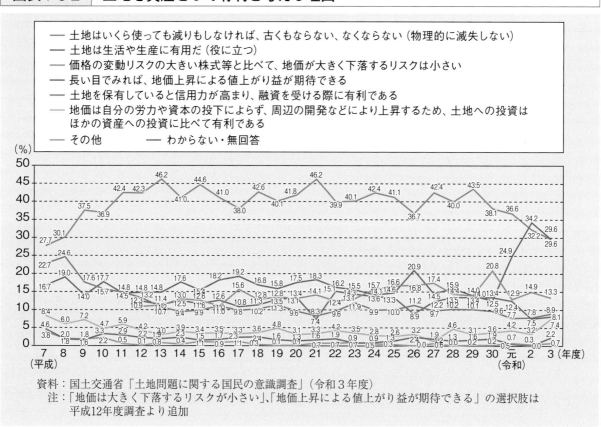

資料：国土交通省「土地問題に関する国民の意識調査」（令和3年度）
注：「地価は大きく下落するリスクが小さい」、「地価上昇による値上がり益が期待できる」の選択肢は平成12年度調査より追加

「そう思わない」と回答した者にその理由を聞いたところ、「土地は預貯金や株式などに比べて、維持管理に係るコスト負担が大きいから」が41.3%と最も高く、以下、「不動産である土地は株式などと比べて流動性が低く、運用方法が限定的であるから」が18.8%、「地価は自然災害や周辺開発等の影響を受けると、下落するリスクが大きいから」が16.9%、「地価上昇による短期的な値上がり益が期待できないから」が16.4%の順となった（図表1-6-3）。

図表1-6-3　土地を資産として有利と考えない理由

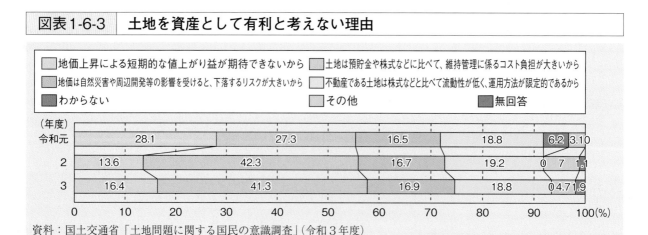

資料：国土交通省「土地問題に関する国民の意識調査」（令和3年度）

　次に、「土地を所有したいか」という質問に対し、「所有したい」と回答した者の割合は、40.4％となり、「所有したくない」と回答した者の割合は、24.2％となった。また、「どちらともいえない」が33.7％となった（図表1-6-4）。

図表1-6-4	土地を所有したいと思うか

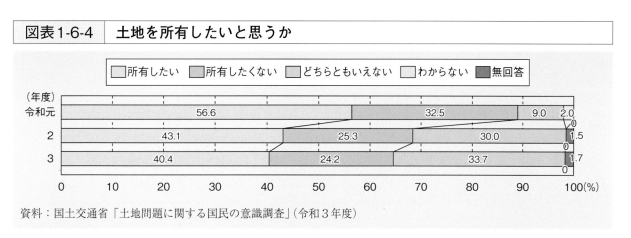

資料：国土交通省「土地問題に関する国民の意識調査」（令和３年度）

　「土地を所有したい」と回答した者にその理由を聞いたところ、「居住用住宅等の用地として自らで利用したいから」と回答した者の割合が60.1％と最も高く、次いで、「子供や家族に財産として残したい（相続させたい）から」が27.5％と高かった（図表1-6-5）。

図表1-6-5	土地を所有したいと思う理由

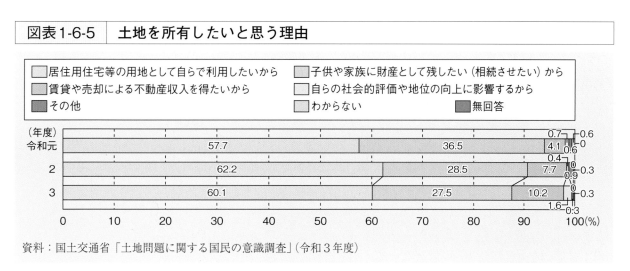

資料：国土交通省「土地問題に関する国民の意識調査」（令和３年度）

また、「土地を所有したくない」と回答した者にその理由を聞いたところ、「所有するだけ
で費用や手間がかかるから」と回答した者の割合が38.5％と最も高く、次いで、「使い道が
ないから」が26.7％となった（図表1-6-6）。

図表1-6-6　土地を所有したいと思わない理由

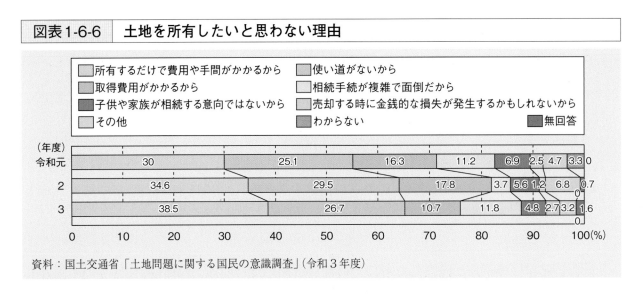

資料：国土交通省「土地問題に関する国民の意識調査」（令和3年度）

　次に、自らが住むための住宅の所有に関する国民の意識をみると、持ち家志向か借家志向
かについて、「土地・建物については、両方とも所有したい」と回答した者の割合が66.7％
となった。
　また、圏域別の結果では、「土地・建物については、両方とも所有したい」と回答した者
の割合が、大都市圏と地方圏で、それぞれ67.2％、65.7％となった（図表1-6-7）。

図表1-6-7　持ち家志向か借家志向か

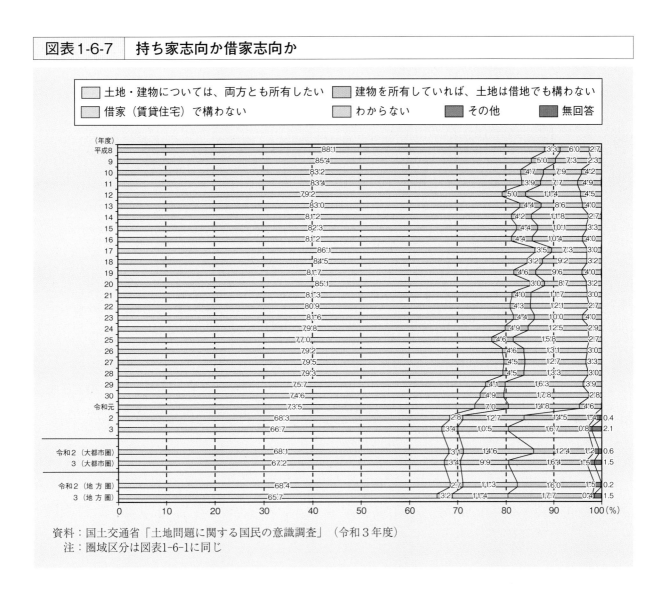

資料：国土交通省「土地問題に関する国民の意識調査」（令和３年度）
注：圏域区分は図表1-6-1に同じ

　望ましい住宅の形態に関する国民の意識をみると、「一戸建て」と回答した者の割合が54.4％、「戸建て・マンションどちらでもよい」と答えた者の割合が20.5％、「マンション」と答えた者の割合が16.4％となった。

　また、圏域別の結果では、「一戸建て」と回答した者の割合が、大都市圏と地方圏で、それぞれ49.2％と57.5％で、地方圏が高い結果となった。一方で、「マンション」と回答した者の割合は、大都市圏と地方圏で、それぞれ21.0％と13.8％で、大都市圏が高い結果となった（図表1-6-8）。

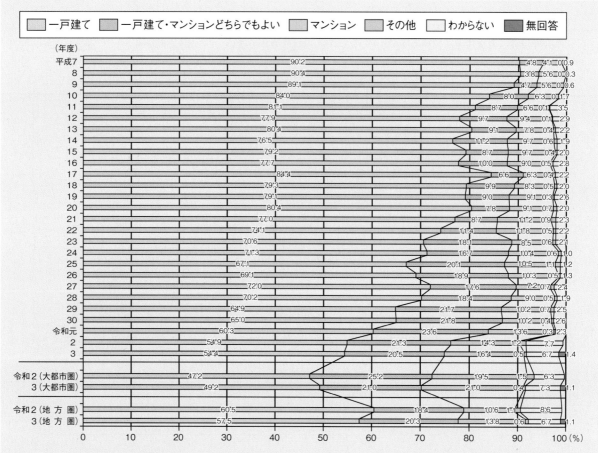

資料：国土交通省「土地問題に関する国民の意識調査」（令和３年度）
注：圏域区分は図表1-6-1に同じ

第2章 人口減少社会における所有者不明土地対策等の取組と関連施策の動向

　土地政策は、これまで、その時代の経済社会を背景に、大きく変遷してきた。

　1980年代後半からのいわゆるバブル期には、急激な地価高騰に対して、その抑制と適正かつ合理的な土地利用の確保が急務であった。このため、平成元年に「土地基本法」（平成元年法律第84号）が成立し、土地に関する基本理念や国・地方公共団体の責務が規定され、投機的取引を抑制するとともに、適正な利用及び計画に従った利用が目指された。その後バブル崩壊により地価が大きく低迷することになったが、ここでは不良債権関連土地をはじめとする低未利用土地の有効活用等が課題となり、地価高騰抑制から土地の有効利用へと土地政策は転換された。また、不動産の証券化手法の整備やＪリート市場の開設など、多彩な金融手法を用いた土地・不動産活用の新たな分野も生み出された。

図表2-1-1	国土審議会土地政策分科会企画部会中間とりまとめ参考資料

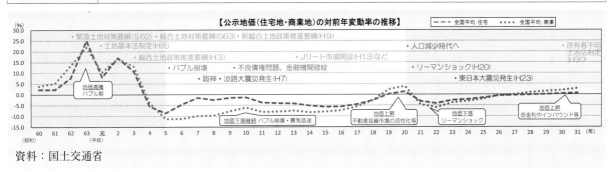

資料：国土交通省

　日本の人口は、平成20年の1億2,808万人をピークに減少に転じており、この先も減少することが予測されている。人口減少時代に突入し、日本の経済社会の様々なところで新たな課題が明らかになってきている。

　人口減少・少子高齢化が進む中、相続件数の増加、土地利用ニーズの低下や土地所有意識の希薄化が進行しており、不動産登記では所有者の氏名や所在が分からない土地の増加が懸念されている。これらの土地は、周囲に様々な外部不経済をもたらすとともに、公共事業や民間の経済活動の支障になるなど、その対策は喫緊の課題となっている。このような課題に対し、政府では、平成30年に「所有者不明土地等対策の推進のための関係閣僚会議」（主宰：内閣官房長官）を立ち上げ、関係省庁が一体となって取り組んできた。

　平成30年には、「所有者不明土地の利用の円滑化等に関する特別措置法」（平成30年法律第49号。以下「所有者不明土地法」という。）が制定され、所有者不明土地の利用の円滑化を図るための仕組みや、所有者の探索を合理化するための仕組み等が創設された。

　令和2年には、平成元年の制定時以来約30年ぶりに「土地基本法」の一部が改正された。土地に関する基本理念として土地の適正な「管理」に関する土地所有者等の「責務」が規定されたほか、所有者不明土地の円滑な利用及び管理の確保に関する規定が追加された。

　令和3年には、所有者不明土地の発生予防・利用の円滑化を目的として、民事基本法制の総合的な見直しが行われた。相続登記等の申請を義務化することとされたほか、相続等によ

り土地所有権を取得した者が一定の要件の下でその土地の所有権を国庫に帰属させることができる制度が創設された。また、所有者不明土地や管理不全土地について、利害関係人の請求により裁判所が管理人を選任して管理を命ずることができる制度（所有者不明土地管理制度及び管理不全土地管理制度）等が創設された。

そして、所有者不明土地の利用の円滑化の促進と管理の適正化を図るため、「所有者不明土地の利用の円滑化等に関する特別措置法の一部を改正する法律」（令和4年法律第38号。以下「所有者不明土地法の一部を改正する法律」という。）が令和4年4月27日に成立し、同年5月9日に公布されたところである。

このように、人口減少・少子高齢化が進む中、所有者不明土地という新たな課題に対し、できる対策を着実に進めているところである。

また、持続的成長のため、デジタル技術の活用による効率化や利便性の向上が期待されているところであり、土地政策に関連する分野においても、デジタルを前提とした新たな国土計画の検討や、デジタル技術を活用した土地利用の円滑化のための取組の検討が進められているところである。

本章では、人口減少社会における所有者不明土地対策等の取組と関連施策の動向として、まず第1節において、所有者不明土地の対策を巡って行われている様々な取組を取り上げ、第2節において、「所有者不明土地法」の改正の経緯・背景や内容を取り上げるとともに、第3節において、新たな国土計画や、デジタル技術の活用による土地利用の円滑化のための取組など、これからの土地政策に関連する分野における新たな動向について取り上げる。

第1節　所有者不明土地対策等における取組状況

1 所有者不明土地法の活用状況

　平成30年に成立した「所有者不明土地法」では、（1）所有者不明土地の利用の円滑化を図るための仕組み、（2）所有者の探索を合理化するための仕組み、（3）所有者不明土地を適切に管理するための仕組みが創設された。

（1）所有者不明土地の利用の円滑化を図るための仕組み

　所有者不明土地の利用の円滑化を図るための仕組みとして、反対する権利者がおらず、建築物（簡易な構造の小規模建築物を除く。）がなく現に利用されていないなど、一定の条件を満たす所有者不明土地について、公共的な目的のために利用することができる制度（地域福利増進事業）や、公共事業において所有者不明土地を収用する際に収用委員会の審理手続を省略する制度（土地収用法の特例）が創設された。

① 地域福利増進事業の創設

　地域福利増進事業とは、所有者不明土地を、公園の整備といった地域のための事業に利用することを可能とする制度で、事業を実施しようとする者からの申請を受けて、都道府県知事が裁定することにより、所有者不明土地に10年間を上限とする使用権を設定して、利用することを可能とするものである。

| 図表2-1-2 | 地域福利増進事業パンフレット |

資料：国土交通省

これまで地方公共団体や一般社団法人等による地域福利増進事業の活用に向けた所有者の探索などの準備が進められ、令和3年9月には、新潟県粟島浦村が地域福利増進事業の裁定の申請を行い、令和4年4月に新潟県知事により全国初となる裁定の公告がなされたところである。

　以下に所有者不明土地の利活用に向けた様々な取組事例を紹介する。

○安全な避難場所（防災空地）の整備（新潟県岩船郡<ruby>粟島浦村<rt>あわしまうらむら</rt></ruby>）

　新潟県岩船郡<ruby>粟島浦村<rt>いわふねぐん</rt></ruby>は、人口340人（令和3年11月末日住民基本台帳人口）の小規模離島であり、令和元年6月に発生した山形県沖地震の際には、住民は緊急避難場所に指定されている高台の神社に避難したが、老朽化した社殿等の崩壊による二次被害が心配されており、防災・減災の観点から、安全な避難場所（防災空地）の整備が望まれているところである。

　粟島浦村は、緊急避難場所に隣接する事業想定区域の土地（宅地・畑・原野の計10筆）を新たな避難場所として整備する計画を立案したところ、対象の10筆の土地のうち、4筆の土地については、権利部の登記がなされていない状況であり、事業想定区域内に所有者が不明であると思われる土地が含まれていることが分かった。

　また、全10筆の土地のうち、3筆の土地については、建築物が残存する土地であったところ、建築物（20㎡以上）付きの土地は、「所有者不明土地法」に規定される地域福利増進事業の事業区域とすることができる特定所有者不明土地（所有者不明土地のうち、建築物（簡易な構造の小規模建築物を除く。）が存在せず、業務の用その他の特別の用途に供されていない土地をいう。）にあたらないことから、粟島浦村は、この3筆の土地を事業区域から除外し、残りの7筆の土地（653㎡）について、所有者の探索を実施することとした。この7筆の土地のうち、4筆の土地については、所有者を確知することができたが、3筆の土地については、権利部の登記・相続登記がなされておらず、土地の登記記録では所有者を確認することができなかった。

　このため、粟島浦村は、司法書士に所有者の探索を委託し、司法書士により所有者を探索したが、3筆の土地の相続人が61名になることが判明した。また、所有者不明土地の相談窓口を設置して所有者の探索を継続したが、最終的に3筆の土地については、所有者の一部を確知することができなかった。

図表2-1-3　現地の状況

申請地

資料：粟島浦村

　このような状況を受けて、粟島浦村は、令和3年9月14日に「所有者不明土地法」に規定される広場（防災空地）を整備する地域福利増進事業の裁定の申請を行い、同月24日に新潟県知事により裁定申請の公告がなされ、6か月間の縦覧期間を経て、令和4年4月1日に新潟県知事により裁定の公告がなされた。

　今後、粟島浦村は、これらの土地を防災空地として整備し、粟島浦村防災会議において新たな避難場所として指定する予定である。

○管理不全状態にある竹林の活用（新潟県 南 蒲原郡田上町）

　新潟県南蒲原郡田上町は、新潟市に隣接しており、人口約1万人の町であり、良質なたけのこ温泉地で有名な地域である。対象土地は、住宅地近くにある地目が原野の1筆の竹林で、たけのこを収穫することができる里山である。しかしながら、所有者が不明であると思われる土地であり、適正に管理がなされていないことから、積雪時には対象土地に繁茂する竹が電線に引っかかるなど、隣地等に悪影響を及ぼしている状況にある。

図表2-1-4	現地の状況

資料：一般社団法人みどり福祉会

　一般社団法人みどり福祉会が対象土地の所有者を確認したところ、既に所有者が死亡していたことから、対象土地は、所有者不明土地であるおそれがあることが分かった。

　また、一般社団法人みどり福祉会が中心となって、対象土地を適正に管理し、利用するため、対象土地の使用権を取得し、地域で竹林の整備や管理を行っている団体との事業協力のもと、地域福利増進事業により、対象土地を地域の交流や青少年育成の体験事業の場として活用することを検討することになった。

図表2-1-5	体制

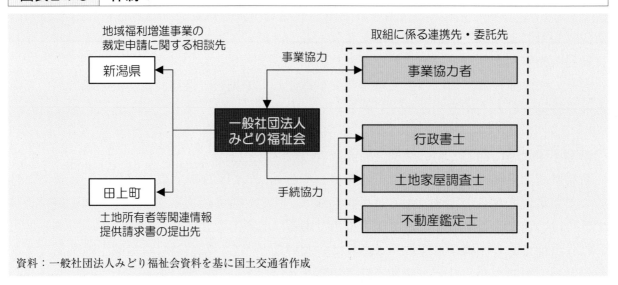

資料：一般社団法人みどり福祉会資料を基に国土交通省作成

　対象土地の所有者の探索において、「所有者不明土地の利用の円滑化等に関する特別措置法施行規則」（平成30年国土交通省令第83号）に基づき、対象土地の固定資産課税台帳を備える田上町長に対して、固定資産税の納税義務者の氏名・名称・住所の情報を請求したものの、固定資産税担当部局においても対象土地の所有者を把握していなかったことから、対象土地の相続人を確認することができなかった。また、相続財産管理人の申立てや相続放棄の手続の有無についても、管轄する家庭裁判所において実施されていないことが確認された。さらに、戸籍の調査等によって、三親等以上の親族への数次相続が発生していることが判明したことから、戸籍等の情報を基に、順次、法定相続人と思われる者について、公的資料に記録された土地所有者の探索に必要となる情報（以下「土地所有者等関連情報」という。）の提供を請求するなど、所有者の探索を継続しているところである。

○密集家屋の火災跡地の適正な管理と活用（兵庫県川西市）

　兵庫県川西市に位置する当該地域は、高台に家屋が密集しており、道路が狭く、車の利用も難しいことから、今後高齢化が進行すると、買い物難民の発生や地域のコミュニティの維持が困難になることなどの問題が懸念されている。

　対象土地は、平成4年に発生した火災による家屋の瓦礫が放置され、雑草の繁茂や不法投棄等により管理不全状態となっている。また、対象土地は、連続した7筆の土地が一団の土地を構成しており、このうち1筆の土地については、所有者が判明していたことから、平成30年に川西市が所有者に対して土地の適正管理を依頼し、所有者により自己所有地の瓦礫の撤去が行われた。しかしながら、残る6筆の土地については、所有者が判明せず、家屋の瓦礫が放置されたままの危険な状態となっていることから、地域住民などで構成される花屋敷山手町を良くする会が災害等の発生防止のために緊急な対応が必要であると判断し、対象土地の適正な管理と地域福祉増進事業による対象土地の活用を検討することになった。

図表2-1-6　現地の状況

資料：花屋敷山手町を良くする会

　花屋敷山手町を良くする会が所有者の探索を進めたところ、川西市の固定資産税担当部局においても対象土地の所有者を把握していない状態にあったため、花屋敷山手町を良くする会が土地の登記事項証明書に記載された情報を基に、6筆の土地の所有者と思われる者に対して文書を送付したところ、1筆の土地の所有者から返信があり、当該土地の所有者を確知することができた。また、川西市長に対して、土地所有者等関連情報の提供を請求したところ、新たに1名の所有者を確知することができた。さらに、残る4筆についても、所有者の探索のために、川西市長に対して住民票等を請求したが、住民票の保存期限が満了しており、既に廃棄されていたことから、4筆の土地については、所有者を確知することができなかった。

　花屋敷山手町を良くする会は、地域のコミュニティの維持のため、今後、対象土地を利用して、地域住民が集える市民菜園等を整備することを検討しているが、対象土地には、未だ家屋の瓦礫が残ったままの状態であることから、対象土地の利用方法や対象土地を利用する場合の瓦礫の撤去方法などについて、既に所在が判明している所有者や地域住民との協議を重ねながら、対象土地の利活用に向けて合意形成を図っているところである。

②　公共事業における収用手続の合理化・円滑化（土地収用法の特例）

　公共事業のために所有者不明土地を利用する場合には、「土地収用法」（昭和26年法律第219号）や財産管理制度を活用して、当該土地を取得することになるが、土地の所有者の探索には多大な時間・費用・労力を要することから、所有者不明土地が事業区域に含まれるときは、事業全体の進捗に大きな遅れが生じるのみならず、事業区域の変更や事業そのものの中止を余儀なくされる場合があるなど、円滑な事業の実施に大きな支障が生じる事例も少なからず存在する。

　このような状況を受けて、「所有者不明土地法」において、「土地収用法」による事業の認定を受けた収用適格事業について、収用委員会の審理手続を省略するとともに、収用手続における権利取得裁決と明渡裁決を一本化し、都道府県知事の裁定により特定所有者不明土地を収用することができる特例が創設された（都市計画事業についても同様の特例が創設された。）。

　上記の土地収用法の特例については、「所有者不明土地法」第27条（都市計画事業については同法第37条）に規定されており、令和4年3月末時点で6件の裁定がなされている。

○高速自動車国道東関東自動車道水戸線新設工事（茨城県潮来市）

　「所有者不明土地法」の施行後、初めて土地収用法の特例を活用した裁定の申請があった事業は、国土交通大臣（国土交通省関東地方整備局）及び東日本高速道路株式会社（以下「起業者」という。）が施行する「高速自動車国道東関東自動車道水戸線新設工事」である。裁定の申請があった土地は、茨城県潮来市内の山林であり、不動産登記簿の表題部の所有者欄には「A外2名」とだけ記録されていた記名共有地であった。起業者が土地所有者等の探索を行ったが、所有者を確知することができなかったことから、「所有者不明土地法」の規定により、起業者が令和2年3月9日に茨城県知事に対して裁定の申請を行い、同年8月20日に茨城県知事により裁定がなされた。裁定の申請から裁定までの期間は164日（約5か月）となり、平成30年度に所有者不明土地を対象として、「土地収用法」に基づき収用された事例の裁決の申請から裁決までの収用手続に要した平均期間（約9か月）と比べて、約4か月短縮された。

図表2-1-7　　対象地と現地の状況

資料：国土交通省

○高速自動車国道日本海沿岸東北自動車道新設工事（山形県飽海郡遊佐町）

　国土交通大臣（国土交通省東北地方整備局）（以下「起業者」という。）が施行する「高速自動車国道日本海沿岸東北自動車道新設工事」においては、2件の裁定がなされた。

　1件目の事例は、山形県飽海郡遊佐町地内の畑であり、不動産登記簿の表題部の所有者欄に「B」とだけ記録されていた。起業者が土地所有者等の探索を行ったが、所有者を確知することができなかったことから、起業者が令和2年10月20日に山形県知事に対して裁定の申請を行い、令和3年3月19日に山形県知事により裁定がなされた。裁定の申請から裁定までの期間は150日（約5か月）となり、収用手続に要する期間の短縮が図られた。

　また、2件目の事例は、同町地内の畑であり、不動産登記簿の表題部の所有者欄「C」が亡くなっており、相続が発生していたため、相続人の調査を行った結果、相続人の一部を確知できなかったことから、起業者が令和3年2月16日に裁定の申請を行い、令和3年6月11日に裁定がなされた。裁定の申請から裁定までの期間は115日（約4か月）となり、更なる期間の短縮が図られた。

図表2-1-8	対象地と現地の状況（令和3年3月19日裁定）

位置図（日本海沿岸東北自動車道 酒田みなと〜遊佐）

資料：国土交通省

（2）所有者の探索を合理化するための仕組み

「所有者不明土地法」では、土地所有者等の探索において、住民票や戸籍等の公的資料を調査することを原則とするなど所有者の探索の範囲が明確化されたことに加え、所有者の探索に有益となる固定資産課税台帳などの情報についても、行政機関の内部で利用することが可能となった。また、土地所有者等関連情報について、地域福利増進事業を実施しようとする者が市町村長等に対して、その情報の提供を請求することができるようになった。

国土交通省が実施した市区町村に対する「所有者不明土地法に係る施行状況調査」によると、令和3年12月末時点における固定資産課税台帳等の土地所有者に関する情報の提供は780件を超えるなど、所有者の探索を合理化する仕組みは、広く利用されているところである。

○事業の検討過程における所有者探索の制度の活用（山口県山口市）

山口市の中心商店街周辺には、狭あい道路や接道不良の敷地が多く存在しており、山口市では、住宅市街地総合整備事業（以下「住市総事業」という。）によって、道路の拡幅や広場の整備と同時に接道不良を解消し、良好な住環境と防災性の向上、にぎわいの創出などに取り組んでいる。しかしながら、住市総事業の予定区域には、相続未了土地や所有者不明土地が複数存在していることから、住市総事業を推進する上で大きな支障となっていた。

山口市が整備する公共施設（広場）の予定区域には、明治時代から相続手続が未了の所有者が不明であると思われる土地があったため、職権による探索の範囲内で戸籍の調査を実施したところ、26名の法定相続人の存在が明らかとなった。また、当該土地については、用地取得に向けた全ての権利者の探索と用地交渉に相当な期間を要することが想定されたことから、山口市は、事業の着実な推進と当該土地の早期の利用開始を実現するため、地域福利増進事業の活用に向けた準備を進めることとした。

図表2-1-9	対象地の整備イメージ

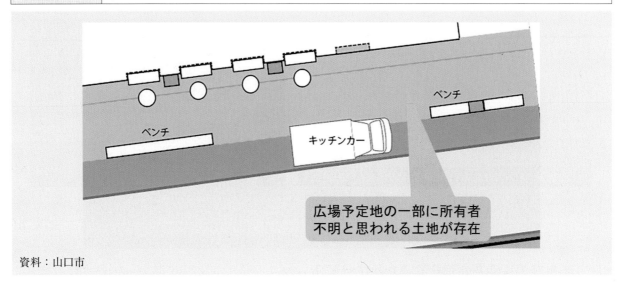

資料：山口市

　地域福利増進事業のための所有者の探索において、国土交通省が定める「地域福利増進事業ガイドライン」に基づき、26名の法定相続人に対し、「土地所有者であることの確認書・回答書」を送付したところ、全員から回答が得られた。これにより、当該土地が所有者不明土地ではないことが判明したため、事業手法を使用権の設定から用地取得（所有権の取得）に切り替えることにはなったものの、地域福利増進事業のための所有者の探索を合理化する仕組みを活用したことにより、事業の検討過程における所有者の探索を円滑に行うことができた。

図表2-1-10	事業手法の検討

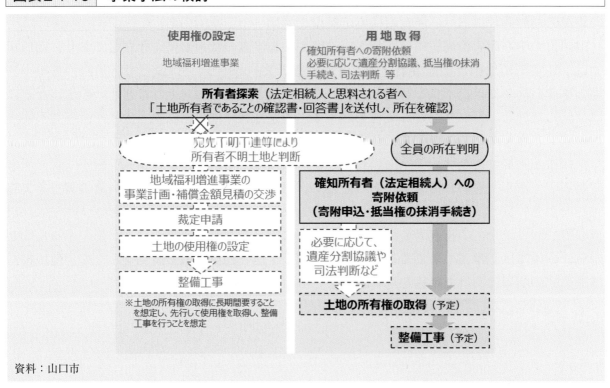

資料：山口市

なお、上記の確認書において、法定相続人の当該土地に対する所有の認識の有無を確認したところ、26名のうち18名については、所有の認識がないと回答があったことから、山口市では、法定相続人に対して広場の整備事業に対する理解を求めるとともに、当該土地の寄附の呼びかけを行っており、令和4年3月時点で、当該土地の共有持分のうち約95%の持分の取得に至っているところである。

（3）所有者不明土地を適切に管理するための仕組み

所有者不明土地の中には、ゴミの不法投棄、草木の繁茂等により周辺に悪影響を及ぼすものもある。このため、「所有者不明土地法」では、所有者不明土地の適切な管理のために特に必要がある場合に、地方公共団体の長等が家庭裁判所に対して、「民法」（明治29年法律第89号）の規定に基づく不在者財産管理人の選任等の請求を可能とし、選任された財産管理人によって、周辺に悪影響を及ぼす所有者不明土地の適切な管理を行うことができることとされた。令和3年12月末時点で、この仕組みによる請求件数は101件となっている。

（4）所有者不明土地法の制度普及に向けた取組

「所有者不明土地法」の制度を普及し、定着させるため、国土交通省では、所有者不明土地を含む土地について、地域福利増進事業等を実施しようとする特定非営利活動法人、自治会、民間事業者、地方公共団体等に対して、対象となる事業地区の選定から権利者の探索、事業計画の策定、地域における合意形成、裁定申請等、事業実施段階に至るモデル的な取組に係る経費の一部を支援し、地域福利増進事業の実施に向けたノウハウ等の収集・分析を行っている。これまで、令和元年度は6件、令和2年度は7件、令和3年度は7件の団体を採択しており、令和元年度のモデル調査の対象であった新潟県粟島浦村の取組は、地域福利増進事業において全国初となる裁定事例となった。

また、所有者不明土地への対応に当たっては、地域の実情に精通した市町村の職員等がその中核的な役割を担うこととなるが、市町村の職員等においても、所有者不明土地の所有者の探索に係るノウハウや「土地収用法」に基づく収用手続、財産管理制度等の関連制度の実務経験が、必ずしも十分に蓄積され、又は共有されているとはいえず、その対応が困難な場合がある。

このような状況を踏まえ、所有者不明土地を円滑に利用する仕組みや土地所有者等の探索を合理化する仕組み等の活用を促進するため、国土交通省地方整備局等のブロック（全国10地区）ごとに地方整備局等、都道府県、政令市、市町村、法務局の行政機関及び関係士業団体等を構成員とする「所有者不明土地連携協議会」を設立した。この協議会では、地方公共団体（主に市町村）職員に土地所有者等の探索等の用地業務のノウハウ、所有者不明土地を利活用した先進事例、関係士業団体が持つ専門的な知見の活用方法等の情報の提供を行っている。

土地に関する動向

　近年、農地所有者の死亡後に、相続人が所有権移転の登記を行っていない相続未登記農地等が増えており、平成28年8月の全農地を対象とした調査の結果、この面積は全農地面積の2割に相当する93万4千haに上ることが明らかになった。このうち遊休農地は6％に相当する5万4千haに過ぎず、ほとんどの農地では耕作が行われている。しかしながら、農業者のリタイアにより農地の貸借を行おうとした場合、関係する相続人を探索した上で、その持分の過半を有する者から同意を得る必要があるなど、多大な労力が必要となることから、貸借が断念されるケースもあり、このような相続未登記農地の存在が担い手への農地の集積・集約化を進める上での阻害要因の一つになっている。

図表2-1-11	所有者不明農地の現状（平成28年8月時点）

不動産登記簿により所有者が直ちに判明しない土地		47.7万ha
	うち遊休農地	2.7万ha
所有者は判明しても、その所在が不明で連絡がつかない土地		45.8万ha
	うち遊休農地	2.7万ha
合　計		93.4万ha （農地（447万ha）の20.8％）
	うち遊休農地	5.4万ha （所有者不明農地の6％）

資料：農林水産省

　相続人の一人が簡易な手続で農地中間管理機構（以下「農地バンク」という。）に利用権を設定可能とするため、平成30年の「農業経営基盤強化促進法」（昭和55年法律第65号）の一部改正で、利用権の設定に当たって共有持分の過半を有する者の同意で足りるものとされている賃借権等の存続期間の上限を20年に引き上げ、共有者不明農地（共有に係る農地であって、共有持分の2分の1以上を有する者を確知することができないものをいう。）に係る農用地利用集積計画の同意手続の特例が創設された。

　併せて、平成30年の「農地法」（昭和27年法律第229号）の一部改正で、農業委員会が遊休農地の所有者等を確知することができない旨の公示を行うに当たっての農地の所有者等の探索については、その方法を政令で明確化し、都道府県知事の裁定により農地バンクに設定される農地中間管理権の存続期間が20年に引き上げられた。

　これらの法律の一部改正で、農地バンクへ利用権を設定した所有者不明農地面積は令和2年度末時点で58.4haとなっている。以下に具体的な事例を紹介する。

| 図表2-1-12 | 所有者不明農地の利活用のための制度（フロー図） |

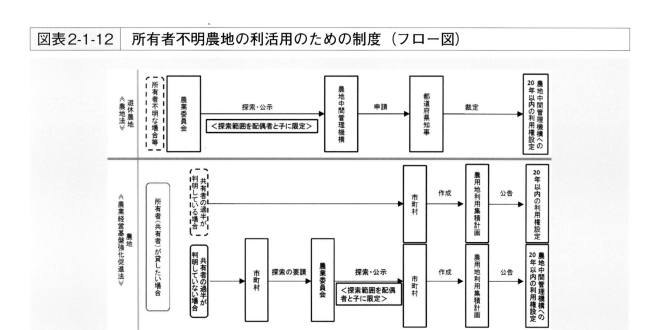

資料：農林水産省

　今後、農地バンクが、遊休農地・所有者不明農地も含め、幅広く引き受けられるよう、その運用の見直しを行う。

　また、農地の長期利用ニーズに応えるため、都道府県知事の裁定により農地バンクに設定される農地中間管理権等の存続期間の上限が20年から40年に引き上げられる措置を講ずる「農業経営基盤強化促進法等の一部を改正する法律案」を令和4年3月に国会に提出したところであり、引き続き、法制化に向けて取り組んでいる。

○所有者不明農地を耕作者に集約した事例（香川県東かがわ市小海（おうみ）地区）

　香川県東かがわ市で、畜産農家が、自らの耕作地の隣の所有者不明農地（24a）を利用して、飼料作物を作付けしたい旨を農業委員会に相談したところ、「農地法」に基づく所有者不明の遊休農地の公示制度を活用し、農業委員会が、所有者の探索、所有者不明農地の公示を6か月行った後、所有者からの申出がない旨を農地バンクへ通知した。

　これを受け、農地バンクは香川県知事に対し利用権設定の裁定を申請し、香川県知事の裁定により、20年間の利用権が農地バンクに設定後、農地バンクから畜産農家に対し、20年間の利用権の貸付が行われ、耕作者への農地の集約化が実現した。

| 図表2-1-13 | 所有者不明農地を畜産農家の耕作地に集約した事例 |

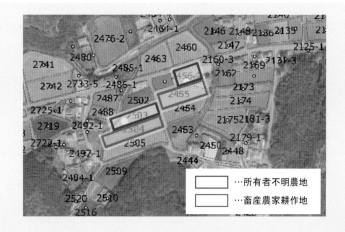

資料：農林水産省

　我が国の森林は、戦後造林された人工林を中心に本格的な利用期を迎えている。一方で、小規模零細な森林所有者が多いことや、木材価格の低迷等により森林所有者の関心が薄れていることなどから、十分に活用されていない、手入れが行き届いていない森林が存在している。加えて、所有者不明森林や、境界が不明確な森林の存在も課題となっている。

　このような状況を背景として、「森林法」（昭和26年法律第249号）を累次改正し、新たに森林の土地の所有者となった者の届出制度の創設、共有林の所有者の一部が所在不明等であっても、裁定等の一定の手続を経て、伐採・造林を可能とする仕組みの創設、森林の土地の所有者等に関する情報を一元的にとりまとめた林地台帳制度の創設など、森林所有者の正確な把握や所有者不明森林への対応を推進してきたところである。また、平成31年4月には「森林経営管理法」（平成30年法律第35号）が施行され、同法により、森林の適切な経営管理について森林所有者の責務を明確化するとともに、経営管理が行われていない森林について、その経営管理を市町村等に委ねる森林経営管理制度が創設された。

図表2-1-14　所有者不明森林への対応

森林の土地所有者届出制度　（平成24年4月1日施行）
□新たに森林の土地の所有者となった場合に市町村長への届出を義務付け、森林の土地の所有者の異動を把握。
☞年間約3万件の届出（令和2年度）

共有者不確知森林制度　（平成29年4月1日施行）
□共有林の所有者の一部が特定できない又は所在不明で共有者全員の同意が得られない場合、公告等の一定の手続きを経て、当該共有林において立木を伐採及び伐採後に造林することが可能。
☞令和2年度末までに、41haの共有林において公告・裁定を実施

林地台帳制度　（平成29年4月1日施行）
□林地の所有者や境界測量の状況などの情報を地番ごとに整理した林地台帳を、登記簿情報を基に市町村で整備し、林業事業体等へ情報提供。
☞令和元年度から民有林が所在する全ての市町村（1,614）で運用開始
☞令和2年6月より固定資産課税台帳情報を市町村で内部利用が可能に

森林経営管理制度　（平成31年4月1日施行）
□森林所有者の意向を確認し、所有者自らが経営管理を実行できない場合、市町村が森林の経営管理の委託を受ける仕組みを創設。
□森林所有者の一部又は全部の所在が不明な場合、探索・公告等の一定の手続きを経て、市町村が経営管理の委託を受けることが可能。
☞令和2年度末までに、市町村の約8割で森林経営管理制度に係る取組を実施
☞市町村の約5割において約40万haの意向調査を実施
☞令和2年度に51の市町村が所有者探索に取り組む

資料：農林水産省

　森林経営管理制度では、手入れの行き届いていない森林について、市町村が森林所有者の意向を確認（意向調査）し、市町村が必要かつ適当と認めた場合は、関係権利者全員の同意を得て、経営管理の委託（経営管理権の設定）を受け、林業経営に適した森林は地域の林業経営者に再委託することとし、林業経営に適さない森林は市町村が公的に管理することとしている。併せて、森林所有者の一部又は全部が不明等の場合も、市町村による所有者の探索や公告等の一定の手続を経た上で、市町村に経営管理権を設定することができる特例が措置されており、所有者不明森林等においても適切な整備が行われることが期待されている。

図表2-1-15	所有者不明森林等に係る特例措置

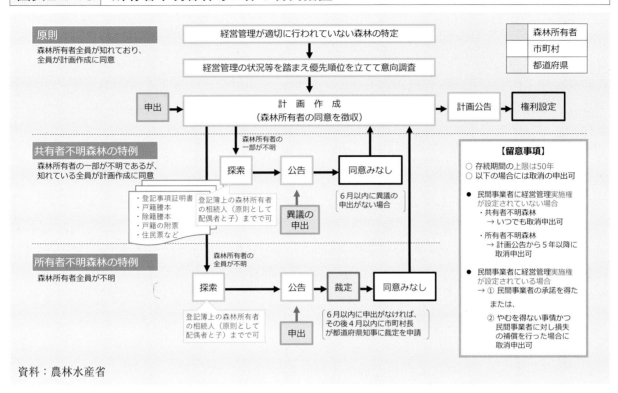

資料：農林水産省

　森林経営管理制度の取組状況について、令和2年度末までに、私有林人工林が所在する市町村の約8割で意向調査の準備も含め森林経営管理制度に係る取組が実施されている。また、市町村の約5割で約40万haの意向調査が実施されるなど、経営管理の集積・集約化の取組が促進された。さらに、所有者（共有者）不明森林に係る特例措置に関し、令和2年度は51市町村で探索の取組を実施しており、令和3年度には、共有者不明森林の特例措置を活用した事例も出てきており、以下に具体的な事例を紹介する。

○共有者不明森林に係る特例措置の活用状況（鳥取県八頭郡若桜町）

　鳥取県八頭郡若桜町では、経営管理権集積計画が策定済みの森林に接する斜面上部の森林において、共有者不明森林の特例措置を活用し、令和3年3月から6か月公告を行った。この期間中に異議の申出がなかったことから、再度計画を公告し、経営管理権が設定され、若桜町が間伐を実施することになった。これが特例措置を活用した全国初の事例となった。

図表2-1-16	共有者不明森林に係る特例措置を活用した森林の状況

資料：農林水産省

4 地籍調査の推進

　地籍調査は、「国土調査法」（昭和26年法律第180号）制定から70年以上にわたり全国で進められ、その成果が円滑な土地の取引・利活用、災害発生時における迅速な復旧・復興、社会資本整備の円滑な実施等に貢献してきた。また、地籍調査によって土地の境界等を明確化することで適正な土地の利用・管理の基礎データの整備につながり、所有者不明土地等の発生抑制に貢献する効果も期待される。

　一方、地籍調査の進捗率は、令和元年度末時点において、調査対象地域全体で52％、優先実施地域で78％に留まっていたことから、地籍調査のスピードアップを実現するため、令和2年の通常国会において「国土調査法」等の一部改正が行われ（「土地基本法等の一部を改正する法律」（令和2年法律第12号））、地籍調査の円滑化・迅速化に資する新たな調査手続等が措置された。また、令和2年5月には、令和2年度から始まる新たな「第7次国土調査事業十箇年計画」が閣議決定され、法改正により導入された新たな調査手続の活用や、地域特性に応じた効率的な調査手法の導入を促進しながら、令和11年度までの10年間に1万5千㎢（「第6次国土調査事業十箇年計画」の期間での調査実績の1.5倍に相当する。進捗率では調査対象地域全体で57％、優先実施地域で87％になる。）の地籍調査の実施を目指すこととしている。なお、令和2年度末時点の進捗率は、調査対象地域全体で52％、優先実施地域で79％となっている。

　令和2年の「国土調査法」等の一部改正において、以下の内容が措置された。

（1）固定資産課税台帳等の利用

　土地所有者等の探索において、登記簿だけでは所在が判明しない際の追跡調査に多くの時間と手間がかかっていることを踏まえ、固定資産課税台帳等に記録されている情報を利用することができることとなった。

　令和2年度に所有者探索が行われた地籍調査地区は1,593地区あり、このうち、固定資産課税台帳等を活用した地区は1,365地区（約86％）に達している。

（2）所有者等の所在が不明な場合における筆界案の公告による調査

　筆界の調査において、土地所有者等の探索を行ってもなおその所在が不明な場合には、筆界案を公告して調査を進めることができることになった。

　具体的には、

　1）一部の所有者等が不明な場合には、所在が判明している所有者等の確認を得た上で、

　2）いずれの所有者等も不明な場合には、地積測量図等の客観的な資料を用いて関係行政機関と協議した上で、

それぞれ筆界案を作成して、その旨を20日間公告し、意見の申出がなければ、所在不明所有者等の確認を得ずに調査を進めることができるものである。

　地籍調査において、令和2年度に所有者探索を行い（559,100筆）、探索しても所有者等の全部又は一部の所在が不明であった1,574筆の土地のうち、629筆の土地については、この公告手続等を活用して調査が進められた。

図表2-1-17 | 所有者等の所在が不明な場合における筆界案の公告による調査

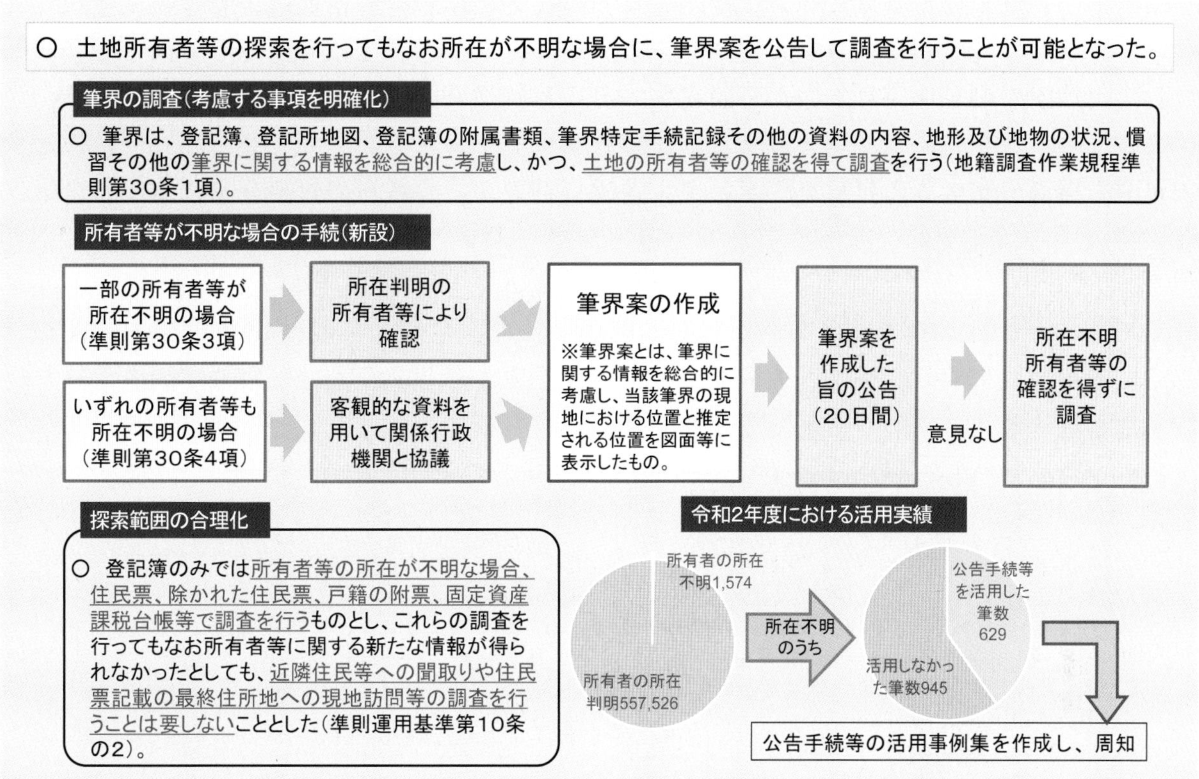

資料：国土交通省

（3）筆界案の送付による調査や集会所等における調査

　土地所有者等に対して必要な事項に関する報告等を求めることができる規定が設けられたことにより、現地立会いに代えて、資料の送付や集会所等への参集により筆界案の確認を得ることができることになった。

　令和2年度においては、資料の郵送による境界確認を実施した市町村は236市町村、集会所等での境界確認を実施した市町村は19市町村となっている。

（4）地方公共団体による筆界特定申請

　筆界特定制度の活用は、これまで土地所有者等の申請によるものに限られていたが、筆界を確認することができない場合に、対象土地の土地所有者等のうち、いずれかの者の同意を得て、地方公共団体が筆界特定を申請することができることになった。本制度を用いた地方公共団体による筆界特定申請の実績は、令和2年度は4筆となっている。

（5）都市部における官民境界の先行的な調査（街区境界調査）

　地籍調査の調査手法として、道路等と民地との間の境界（官民境界）を先行的に調査し、その成果について認証を経て公表する「街区境界調査」が制度化された。本調査手法については、比較的短期間で地籍調査の成果を災害復旧やまちづくりに活用することが可能であり、都市部を中心に多くの地方公共団体で適用されることが期待される。

　街区境界調査の適用実績は、令和2年度は6市となっている。

（6）山村部におけるリモートセンシングデータを活用した地籍調査

　山村部における地籍調査では、土地所有者等の高齢化や急峻な地形条件等により、現地立会いによる筆界の確認が大きな負担となっていることや、広大な領域や地形・樹木等の影響から、現地での測量作業に多大な時間を要することに加え、滑落等の事故も懸念される。

　このため、航空レーザ測量等により取得したリモートセンシングデータを用いて、微地形表現図や樹高分布図等の資料を作成し、土地所有者等にはこれらの資料を基に作成した筆界案を集会所等で確認してもらうことで、筆界確認や測量の効率化が進むことが期待されている。

　リモートセンシングデータを活用した本調査手法は、令和２年度は13市町の地籍調査において適用されており、栃木県大田原市では、後述のとおり、全国初となる本調査手法を用いた地籍調査成果に基づく土地登記がなされた。

図表2-1-18	リモートセンシングデータ活用手法

➤リモートセンシングデータとは、航空機や人工衛星など離れた位置から遠隔のセンサーにより取得されたデータ。
➤航空機からの撮影や航空レーザ測量等を活用して広範囲の情報を迅速に測定し、取得したデータから、空中写真だけでなく、微地形表現図、樹高分布図、林相識別図等が作成可能。

資料：国土交通省

○リモートセンシングデータを活用した事例（栃木県大田原市）

　栃木県では、面的なまとまりのない小規模な山林が多く、過疎化や高齢化に伴って所在不明の土地所有者等が増加したため、森林整備が困難となり、公益的機能の低下が危惧されていた。このような状況を受けて、現地立会いの省略化、調査期間の短縮化、経費の削減等を図り、効率的に地籍調査を推進するため、リモートセンシングデータを活用した地籍調査が導入された。

　大田原市須賀川地区では、公図が古く、参考となる既存資料も少ない状況だったため、本手法による地籍調査の実施に当たっては、民間事業者への委託により、軽飛行機及びヘリコプターからの航空レーザ測量を実施した。

　また、森林組合の協力も得ながら、土地所有者等に対し、集会所において大型モニターやスクリーンを活用して丁寧に説明することで、作成した筆界案についての確認・承諾を得ている。地籍調査分野では、まだ前例のない手法であり、苦労はあったものの、栃木県や航空レーザ測量に詳しい地籍アドバイザーの指導や助言の下、リモートセンシングデータを活用した地籍調査成果として、令和３年２月に全国で初めて認証され、同年６月に成果に基づく土地登記がなされた。

図表2-1-19　栃木県大田原市における地籍調査の流れ

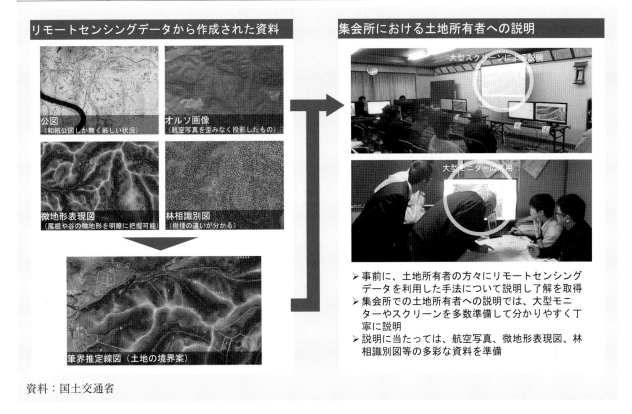

資料：国土交通省

5 低未利用土地の利活用に向けた取組

○低未利用土地の利活用に向けた取組

周辺と比べて著しく利用がなされていない低未利用土地については、将来的に所有者不明土地となる蓋然性が高く、適正な利用及び管理を確保する必要がある。

しかしながら、特に地方部において、財政的に厳しい環境にある市町村は、増え続ける低未利用土地に対し網羅的に対処することが難しい状況にある。他方、近年では、地域の抱える土地に関する課題に対し、官民連携で課題解決を図る取組を行う団体が増加しており、市町村の補完的な役割を果たすものとして、更なる活躍が期待されている。

本項ではそのような団体のうち、特に低未利用土地の利活用に取り組む団体の活動事例を紹介する。

（１）民間住宅事業者を活用した行政・住民協働型ランドバンク事業（広島県三原市）

広島県内の都市では、中心市街地でさえも、空き地や空き家などが増加し、都市のスポンジ化が進行しつつあることが問題となっている。

この状況を踏まえ、広島県は、空き家や空き地などの低未利用土地について、隣接地や前面道路と一体的に、小規模な区画再編により接道状況や土地形状の改善を図る事業（ランドバンク事業）を行い、良好な居住環境を整備することで、中心市街地への居住誘導を図り、利便性の高い集約型都市構造の形成を目指すこととしている。

令和３年度は、三原駅に近接した交通の利便性が高いものの、狭あい道路が多いことなど

から、空き家・空き地が増加し、地域住民の高齢化が進行している三原市本町地区がモデル地区として選定され、ランドバンク事業が実施されている。

　今後、モデル事業により実例を重ね、令和6年度を目途にマニュアルを作成し、広島県内各市町村へ展開を図ることを予定している。ランドバンク事業の普及に向けては、「所有者不明土地法の一部を改正する法律」により創設された、地域において所有者不明土地や低未利用土地等の利活用に取り組む所有者不明土地利用円滑化等推進法人の指定制度の活用も検討されている。

| 図表2-1-20 | ランドバンク事業モデル地区概要図 |

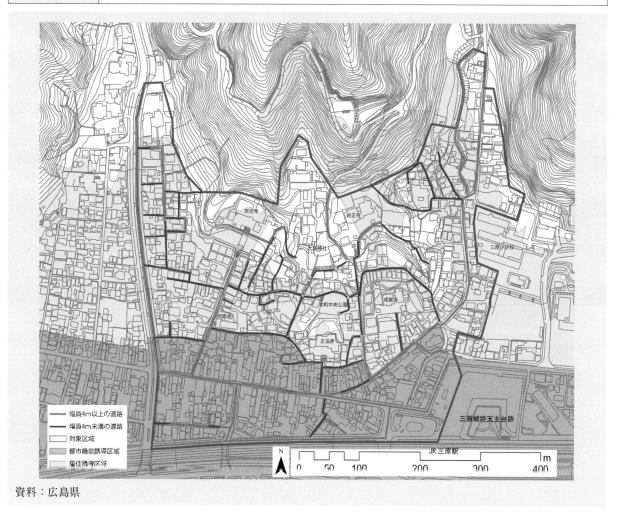

資料：広島県

　ランドバンク事業の実施に当たっては、地元住民組織（西国街道・本町地区まちづくり協議会）と地方公共団体（広島県・三原市）が連携し、事業を行う区画再編エリアの設定、整備方針の決定、関係者の調整、住宅事業者の選定等を担い、選定された住宅関連事業者（民間）が再編エリアの土地の取得、工事、再編後の土地の販売を行うといった事業スキームを構築し、事業の実施を通して有効性の検証を行っている。令和3年度は、事業を行う区画再編エリアの抽出・概略設計を実施し、令和4年度には、住宅事業者の募集及び区画再編工事の実施を予定している。

図表2-1-21 ランドバンク協議体のスキーム図と活動状況

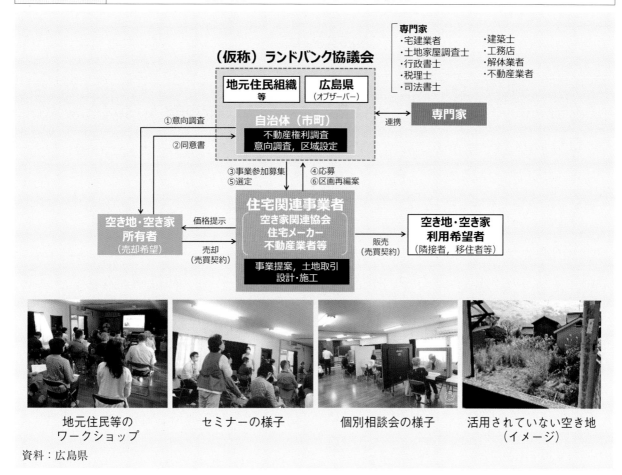

地元住民等の
ワークショップ

セミナーの様子

個別相談会の様子

活用されていない空き地
（イメージ）

資料：広島県

（2）空きビルのリノベーションによる街なかのにぎわい・雇用の創出（佐賀県佐賀市）

　佐賀市呉服元町地区では、「佐賀市街なか再生計画」（平成23年3月）に基づき、シャッター通り商店街と化していた同地区の面的な活性化を目指し、遊休不動産と低未利用土地の利活用について様々な取組が行われている。

　同地区で10年間空きビルとなっていた鉄筋コンクリート造4階建ての建築物の利活用を行うため、国土交通省の民間都市再生整備事業の認定を受けて、特定目的会社のオン・ザ・ルーフ株式会社が組織された。オン・ザ・ルーフ株式会社では、一般財団法人民間都市開発推進機構の金融支援を受けながら、ビル所有者、不動産会社との共同出資により、同ビルを1棟マスターリースし、平成29年に改修工事を行った。

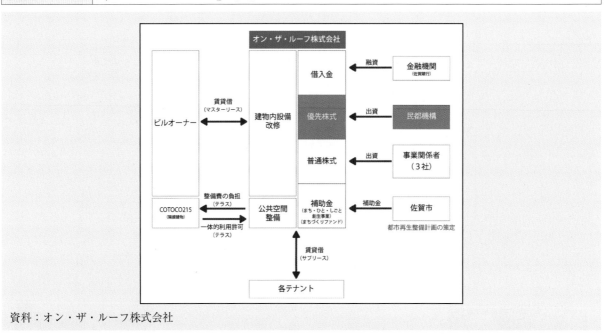

資料：オン・ザ・ルーフ株式会社

改修工事着手前からカフェやフォトスタジオ、オフィス等のテナントを確定してリニューアルオープンした同ビルは「ON THE ROOF」と名付けられ、地域の若手クリエイターが集まる拠点となっている。ビル名にもなっている屋上部は、佐賀市の街なみを一望することができ、レンタルスペースとして多目的な利用が可能となっている。

図表2-1-23 　「ON THE ROOF」空きビルのリノベーション

資料：オン・ザ・ルーフ株式会社

○低未利用土地の利活用のための税制上の措置

　低未利用土地の適切な利用・管理を促進するため、個人が、譲渡価額が500万円以下の、都市計画区域内にある一定の低未利用土地等を譲渡した場合、長期譲渡所得から100万円を控除する特例措置が令和2年7月1日より講じられている。

　令和2年7月から12月までの間に、2,060件の市区町村の確認書交付実績[3]があり、このうち6割が30年以上保有されていた土地であった。

6 所有者不明土地の解消に向けた民事基本法制の見直し

　所有者不明土地の解消は、民事法においても喫緊の課題であり、所有者不明土地の「発生の予防」と既に発生している所有者不明土地の「利用の円滑化」の両面から、総合的に民事基本法制の見直しの検討が進められた。その結果、令和3年4月21日に「民法」や「不動産登記法」（平成16年法律第123号）等を一部改正する「民法等の一部を改正する法律」（令和3年法律第24号）と、新法である「相続等により取得した土地所有権の国庫への帰属に関する法律」（令和3年法律第25号。以下「相続土地国庫帰属法」という。）が成立した。

図表2-1-24	所有者不明土地の解消に関するポスター

資料：法務省

（1）不動産登記法の一部改正

　今般の「不動産登記法」の一部改正では、所有者不明土地等の「発生の予防」の観点から、その主要な発生原因である相続登記の未了や住所等の変更登記の未了に対応するため、これまで任意とされていた相続登記や住所等の変更登記の申請を義務付けるとともに、それらの申請義務の実効性を確保するための環境整備策を導入するなどされている。

　具体的には、まず、相続登記の関係では、相続等により不動産の所有権を取得した相続人に対し、その取得等を知った日から3年以内に相続登記等の申請をすることを義務付けるとともに、正当な理由がないのにその申請を怠ったときは、過料に処することとされた。

---

[3] 確認書の交付後、他の要件を満たさず、税制上の措置が適用されないこともあるため、確認書交付実績が税制上の措置の適用件数と一致しない場合がある。

併せて、その申請義務の実効性を確保するための環境整備策として、相続登記の申請義務を簡易に履行することができるようにする観点から、相続人申告登記という新たな登記を導入することとされた。相続人申告登記とは、相続登記等を申請する義務を負う者が、登記官に対し、①所有権の登記名義人について相続が開始した旨と、②自らがその相続人である旨の申出をした場合に、登記官において所要の審査の上、申出をした相続人の氏名、住所等を職権で登記するものであり、相続登記等の申請義務の履行期間内に当該申出をした者については、当該申請義務を履行したものとみなされる。この相続人申告登記では、他の法定相続人の氏名・住所や各法定相続人の持分は登記されないため、申出に必要な添付情報の簡略化を図るなど、相続登記の申請義務の履行に際しての相続人の手続的な負担を軽減させることが可能となる。

　さらに、改正前の「不動産登記法」の下では、特定の不動産の所有権の登記名義人が死亡しても、申請に基づいて相続登記がされない限り、当該登記名義人が死亡した事実は不動産登記簿に公示されなかった。そのため、登記記録から所有権の登記名義人の死亡の有無を確認することはできなかったが、民間事業や公共事業の計画段階等においては、その確認が可能になれば、その事業用地の候補地の所有者を特定することやその後の交渉に相当の手間やコストを要する土地や地域を避けることが可能となり、事業用地の選定がより円滑になるという指摘がある。そこで、所有権の登記名義人の相続に関する不動産登記情報の更新を図り、不動産登記の公示機能を高める方策の一つとして、登記官が、他の公的機関から取得した所有権の登記名義人の死亡情報に基づいて不動産登記にその死亡の事実を符号によって表示する制度を新設することとされた。

　次に、住所等の変更登記の関係では、所有権の登記名義人の氏名若しくは名称又は住所について変更があったときは、その変更があった日から2年以内にその変更登記の申請をすることを義務付けるとともに、正当な理由がないのにその申請を怠ったときは、過料に処することとされた。

　併せて、その申請義務の実効性を確保するための環境整備策として、登記名義人の負担軽減の観点から、登記官が他の公的機関から所有権の登記名義人の住所等の異動情報を取得する情報連携の仕組みを新設した上で、所有権の登記名義人の氏名若しくは名称又は住所について変更があったと認める場合には、登記官が職権で住所等の変更登記を行うこととされた。

　このような制度改正と併せ、登記手続の費用負担を軽減して相続登記を促進するために、平成30年度から、一定の相続登記に係る登録免許税の免税措置が設けられており、令和4年度には、その適用期限が3年延長されるとともに、適用対象となる相続登記の範囲が拡充されている。

（2）相続土地国庫帰属制度の創設

　都市部への人口移動や人口減少・高齢化の進展等により、地方を中心に、土地の所有意識が希薄化するとともに、土地を利用したいというニーズも低下する傾向があるといわれている。このような背景の下で、相続を契機として望まない土地を取得した所有者の負担感が増し、これを手放したいと考える者が増加していることが、所有者不明土地を発生させる要因となり、土地の管理不全化を招いているとの指摘がある。

　そこで、所有者不明土地の発生を予防し、土地の管理不全化を防止する観点から、新たに

新法を制定し、相続又は遺贈（相続人に対するものに限る。）により取得した土地を手放して、国庫に帰属させることを可能とする制度（相続土地国庫帰属制度）が設けられた。

相続土地国庫帰属制度では、土地の所有に伴う管理コストが国に転嫁されることや、将来的に土地の所有権を国庫に帰属させる意図の下で所有者が土地を適切に管理しなくなるモラルハザードの発生を防止するために、その対象となる土地を相続等により取得した土地のうち、一定の要件を充たすものに限定した上で、法務大臣が要件の存在を確認して承認することで、土地の所有権が国庫に帰属することとされた。

（3）民法の一部改正

所有者不明土地の「利用の円滑化」を図る観点から、「民法」で様々な改正が行われた。

現行の不在者財産管理・相続財産管理制度では、人単位で対象者の財産全般を管理する必要があるため、個々の土地・建物の管理の観点からは非効率になりがちである。また、所有者が判明していても、管理されないことによって土地・建物が危険な状態になることもある。

そこで、財産管理制度の見直しを行い、個々の所有者不明土地・建物の管理に特化した所有者不明土地・建物管理制度を創設し、土地・建物の効率的かつ適切な管理を可能とした。併せて、所有者による土地・建物の管理が不適当であることによって他人の権利が侵害されるおそれがある場合に管理人の選任を可能とする制度を創設し、管理不全化した土地・建物を管理人が適切に管理することを可能とした。

また、不明共有者がいる場合には、共有土地の利用に関する共有者間の意思決定や持分の集約が困難であった。

そこで、共有制度の見直しを行い、裁判所の関与の下で、残りの共有者の同意で、共有物の変更行為や管理行為を可能とする制度や、不明共有者の持分を取得して不動産の共有関係を解消する仕組みを創設するなど、不明共有者がいても、共有物の利用や処分を円滑に進めることを可能とした。

（4）施行期日

「民法等の一部を改正する法律」及び「相続土地国庫帰属法」は、令和3年4月28日に公布された。これらのうち、「民法」の一部改正に関する部分については令和5年4月1日から、「相続土地国庫帰属法」については同月27日から施行することとされている。

「不動産登記法」の一部改正に関する部分については、段階的に順次施行することとされている。具体的には、①相続登記の申請義務化や相続人申告登記に関する規定等については、令和6年4月1日から施行することとされ、②住所等の変更登記の申請義務化や職権による住所等の変更登記、符号の表示制度等については、公布の日から起算して5年を超えない範囲内において政令で定める日（政令は未制定）から施行することとされ、①及び②以外の改正規定については、令和5年4月1日から施行することとされている。

現在、それぞれの施行に向け、政省令の整備等の準備が進められている。

土地に関する動向

　第1節で取り上げたように、政府一丸となって所有者不明土地対策を進めてきたところであるが、今後も引き続き所有者不明土地の増加が見込まれている中、その利用の円滑化の促進を求める声や、管理がなされていない所有者不明土地がもたらす悪影響を懸念する声が高まっている。

　所有者不明土地の利用の円滑化については、上述したように、「所有者不明土地法」の制定により、地域福利増進事業及び土地収用法の特例（以下「地域福利増進事業等」という。）が創設され、一定の道筋がつけられたところである。しかしながら、地域福利増進事業等の対象となる土地が原則として建築物のないものに限られていること、地域福利増進事業の対象となる事業が限定的で激甚化・頻発化する自然災害への対応には不十分であること、地域福利増進事業のスキームについて事業期間が短いこと、事業計画書等の縦覧期間が長いことが課題として存在している。

　また、管理がなされていない所有者不明土地については、所有者が不明な状態が解消されない限り、将来にわたって引き続き管理が実施されないことが見込まれ、放置すれば災害の発生や環境の著しい悪化の要因となって周囲の地域への悪影響を及ぼすおそれがある。なお、条例に基づき管理の適正化を図るための対応を行っている市町村も存在しているが、条例に基づく代執行等は、所有者が判明していることを前提とした制度となっていることから、所有者不明土地に対しては対応が難しいといった課題が存在している。

　さらに、所有者不明土地に関する問題は、一朝一夕に解決が図られるものではなく、地域を挙げて着実に取り組んでいくことが必要であることから、そのための体制を整える仕組みづくりが必要である。加えて、人員的に厳しい状況にある市町村の補完的な役割を果たすものとして、所有者不明土地や低未利用土地等の利活用に取り組んでいる地域の特定非営利活動法人や一般社団法人等に対して、更なる活躍を期待する声が高まっているところである。

2 改正の内容

　「所有者不明土地法」の制定時の附則においては、施行後3年を経過した場合において、施行の状況について検討を加え、必要に応じて見直しを行う旨が定められている。

　上述の経緯・背景を踏まえ、国土審議会土地政策分科会企画部会において、令和2年10月から令和3年12月にわたり検討を行い、令和3年12月24日に、その内容を整理した「所有者不明土地法の見直しに向けた方向性のとりまとめ」がまとめられた。これを踏まえて、喫緊の課題である所有者不明土地の利用の円滑化の促進と管理の適正化を図るため、市町村をはじめとする関係者による対策のための手段を充実させる「所有者不明土地法の一部を改正する法律」が令和4年4月27日に成立し、同年5月9日に公布された。

　具体的な改正内容は、以下のとおりである。

（1）利用の円滑化の促進

○地域福利増進事業等の対象となる土地の拡充

　改正前の制度においては、地域福利増進事業等の対象となる土地は、更地の所有者不明土地か、物置等の簡易な構造の建築物が存する所有者不明土地に限定されていた。これは、地域福利増進事業の裁定に際して都道府県知事が補償金の算定を行うこととなるため、専門的な知見が必要となるような複雑な算定を要しない土地・建築物のみを対象とする趣旨で規定されたものである。

　今回、地域福利増進事業等を実施しようとする現場のニーズを踏まえつつ、既に対象となっている簡易な構造の建築物と同程度に補償金の算出が容易であると認められるような、損傷、腐食等により利用が困難であり、引き続き利用されないと見込まれる建築物が存する所有者不明土地についても、地域福利増進事業等の対象に追加されることになった。

| 図表2-2-1 | 地域福利増進事業等の対象となる土地の拡充（イメージ） |

現行

○ 更地の所有者不明土地か、補償金の算定が容易な物置等の簡易な構造の建築物が存する所有者不明土地に限定

今回追加

○ 朽廃（きゅうはい）した空き家や工場の建屋等の建築物※が存する所有者不明土地を追加

※ その利用が困難であり、かつ、引き続き利用されないことが確実であると見込まれる建築物として建築物の損傷、腐食その他の劣化の状況、建築時からの経過年数その他の事情を勘案して定める基準に該当するもの

今回対象に追加する建築物のイメージ

資料：国土交通省

○地域福利増進事業の対象となる事業の拡充

　近年、気候変動の影響により自然災害が激甚化・頻発化している。また、甚大な被害をもたらすと予測されている南海トラフ巨大地震・首都直下地震等の大規模災害の発生が切迫している状況にある。

　このような状況を踏まえ、地域における防災力を向上させる観点から、防災用の資材や食料等を備蓄する倉庫や、非常時に電気又は熱を供給するための非常用電気等供給施設といった地域の災害対策に役立つ施設を整備する事業について、新たに地域福利増進事業の対象となる事業に追加された。

　また、地域において活用することができる電力を供給する再生可能エネルギー発電設備に関するニーズが高まっているところであるが、このような再生可能エネルギー発電設備は、災害時に地域で停電が発生した場合におけるバックアップ電源としても機能することが期待されている。

　このような期待を踏まえ、例えば発電した電気を地域の住戸や公共施設に一定程度供給するなど、地域住民等の共同の福祉及び利便の増進に資するような再生可能エネルギー発電設備を整備する事業についても、新たに地域福利増進事業に位置付けられた。

図表2-2-2	地域福利増進事業の対象となる事業の拡充

災害対策に関する施設

○　備蓄倉庫、非常用電気等供給施設（非常用の電気又は熱の供給施設）その他の施設で災害対策に関する施設

【イメージ】

備蓄倉庫　　　　　蓄電池設備

再生可能エネルギー発電設備

○　再生可能エネルギー発電設備※1のうち、地域住民その他の者の共同の福祉又は利便の増進に資するものとして定める要件※2に適合するもの

※1　太陽光、風力、水力、バイオマスといった再生可能エネルギー源を電気に変換する設備
※2　発電した電気を地域の住戸や公共施設に一定程度供給する発電設備とすることを想定

【イメージ】

太陽光発電設備　　　小水力発電設備
（出典：㈳でんき宇奈月）

資料：国土交通省

○地域福利増進事業の事業期間の延長等

　改正前の制度においては、地域福利増進事業における土地の使用権の上限期間が10年とされていたが、10年という上限期間が地域福利増進事業を実施しようとする事業者の阻害要因になっているという現場の声を踏まえ、購買施設や再生可能エネルギー発電設備等を民間事業者が整備する場合に、土地の使用権の上限期間が10年から20年に延長されることになった。

　また、改正前の制度においては、事業対象の土地が所有者不明土地であるか、事業の内容等に反対する権利者がいないかを確認するため、事業計画書等の縦覧を6か月間行う必要があったところ、迅速に事業を実施させるため、その期間が2か月間に短縮されることになった。

さらに、不明所有者等のために供託することとされている補償金について、改正前の制度においては一括で供託する必要があったところ、都道府県知事が定める支払時期までに分割して供託することが可能となった。

（2）災害等の発生防止に向けた管理の適正化

土地を適正に管理する責務は、第一義的には所有者にあるが、令和2年の「土地基本法」の改正において、この理念が法律上明確に規定された。

しかしながら、所有者不明土地は、1 改正の経緯・背景において述べたとおり、所有者による自発的な管理が期待できず、将来にわたって管理が実施されないおそれがあることから、その適正な管理を確保するためには、所有者以外の主体による対応が重要であるが、所有者不明土地に対しては、市町村の条例に基づく代執行等での対応が難しいという課題があった。

また、第1節において取り上げた高台に位置する所有者不明土地においては、火災により焼失した家屋が瓦礫として放置されていることから、強風や豪雨により、その瓦礫や残存している柵等が隣接する低地へ落下することが懸念されるなど、隣接する低地の住民にとって非常に危険な状態となっている。このような防災上緊急性の高い場合において、行政が所有者不明土地に直接対応することができる制度を求める地方公共団体も多く、適正に管理されていない所有者不明土地に対応することができる手段の創設が課題となっていた。

このような課題を踏まえ、制定時においては所有者不明土地の「利用の円滑化」と「土地の所有者の効果的な探索」を規定していた「所有者不明土地法」の目的について、新たに「管理の適正化」が追加されることとなった。

図表2-2-3　管理不全状態の所有者不明土地

以前は家屋があったが、火災により焼失し、現況は瓦礫として放置（建築物ではない）
結果として、雑草の繁茂や不法投棄も併せて発生

当該土地は高台に位置しており、強風・豪雨等の際には、瓦礫や柵等の落下が懸念されており、低地の住民にとっては非常に危険な状況

資料：花屋敷山手町を良くする会資料を基に国土交通省作成

併せて、管理不全土地対策に取り組む市町村を支援する観点から、行政的・民事的措置の両面から取り得る手段の充実が図られた。

まず、行政的措置については、条例に基づく代執行等での対応が難しい所有者不明土地のうち、所有者による管理が実施されておらず、かつ、所有者が不明であるために所有者自身による管理が引き続き実施されないと見込まれるものについて、その周辺の地域における土

砂の流出・崩壊や環境の著しい悪化を防止するため、市町村長が管理不全状態を解消するための措置を自ら実施（代執行）することができることとされた。

　また、民事的措置については、令和3年に創設された管理不全土地管理制度において、民法上では、地方裁判所に管理人の選任を請求することができる主体が利害関係人に限られているところ、管理不全状態の所有者不明土地については、災害の発生や環境の著しい悪化を防止するため、市町村長が管理人の選任を請求することができることとする特例が創設された。

　さらに、これらの管理不全土地対策の準備のため、対象となる管理不全状態の土地の所有者の探索を円滑に行えるよう、地域福利増進事業の準備のための規定と同様に、公的情報（固定資産課税台帳、地籍調査票等）の利用・提供が可能となった。

図表2-2-4	管理不全状態の解消を図るための代執行制度

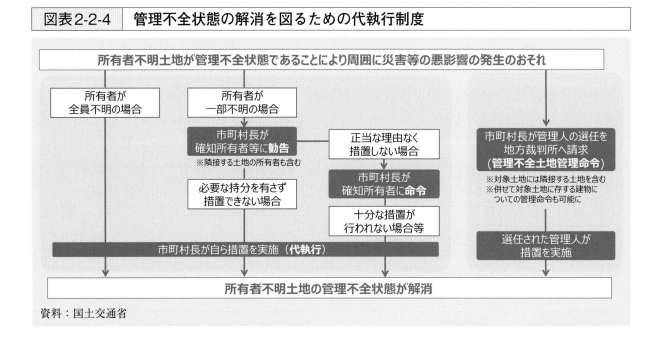

資料：国土交通省

（3）所有者不明土地対策の推進体制の強化

　1　改正の経緯・背景において述べたとおり、所有者不明土地に関する問題に対しては、市町村だけでなく、地域で活動する特定非営利活動法人や一般社団法人等の民間事業者、宅地建物取引業者や司法書士等の関連分野の専門家等の関係者が連携し、地域が一体となって着実に取り組んでいくことが必要である。

　これまでも、地域において所有者不明土地や低未利用土地等に関して、その円滑な利用や適正な管理を進めるための関係者への支援をはじめ、所有者に代わって管理等を実施するほか、情報を仲介し、必要な場合には取引を支援する機能を担う特定非営利活動法人や一般社団法人等が存在しているところである。このような法人は、市町村や専門家等と密接に連携した取組を展開し、市町村の補完的役割を担うとともに、自身も土地の利用・管理の担い手となり得る存在であり、地域における取組を効果的に進めていくためには、このような法人の活動を支援し、後押ししていくことも重要である。

　これらを踏まえて、市町村をはじめとする地域の関係者が一体となって、綿密な連携のもとで計画的に所有者不明土地対策に取り組んでいけるよう、地域における連携体制を強化するための仕組みが創設された。

　具体的には、地域において所有者不明土地や低未利用土地等の利活用に取り組む法人を市町村長が指定することができる制度が創設され、市町村が法人を指定することにより公的信用力を付与し、その取組を後押しするとともに、地域づくりの新たな担い手として、市町村の補完的な役割を果たすことが期待されるところである。

| 図表2-2-5 | 地域における所有者不明土地や低未利用土地等の利活用の取組 |

取組①：「特定非営利活動法人つるおかランドバンク」（山形県）の取組

・狭あい道路を拡幅することにより、宅地化を実現

取組②：「特定非営利活動法人かみのやまランドバンク」（山形県）の取組

・空き地に住民と協働して芝生を貼り、広場を整備

資料：特定非営利活動法人つるおかランドバンク・特定非営利活動法人かみのやまランドバンク資料を基に国土交通省作成

　また、地域の実情に応じて必要となる所有者不明土地対策の内容について、市町村が所有者不明土地や低未利用土地等の利活用に取り組む法人のほか、関係する国の機関・都道府県、学識経験者、関係分野の専門家等との間で協議を行い、その専門的な知見を反映しつつ、明確な方向性を示した計画を作成することができるよう、市町村をはじめとする地域の関係者から構成される協議会制度が創設された。併せて、所有者不明土地対策計画に基づき地方公共団体等が行う取組が実効的なものとなるよう、補助制度が創設された。

　さらに、市町村が関係者との協議を実施しながら計画を作成し、当該計画に沿って効果的に施策を推進していけるよう、市町村長が国土交通省職員の派遣を要請することができる制度が創設された。

　今後は、国としても、改正後の「所有者不明土地法」に基づき、市町村をはじめとする地域の関係者が行う取組を支援し、安全・安心で活力ある地域づくりが着実に展開されていくことが期待されるところである。

　ロボット、AI[4]、IoT[5]など社会の在り方に影響を及ぼすデジタル技術が急速に発展している中、我が国は、少子高齢化や過疎化が深刻化しており、デジタル技術を活用した持続的成長を目指す必要がある。

　デジタル技術を活用して効率化や利便性の向上を図ることで、これまでより少ない人口規模でも、都市的機能等を持続的に提供することが可能となることから、デジタルを前提とした新たな国土計画を検討している。

　また、官民が保有する土地・不動産関連情報の連携・蓄積・活用を促進することを通じて、デジタル技術を活用した土地利用の円滑化が求められている。

1 国土の長期展望と新たな国土計画の策定

　国土審議会計画推進部会国土の長期展望委員会では、2050年を見据えた今後の国土づくりの方向性について検討を行い、令和3年6月に「国土の長期展望」の最終とりまとめを行った。

　「国土の長期展望」の最終とりまとめでは、「真の豊かさ」を実感できる国土を国土づくりの目標に据え、目標実現に向けた3つの視点を盛り込んだ。

（1）ローカルの視点

　「多彩な地域生活圏の形成」に向け、人々の行動範囲（通勤・通学等）である地域生活圏に着目し、遠隔医療やテレワークなどデジタル技術も活用することで、以前より少ない10万人前後の人口規模でも圏域の維持が可能であることから、大多数の国民が圏域内に含まれ、地域で暮らし続けることを可能にすることが必要である。

（2）グローバルの視点

　「『稼ぐ力』の維持・向上」に向け、大学等を核としたイノベーションの創出、そのための人材確保、グローバルニッチや農業等の地域発のグローバル産業の育成等を行う産業基盤の構造転換と成長率が低迷する東京等の大都市のデジタル化の徹底、知識集約型産業の集積促進による再生等の大都市のイノベーションが必要である。

（3）ネットワークの視点

　「情報・交通や人と土地・自然・社会とのつながり」に向け、国土の再構築の前提となる情報通信や交通ネットワークの充実、「地域管理構想」の策定等を通じた地域住民自らによる国土の適正管理の推進、防災・減災、国土強靱化による安全・安心な国土の実現、「2050年カーボンニュートラルの実現」に資する国土構造の構築、個々人の価値観を尊重しつつ、支え合い、共感し合う共生社会の構築が必要である。

---

[4] Artificial Intelligence（人工知能）の略
[5] Internet of Things（モノのインターネット）の略

　また、令和3年9月からは、新たな「国土形成計画」・「国土利用計画」の策定に向け、国土審議会計画部会での検討を開始している。「デジタル田園都市国家構想」における議論も踏まえながら、令和4年夏に中間とりまとめを行う予定としている。広域地方計画については、骨子とりまとめに向けた議論を進める予定としている。

　同部会では、新たな「国土形成計画」の策定に当たっての考え方や必要性に関する議論のほか、地域生活圏について、基本的な考え方や、必要な諸機能ごとの課題と対応の方向性、機能と空間的範囲等に関して掘り下げた議論を行っている。このほかにも、国土にまたがる共通のテーマとして、女性の活躍や関係人口との連携、カーボンニュートラルへの対応、交通ネットワーク、防災・減災、国土強靱化、人口減少下の土地の利用・管理、国際競争力ある大都市圏等の各政策分野について議論を深めることとしている。

図表2-3-1　国土の長期展望と新たな国土計画の策定（イメージ）

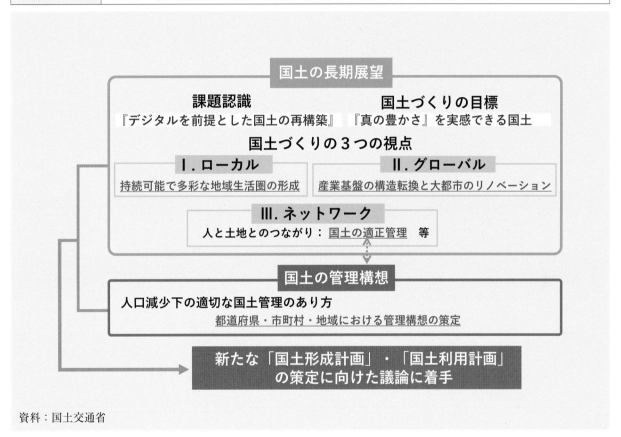

資料：国土交通省

2 国土の管理構想

　我が国は人口減少社会を迎え、土地需要の減少に伴い、国土の管理水準の低下や非効率な土地利用の増大等が懸念されており、持続可能な国土の形成に向け、人口減少下における国土の適切な管理の在り方を構築し、国土の荒廃を防ぐ取組を進めていくことが急務となっている。

　このため、国土交通省は、国土審議会計画推進部会国土管理専門委員会での議論を踏まえ、令和3年6月に、「国土の管理構想」をとりまとめた。

　「国土の管理構想」とは、現行の「国土利用計画」（平成27年8月14日閣議決定）で示された方針に基づき、人口減少下の適切な国土管理の在り方を示すものである。また、分野横

断的・統合的に国土全体の管理の在り方を提示しており、国だけでなく、都道府県・市町村・地域における国土管理の指針となるものである。これに基づき、都道府県・市町村・地域の各レベルで、人口や土地の管理状況等についての現状把握・将来予測を行い、目指すべき将来像と土地の管理の在り方を示す管理構想の策定を推進する。その際、市町村や地域では、これを管理構想図として地図化する。特に中山間地域等を中心に、市町村や地域における実践的な取組が進むことが期待される。

　また、管理構想では、生活環境の維持や地域活性化などの地域課題と、生活の基盤となる土地利用・管理を一体的に考える。特に、地域住民自ら話し合い、地域の資源や課題、将来像、具体的な取組等を検討・共有することが重要である。

　特に、人口減少下では、全ての土地についてこれまでと同様に労力や費用を投下し管理することは困難であり、優先的に維持したい土地を明確化し、取組を進めることが重要である。管理方法の転換や管理の縮小（場合によっては物理的管理を行わず見守りのみとすること）も考える必要がある。

　なお、個別法等で方向性が示されているものはそれに準拠しつつ、分野横断的な連携・調整の視点に立って市町村・地域管理構想を策定するものとする。また、必要な要素が含まれていれば、他の計画として策定されたものであっても市町村・地域管理構想として取り扱うものとしている。

図表2-3-2 | **各レベルにおける管理構想の策定**

国土の管理構想 ＜R3.6とりまとめ＞

策定主体：国
○ 長期的視野・広域的視点からの国土全体の管理の在り方を提示
○ 都道府県、市町村、地域の各レベルにおける管理構想の策定方法等を示す

都道府県管理構想

策定主体：都道府県
○ 流域等の広域的視点から都道府県土の管理の在り方を示す
○ 現状把握・将来予測により、管理すべきエリア、市町村・地域で対応すべき課題について判断するための視点、広域的な市町村間の調整等について整理

市町村管理構想

策定主体：市町村
○ 現状把握・将来予測により、市町村土の管理の在り方、管理すべきエリアと対応すべき課題等を示す
○ 管理すべきエリア等を市町村管理構想図として地図化

地域管理構想

策定主体：地域（集落等）
○ 住民自ら地域の将来像を描き、土地の管理の在り方を地域管理構想図として地図化
○ 管理主体や管理手法を明確にした行動計画等を示す

資料：国土交通省

　今後、「国土の管理構想」を新たな「国土利用計画」・「国土形成計画」に反映させ、都道府県・市町村・地域の各レベルでの管理構想の取組を推進していくこととしている。以下に具体的な事例を紹介する。

○地域管理構想の取組事例（長野県長野市旧中 条 村）

　地域管理構想のケーススタディとして、長野県長野市旧中条村の行政連絡区（自治会）である伊折区全体でワークショップを実施した。ワークショップでは、地域住民により農地の耕作状況や空き家の位置・管理状況等を確認・共有し、積極的に維持する農地や森林、手のかからない方法で管理する農地等について話し合い、管理の方向性を整理した。特に、地域の景観を象徴する貴重な棚田については、保全のための行動計画を作り、集落営農を見据えて新たな取組がなされることになった。

　地元住民等によるワークショップは計6回開催し、地域管理構想「いおりの地域づくりみらい戦略」としてとりまとめた。一連の取組を通して、農業の生産条件が不利な地域における農業生産活動の支援を行う中山間地域等直接支払制度の新たな活動団体が設立されるなど、住民協働による棚田の保全・管理の取組が始まっている。

図表2-3-3	長野県長野市旧中条村における地域管理構想の取組事例

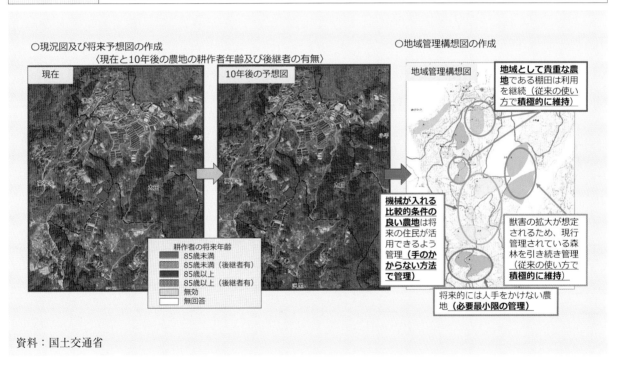

資料：国土交通省

　土地・不動産の関連情報は、官民ともに多様な情報が散在し、システム整備・運営等の面で多重に費用を要するだけでなく、必要な情報へのアクセスコストが増大することで、不動産流通の活性化と土地・不動産分野でのDX[6]促進の障壁となっている。このため、国土交通省では、誰もが容易に利用することができ、外部サイトとのデータの連携を図るWEBシステムとして、土地・不動産の関連情報を可視化する「土地・不動産情報ライブラリ」の構築・運用の検討を進めている。

　「土地・不動産情報ライブラリ」は、国民や事業者など不動産に関わるあらゆる人が必要な情報にスムーズにアクセスすることを可能とし、不動産取引情報における非対称性の解消の推進、不動産市場透明性の向上、不動産取引の活性化、散在する情報探索コストの低減等の実現を図ることを目的としている。

　当面は、個人をメインターゲットに据え、地価公示、不動産取引価格、ハザード、都市計画、公共交通、教育・医療・福祉施設等に関する情報を地図上に重ね合わせて表示させるWEBシステムを令和4年度から5年度にかけて構築し、令和6年度からの運用開始を目指して、現在必要となる準備を進めているところである。

図表2-3-4	土地・不動産情報ライブラリのイメージ

資料：国土交通省

---

[6] Digital Transformation（デジタル・トランスフォーメーション）の略

4 不動産IDのルール整備

現状、我が国の不動産については、土地・建物のいずれも、幅広い主体で共通で用いられている番号（ID）が存在せず、住所・地番の表記ゆれにより、同一物件か否かが直ちには分からない状態となっている。このため、不動産仲介・開発等の際に、多様な主体が保有する情報を収集し、名寄せをしようとする場面や、消費者に的確な情報を発信しようとする場面で手間や時間がかかっており、不動産分野における情報連携等の課題となっている。

このような背景を踏まえ、官民の各主体が保有する不動産関連情報の連携・蓄積・活用を促進することを通じて、不動産業界全体の生産性の向上、市場の活性化及び透明化を図るとともに、今後、本格的なデジタル社会を迎えるに当たって、不動産DXを推進する上での情報基盤整備の一環として、令和3年度に、不動産を一意に特定することができる、各不動産の共通コードとしての「不動産ID」のルールを整備し、令和4年度から順次運用開始を予定している。

今後、「不動産ID」と不動産関連情報の紐付けの促進や、まちづくり等の幅広い分野での活用に向けた環境整備の在り方について検討を実施していくこととしている。

| 図表2-3-5 | 不動産IDの活用イメージ（情報の名寄せ・紐付けの容易化） |

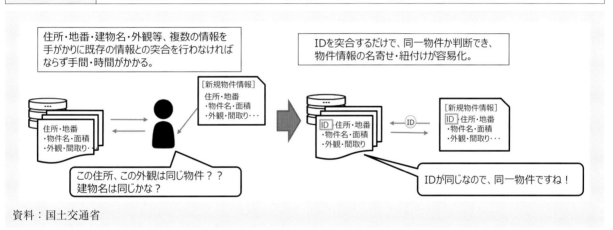

資料：国土交通省

　オリンピックは、1996年アトランタオリンピック競技大会以降、1万人以上の選手が参加する世界最大規模のスポーツイベントとなっている。開催都市を中心に、各種競技施設、宿泊施設、報道施設等の整備や、それらを結ぶ交通網の確保が必要であり、開催都市全体を俯瞰したその時代の様々な社会情勢や課題を踏まえたインフラ整備が行われてきた。

　ここでは、2020年東京オリンピック・パラリンピック競技大会（以下「東京2020大会」という。）と、1964年東京オリンピック競技大会及び東京パラリンピック大会（以下「東京1964大会」という。）のオリンピック・パラリンピック会場の土地利用と都市開発に注目する。

　東京1964大会では、丹下健三氏が設計した国立代々木競技場をはじめ日本武道館や駒沢オリンピック公園など内陸側の中心部に競技施設が多く整備された。

　これらは、東京1964大会後、現在に至るまで、競技施設としてだけではなく、多目的ホール、総合公園等として広く一般に活用されている。また、選手村は米軍跡地に建設され、大会後に代々木公園として再整備された。さらに、新幹線や首都高速道路などの交通インフラも併せて整備されるなど、高度経済成長期の東京において急速な都市開発が行われた。

　東京2020大会では、既存の競技施設を中心とした内陸側の「ヘリテッジゾーン」と、東京臨海部の有明や晴海といった「東京ベイゾーン」の2つが位置付けられた。

東京1964大会と東京2020大会の主な競技施設

資料：地理院タイルを基に国土交通省作成

　「ヘリテッジゾーン」では、既存の競技施設を中心として、東京1964大会のレガシーが活用された。これに対し、「東京ベイゾーン」では、多くの競技施設が東京2020大会を契機に新たに整備された。

　新設された競技施設としては、有明アリーナ、東京アクアティクスセンター等がある。東京2020大会後は、競技施設としてだけではなく、各施設の特徴に応じてコンサートなどの公演やイベント会場等の多様な用途に利用されることが見込まれている。

　また、晴海に整備された選手村は、大規模マンションとして販売及び賃貸され、子育て世帯、高齢者、外国人など多様な人々が交流し、いきいきと生活することができるまちづくりが進められる。併せて、水素をまちのエネルギー源として先導的に導入し、環境先進都市の実現に向けた取組が実施される。

東京ベイゾーンにおける大会施設一覧

競技施設名	実施競技	整備	大会後の利用
有明アリーナ	バレーボール、車いすバスケットボール	新設	スポーツ・文化の拠点
大井ホッケー競技場	ホッケー	新設	ホッケーほか各種競技場
海の森水上競技場	カヌー（スプリント）、ボート	新設	水上競技場及びイベント会場
カヌー・スラロームセンター	カヌー（スラローム）	新設	カヌーほか水上スポーツ・レジャーを楽しめる施設
夢の島公園アーチェリー場	アーチェリー	新設	アーチェリー場ほか多様な用途に活用
東京アクアティクスセンター	アーティスティックスイミング、飛び込み、競泳	新設	水泳場
有明体操競技場	トランポリン、新体操、体操、ボッチャ	仮設	展示場として後利用
有明アーバンスポーツパーク	自転車（BMX）、スケートボード	仮設	仮設競技施設を活用した後利用（スケートボード、スポーツクライミング（ボルダリング）、3x3バスケットボール）
お台場海浜公園	競泳、トライアスロン	仮設	公園として引き続き利用
潮風公園	ビーチバレーボール	仮設	公園として引き続き利用
青海アーバンスポーツパーク	3×3バスケットボール、スポーツクライミング、5人制サッカー	仮設	イベント等で暫定利用
海の森クロスカントリーコース	馬術	仮設	公園として整備
有明テニスの森	テニス、車いすテニス	既存	―
東京辰巳国際水泳場	水球	既存	アイスリンクへ転換
幕張メッセ	テコンドー、レスリング、フェンシング、車いすフェンシング、ゴールボール、シッティングバレーボール	既存	―

資料：東京都資料を基に国土交通省作成

　東京都では、この「東京ベイゾーン」のうち、競技施設が集積する有明北地区を新たに「有明レガシーエリア」として、面的に広がりのあるまちづくりを行っていく予定である。

　具体的には、仮設競技施設を活用した有明アーバンスポーツパーク（仮称）では、東京2020大会で実際に使われたスケートボード施設等も利用することができる。

　さらに、エリア内の大会関連施設でのイベント開催や、住宅、商業、業務などの複合的な土地利用を図ることにより、「東京2020大会のレガシーをはじめとした多様な機能の集積により、魅力的なライフスタイルを楽しめる複合市街地」を目指している。

第2部

令和3年度
土地に関して講じた
基本的施策

第1章　土地の利用及び管理に関する計画の策定等

第1節　国土計画における適正な土地利用の推進

⑴　国土利用計画は、健康で文化的な生活環境の確保を図ることなどの基本理念に基づき、総合的かつ計画的な国土の利用に関する基本構想等を示すものであり、全国計画、都道府県計画、市町村計画により構成される。

平成27年8月に閣議決定された「第五次国土利用計画（全国計画）」について、計画の推進に向け必要な調査・検討を行うとともに、新たな国土利用計画の策定に向け、令和3年9月より国土審議会計画部会での検討を開始した。

また、市町村計画の策定・変更への支援として平成31年3月に作成した「これからの国土利用・管理に対応した国土利用計画（市町村計画）策定の手引き」の更なる普及啓発等を行った。

さらに、「国土利用計画（全国計画）」に示された国土の選択的利用等の方針に基づき、人口減少下における適切な国土管理の在り方を示す「国土の管理構想」を令和3年6月にとりまとめた。これに基づき、市町村や地域において現状把握・将来予測を行い、土地の管理の在り方を示す管理構想の取組の推進等を行った。

⑵　地域の特性を踏まえた適正かつ合理的な土地利用の実現を図るため、各都道府県において、土地取引や各種土地利用転換の動向、個別規制法等に基づく諸計画の地域・区域の指定状況等の土地利用現況を把握し、関係方面との調整を経て、土地利用基本計画の変更を行った（令和3年度変更実績：38都道府県、計画書の変更4件、計画図の変更390件）。

土地利用規制に係る地図情報について、整備状況の整理、収集を行い、加工した上で、土地利用調整総合支援ネットワークシステム（LUCKY：Land Use Control bacK-up sYstem）において国民へ情報提供を行った。

⑶　「国土形成計画（全国計画）」（平成27年8月14日閣議決定）に基づき、以下の施策を行った。また、広域地方計画（平成28年3月国土交通大臣決定）に定められた、各ブロックの特性、資源を活かした広域連携プロジェクトを推進した。

①　人口減少や高齢化が著しい中山間地域等において、将来にわたって地域住民が暮らし続けることができるようにするため、各種生活サービス機能が一定のエリアに集約され、集落生活圏内外をつなぐ交通ネットワークが確保された拠点である「小さな拠点」の形成に向けた取組を推進した。

②　「地域経済牽引事業の促進による地域の成長発展の基盤強化に関する法律」（平成19年法律第40号）に基づき地方公共団体が策定する基本計画について、令和3年12月までに257計画に主務大臣が同意した。これらの基本計画に基づき都道府県が承認する地域経済牽引事業計画について、令和3年12月までに3,141計画が承認された。産業用地の確保に関連し、同法に基づき、市町村と都道府県との間で31件の土地利用調整が行われた。

地域経済牽引事業のうち、地域の成長発展の基盤強化に特に資する事業について、法人税等の特別償却・税額控除の措置（地域未来投資促進税制）や地方税を減免した地方公共団体に対する減収補てん措置等により支援した。

③　広域ブロック相互を結ぶ道路・鉄道・港湾・空港等の国内交通基盤を総合的に整備・活用し、基幹的なネットワークや拠点の機能確保を推進した。

④　河川、道路、港湾、下水道の公共施設管理用光ファイバ及びその収容空間等を整備・開放した。

また、新交通管理システム（UTMS）の推進等を図るため、プローブ情報を収集できる高度化光ビーコンをはじめとする交通安全施設等の整備を行った。

⑤　「多極分散型国土形成促進法」（昭和63年法律第83号）に基づく業務核都市において、業務機能の立地や諸機能の集積が進展しているところであり、整備を推進した。令和4年3月末現在で、業務核都市基本構想が承認・同意された地域は14地域である。

⑥　「筑波研究学園都市建設法」（昭和45年法律第73号）に基づき、科学技術の集積等を活かした都市の活性等を目指し、筑波研究学園都市の建設を推進した。また、「関西文化学術研究都市建設促進法」（昭和62年法律第72号）に基づき、文化・学術・研究の新たな展開の拠点づくりを目指すため、平成19年度に変更した「関西文化学術研究都市の建設に関する基本方針」を踏まえ、関西文化学術研究都市の建設を推進した。

⑦　国会等の移転については、国会等移転審議会の答申を踏まえ、国会において検討がなされているところである。政府としては、「国会等の移転に関する法律」（平成4年法律第109号）に基づき、関連する調査や国民への情報提供等、国会における検討に必要な協力を行った。また、「国の機関等の移転について」（昭和63年1月22日閣議決定）及び「多極分散型国土形成促進法」（昭和63年法律第83号）等に基づき、国の行政機関の官署及び特殊法人等の主たる事務所の東京都区部からの円滑な移転を推進した。「国の行政機関等の移転について」（昭和63年7月19日閣議決定）において移転対象とされた79機関11部隊等（令和4年3月現在、69機関11部隊等）のうち、令和4年3月までに67機関11部隊等が移転した。

(4)　2050（令和32）年までの国土の姿を描き、将来の課題整理・解決方策を検討する「国土の長期展望」の検討を行い、令和3年6月に最終とりまとめを公表した。また、「デジタルを前提とした国土づくり」を目指す新たな国土形成計画の策定に向け、令和3年9月より国土審議会計画部会での検討を開始した。

　また、広域地方計画については、計画策定から令和2年度で5年が経過したことから、計画前半期間における戦略目標、将来像の達成状況を評価するとともに、計画後半期間に向けた課題等を整理するために中間評価を行った。

第2節　都市計画における適正な土地利用の推進

(1)　都市計画区域ごとに定められている「都市計画区域の整備、開発及び保全の方針」（都市計画区域マスタープラン）について、社会情勢の変化等に対応した適切な運用を促進した。また、それぞれ独立した都市計画として位置付けられた「都市再開発の方針」、「住宅市街地の開発整備の方針」及び「防災街区整備方針」の策定を促進した。さらに、市町村が定める「市町村の都市計画に関する基本的な方針」（市町村マスタープラン）の策定を促進した。

(2)　市街化区域、市街化調整区域の区域区分制度や、用途地域、特別用途地区、特定用途制限地域等の地域地区制度、地区計画制度等の土地利用制度の適切な活用を推進した。また、人口減少や少子高齢化の進展の中で、居住者の健康・快適な暮らしや持続可能な都市経営を実現するため、市町村による「都市再生特別措置法」（平成14年法律第22号）に基づく立地適正化計画の作成を支援（令和3年12月末現在で立地適正化計画を作成・公表したのは、405都市）し、コンパクトシティの形成を促進した。

(3)　激甚化・頻発化する自然災害に対応するため、「都市再生特別措置法等の一部を改正する法律」（令和2年法律第43号）に基づき、災害ハザードエリアにおける新規立地の抑制、災害ハザードエリアからの移転の促進、立地適正化計画の居住誘導区域内での防災対策の促進を図ることにより、防災対策等とも連携した適正な土地利用を進めた。

⑷ 　立地適正化計画と一体となった地域公共交通計画の策定と計画に係る事業の実施により、地方公共
団体が中心となった地域公共交通ネットワークの形成を図り、コンパクトシティ施策と連携した適正
な土地利用の誘導を促進した。

⑸ 　以下の市街地開発事業等を促進した。

① 　防災対策の強化、中心市街地の活性化、土地の有効・高度利用の推進等の課題に対応して、土地
区画整理事業を実施した。特に集約型都市構造の実現に向けて、拠点的市街地等に重点を置いて事
業を促進した。

② 　市街地再開発事業等については、土地の合理的かつ健全な高度利用と都市機能の更新を誘導しつ
つ、特に「コンパクト＋ネットワーク」の推進や地震時等に著しく危険な密集市街地の解消等に重
点をおいて事業を促進した。

③ 　住宅市街地総合整備事業により、既成市街地において、職住近接型の良質な市街地住宅の供給、
美しい市街地景観の形成、公共施設の整備等を総合的に行い、良好な住環境の創出を図った。

④ 　「密集市街地における防災街区の整備の促進に関する法律」（平成9年法律第49号）に基づき施策
を推進するとともに、総合的な環境整備を推進する密集市街地総合防災事業等により、道路等の基
盤整備を推進しつつ、老朽化した建築物の建替え等を促進し、防災上危険な密集市街地における安
全な市街地の形成を図った。

第3節　農業振興地域整備計画等による優良農地の確保と有効利用の取組の推進

　優良農地の確保と有効利用の取組を推進するため、「農業振興地域の整備に関する法律」（昭和44年法律
第58号）に基づく農業振興地域の指定及び農業振興地域整備計画の策定等を通じ、農業振興に関する施
策を計画的に推進するとともに、「農業経営基盤強化促進法」（昭和55年法律第65号）、「農地中間管理事
業の推進に関する法律」（平成25年法律第101号）等に基づき、人・農地プラン等を通じた農地の集積・
集約化の促進及び農地の農業上の適正かつ効率的な利用を図った。

第4節　森林計画等による適正な利用・管理の推進

　森林の適正な利用及び管理については、「森林法」（昭和26年法律第249号）に基づく森林計画制度等の
運用を通じ、森林の有する多面的機能の十分な発揮を確保するための造林・間伐等の適切な推進を図ると
ともに、「森林経営管理法」（平成30年法律第35号）に基づく森林の経営管理の集積・集約化を進めた。

令和3年度土地に関して講じた基本的施策

第2章 適正な土地利用及び管理の確保を図るための施策

第1節 地方創生・都市再生の推進等

1 地方創生の推進

(1) 少子高齢化の進展に的確に対応し、人口の減少に歯止めをかけるとともに、東京圏への人口の過度の集中を是正し、それぞれの地域で住みよい環境を確保して、将来にわたって活力ある日本社会を維持していくため、「まち・ひと・しごと創生総合戦略」（以下「総合戦略」という。）に基づき、質の高い暮らしのためのまちの機能の充実など、将来にわたって「活力ある地域社会」の実現と「東京圏への一極集中」の是正を目指し地方創生の取組を進めてきた。令和2年度からの取組については、第2期「総合戦略」（令和元年12月20日閣議決定）を策定し進めてきたところである。その後、新型コロナウイルス感染症が拡大したことによる様々な影響も踏まえ、「ヒューマン」、「デジタル」、「グリーン」の新たな3つの視点を重点に据えた「まち・ひと・しごと創生基本方針2021」（令和3年6月18日閣議決定）を策定した。

また、地方からのデジタル実装を進めることで地方が抱える課題を解決し、地域の個性を活かした地方活性化を図ることで持続可能な経済社会を目指す「デジタル田園都市国家構想」の実現に向けて、令和3年11月からデジタル田園都市国家構想実現会議を開催し、本構想の具体化に向けた議論をスタートした。令和3年12月の第2回会議においてデジタル田園都市国家構想関連施策の全体像と目指す将来像を示した。

(2) 国・地方が一体となった地方創生の取組を推進するため、国家戦略特区、構造改革特区、総合特区、SDGs[1] 未来都市、「環境未来都市」構想、都市再生、地域再生及び中心市街地活性化をはじめとする各般の施策を総合的・効果的に実現していくための取組を推進した。さらに、つくば市及び大阪市をスーパーシティ型国家戦略特区に、吉備中央町、茅野市及び加賀市をデジタル田園健康特区にそれぞれ指定した。

(3) 地域の価値向上を図り、土地の適正な利用に資するエリアマネジメント活動を推進するため、地域再生エリアマネジメント負担金制度について、制度の内容や必要な手続を解説したガイドラインを活用したコンサルティング等により、制度の活用を促進した。

(4) 多様な主体や施策と連携し、人口規模の小さな地域における住民の日常生活を支える生活サービス機能が一定のエリアに集約され、集落生活圏内外をつなぐネットワークが確保された拠点である「小さな拠点」の形成を図り、地域の活性化や持続可能性を高める観点からの適正な土地利用の確保を推進した。

2 都市再生の推進

(1) 都市再生緊急整備地域における都市再生を推進するため、以下の施策を行った。

① 「都市再生特別措置法」に基づき指定された都市再生緊急整備地域（令和4年3月末現在51地域）においては、税制措置や都市計画の特例等、一般財団法人民間都市開発推進機構（以下「MINTO機構」という。）がミドルリスク資金の調達を支援するメザニン支援業務といった各種支援措置の積極的な活用を推進した。

また、都市再生緊急整備地域の候補となる地域を設定・公表することで、民間投資の一層の喚起

---

1 Sustainable Development Goals（持続可能な開発目標）の略。

や都市再生の質の向上を図った。

② 昨今の成長が著しいアジア諸国の都市と比較し、我が国都市の国際競争力が相対的に低下する中、我が国全体の成長を牽引する大都市について、官民が連携して市街地の整備を強力に推進し、海外から企業・人等を呼び込むことができるような魅力ある都市拠点を形成することが、重要な課題になっている。このため、都市の国際競争力の強化を図る上で特に有効な地域として「特定都市再生緊急整備地域」（令和4年3月末現在15地域）を指定し、多くの地域において、官民連携の協議会により整備計画が作成されている。特定都市再生緊急整備地域においては、上述の都市再生緊急整備地域における支援措置に加え、下水の未利用エネルギーを民間利用するための規制緩和、都市再生緊急整備地域より拡充された税制措置などによる民間都市開発の支援を通じ、都市再生を推進した。

さらに、国際競争拠点都市整備事業を活用し、地域の拠点や基盤となる都市拠点インフラの整備を重点的かつ集中的に支援した。

③ 特定都市再生緊急整備地域等においては、国際競争力強化に資する取組や、シティプロモーションに係る取組、民間事業者による都市の国際競争力強化に資する施設の整備に対する支援措置を講じた。

④ 都市再生緊急整備地域及び特定都市再生緊急整備地域の評価を実施し、指定地域や地域整備方針の見直しを図るとともに、地域整備方針の実施を推進した。

⑵ 全国都市再生を推進するため、以下の施策を行った。

① 社会資本整備総合交付金（都市再生整備計画事業）により、地域の創意工夫を活かした全国都市再生を推進した。特に、持続可能で強靭な都市構造の再編に向けて、立地適正化計画に基づき実施される取組等については、令和2年度創設の都市構造再編集中支援事業（個別支援制度）により集中的に支援した。

② 都市再生整備計画に記載された事業と一体的に施行される民間都市開発事業等について、支援措置の積極的活用を促進した。

③ 「都市再生特別措置法」に基づき、法律・予算・税制等による支援を行うことにより、まちなかにおける街路、公園、広場等の官民空間の一体的な修復・利活用等による「居心地が良く歩きたくなる」まちなかの創出を促進した。

④ 人々が集い、多様な活動を繰り広げる、賑わいのある道路空間を構築するための道路の指定制度（ほこみち（歩行者利便増進道路）制度）の活用を促進した。

⑶ 我が国の主要都市中心部の多くは、戦災復興土地区画整理事業等により街区が形成されており、現在の土地利用や交通基盤、防災機能に対するニーズ等に対して、街区の規模や区画道路の構造が十分には対応していない。これらの課題に対し、大都市の国際競争力の強化や地方都市の活性化、今日の土地利用ニーズを踏まえた土地の有効高度利用等を図るため、複数の街区に細分化された土地を集約し、敷地の一体的利用と公共施設の再編を促進した。

⑷ 都市機能の増進及び経済活力の向上を総合的かつ一体的に推進するため、内閣総理大臣による中心市街地活性化基本計画の認定を受けた区域において、市街地の整備改善、都市福利施設の整備、街なか居住の推進、経済活力の向上等に資する事業に対して支援を行った。

令和4年3月末時点で認定を受けている基本計画は、58計画（54市3町）であり、計画期間を終了した基本計画を含めると、令和4年3月末までに265計画（149市3町）が認定されている。

3 民間能力の活用の推進等

⑴ 都市再生緊急整備地域等における優良な民間都市開発事業を推進するため、認定民間都市再生事業計画等に基づく税制特例等の措置を講じた。

(2) 都市再生分野における民間の新たな事業機会を創出し、民間の潜在力を最大限に引き出すため、都市再生に民間事業者を誘導するための条件整備として、独立行政法人都市再生機構（以下「都市再生機構」という。）が計画策定、権利関係の調整等のコーディネート業務を行った。

(3) 「PPP／PFI推進アクションプラン（令和3年改定版）」の目標の達成に向けて、以下の取組を実施した。

① PPP／PFI手法導入を優先的に検討する仕組みについて、優先的検討規程の策定・運用状況の「見える化」、フォローアップ等を通じた人口規模に応じた課題・ノウハウの抽出と横展開により、策定済の地方公共団体における的確な運用、人口20万人以上で未策定の地方公共団体における速やかな策定を図るとともに、地域の実情や運用状況、先行事例を踏まえ、人口20万人未満の地方公共団体への適用拡大を図った。また、PPP／PFIの経験の少ない地方公共団体や小規模の地方公共団体に裾野を拡大するため、導入可能性調査等の初期段階からの支援や実施主体の負担を軽減する導入検討手法の普及を図った。

② 具体的なPPP／PFI案件形成を促進するため、地域プラットフォームの全国への普及を促進した。その際、人口規模が小さい地方公共団体においても案件形成がなされるよう、また、地方企業の案件への参加が促進されるよう、全国の地方公共団体や、地元企業、地域金融機関の地域プラットフォームへの参画を促した。あわせて、専門家の派遣や地方公共団体職員・地域事業者向けの研修・セミナーの実施等による人材育成、官民対話の機会創出のほかに、市町村長との意見交換会を開催し、地方公共団体におけるPPP／PFIの案件形成を促した。

③ 一定の要件を満たす地域プラットフォームの代表者と協定を結び、講師の派遣やPPP／PFIの事業化支援等を継続的に行う地域プラットフォーム協定制度に基づき、令和3年4月に新たに協定を締結した2つの地域プラットフォームを含め、合計27の地域プラットフォームに対し、支援を行った。

(4) 民間の創意工夫と事業意欲を積極的に活用しつつ良好なまちづくりを進めていくため、MINTO機構の支援業務を推進した。具体的には、エリアマネジメントを行うまちづくりファンドを地域金融機関と共同で立ち上げ、複数のリノベーション事業等を連鎖的に進めた。あわせて、地方公共団体等のまちづくりファンドを通じて、クラウドファンディングを活用したまちづくり事業を支援した。また、地域金融機関等とともに出資等を通じて老朽ストックを活用したテレワーク拠点等の整備を支援するファンドを立ち上げ、アフターコロナに対応したまちづくりに対し、支援を行った。

(5) 空中及び地下の利用を促進するため、以下の施策を行った。

① 立体道路制度の積極的な活用を促進した。

② 駅における自由通路等の公共的空間の整備を促進した。

③ 共同溝の整備等を促進した。

④ 無電柱化推進計画に基づき、無電柱化を促進した。

⑤ 地下放水路、地下調節池などの整備を促進した。

⑥ 雨水の貯留浸透など流出抑制型の下水道施設の整備を促進した。

⑦ 立体都市公園制度の活用を促進した。

(6) 大深度地下の利用については、大深度地下使用制度に関する内容をウェブサイトに掲載する等、大深度地下の適正かつ合理的な利用を図った。

第2節 災害に強いまちづくりの推進

(1) 災害に強い都市の整備を推進するため、以下の施策を行った。

① 「密集市街地における防災街区の整備の促進に関する法律」（平成9年法律第49号）に基づき施策

を推進するとともに、総合的な環境整備を推進する密集市街地総合防災事業等により、道路等の基盤整備を推進しつつ、老朽化した建築物の建替え等を促進することで、防災上危険な密集市街地において安全な市街地の形成を図った。

② 防災上危険な密集市街地の解消や都市基盤施設をより一層整備するため、土地区画整理事業を推進した。

③ 都市防災総合推進事業について、南海トラフ巨大地震をはじめとする大規模地震に備えた津波対策、被災地の復興まちづくりに対する支援等、都市の防災対策を総合的に推進した。

④ 市街地再開発事業等による建築物の不燃化・耐震化、避難地・避難路の整備による市街地の防災安全性の向上、防災活動拠点整備による災害応急対策への対応等、安全・安心なまちづくりを推進した。

⑤ 大地震時等における宅地の滑動崩落及び液状化による被害を防止するため、宅地耐震化推進事業により変動予測調査及び防止対策の実施を推進した。

⑥ 大都市において大規模地震が発生した場合、都市機能が麻痺し東日本大震災以上の帰宅困難者が発生することが予想される。このことから、人口・都市機能が集積する大都市の主要駅周辺等においては、大規模な地震が発生した場合における滞在者等の安全の確保と都市機能の継続を図るため、官民協議会による都市再生安全確保計画等の策定や計画に基づくソフト・ハード両面の取組に対する支援を継続して実施した。

⑦ 都市の弱みである災害脆弱性への対応を図るため、国際競争業務継続拠点整備事業により、災害時の業務継続性を確保するためエネルギーの面的ネットワークの整備を推進した。

(2) 住宅市街地の整備による防災性の向上を推進するため、以下の施策を行った。

① 既成市街地において、道路整備と一体的に沿道の建築物を耐火建築物等へ建替え、延焼遮断帯を形成することを中心とした安全で快適な拠点住宅地の形成や防災上危険な密集市街地の整備改善など住宅市街地の再生・整備を総合的に行うため、住宅市街地総合整備事業や密集市街地総合防災事業等を推進した。

② 災害の危険性が高い不良住宅の密集する地区において、防災性を向上するため、良質な従前居住者用住宅の建設、地区施設及び生活道路等の整備を行う住宅地区改良事業等を推進した。

(3) 緊急輸送道路として実働部隊が迅速に活動できるよう、代替性確保のためのミッシングリンクの解消、渡河部の橋梁や河川に隣接する道路構造物の流失防止対策、橋梁の耐震化、道路法面・盛土の防災対策、倒壊による道路閉塞を回避するための無電柱化等を推進した。また、道路高架区間等を津波等からの緊急避難場所として活用できるよう、施設整備を行った。

(4) 近年の水災害の激甚化・頻発化を踏まえ、流域のあらゆる関係者が協働して流域全体で治水対策に取り組む「流域治水」の考え方に基づき、以下の施策を行った。

① 都市における浸水被害を軽減するため、集中豪雨の頻発や地下空間利用の進展を踏まえ、浸水実績のある地区又は一定規模の浸水被害のおそれのある地区において、下水道幹線や雨水貯留浸透施設等のハード整備に加え、ハザードマップの公表やリアルタイムの降雨情報、下水道幹線の水位等の災害情報の提供によるソフト対策、さらに、地下街の入口等における止水板の設置や災害情報を活かした住民自らによる取組など総合的な浸水対策を重点的に推進した。また、住宅地等においてもシミュレーション等による浸水対策計画の策定、既存施設を最大限活用した下水道整備を推進した。

また、地方公共団体による浸水被害対策区域の指定等を促進するとともに、民間等による雨水貯留浸透施設等の整備を促進し、流出抑制対策を推進した。

さらに、大規模な地震時でも、防災拠点におけるトイレ機能や下水処理場における消毒機能等、地震時に下水道が果たすべき機能を確保し、住民の健康や社会活動への影響を軽減するため、防災

拠点と下水処理場を結ぶ管路施設や水処理施設の耐震化等の「防災」、被災を想定して被害の最小化を図る「減災」を組み合わせた総合的な地震対策を推進した。

② 水害を未然に防ぐ予防的治水対策や、激甚な被害を受けた地域や床上浸水が頻発している地域を対象とした再度災害防止対策を推進した。また、想定最大規模の降雨による浸水想定区域（河川が氾濫した場合に浸水が想定される区域）の指定・公表、関係市町村のハザードマップ作成のための支援に取り組むとともに、身近な河川の切迫性のある情報をきめ細やかに伝えるための危機管理型水位計や簡易型河川監視カメラの設置や、「"気象"×"水害・土砂災害"情報マルチモニタ」による河川水位・雨量等の防災情報のリアルタイムな提供など、ハード・ソフト両面から災害に強いまちづくりを推進した。

一方、治水施設の整備には長時間を要し、整備途上で災害が発生する危険性がある。そのため、土地利用の状況に応じて輪中堤の整備や宅地の嵩上げ等の減災対策を推進した。

③ 総合治水対策特定河川流域において、国、都道府県、市町村の河川担当部局と都市・住宅・土地等の関係部局からなる流域総合治水対策協議会で策定された流域整備計画に基づき、流域の適正な土地利用の誘導、雨水の流出抑制等を推進した。

④ 「特定都市河川浸水被害対策法」（平成15年法律第77号）に基づき指定された特定都市河川流域において、土地からの流出雨水量を増加させるおそれのある行為に対する対策工事の義務付けなどを行うとともに、河川管理者、下水道管理者及び地方公共団体によって共同で策定された流域水害対策計画に基づき、流域一体となった浸水被害対策を推進した。

(5) 気候変動の影響による降雨量の増加等に対応するため、流域全体を俯瞰し、あらゆる関係者が協働して取り組む「流域治水」の実現を図る「特定都市河川浸水被害対策法等の一部を改正する法律」（令和3年法律第31号。通称「流域治水関連法」）が令和3年5月10日に公布され、同年11月1日に全面施行された。

(6) 局地的な大雨（いわゆるゲリラ豪雨）等による浸水被害に対応するため、河川管理者及び下水道管理者による河川と下水道の整備に加え、住民（団体）や民間企業等の参画の下、浸水被害の軽減を図るために実施する取組を定めた計画である「100mm（ミリ）/h安心プラン」に基づき、住宅や市街地の浸水被害の軽減対策を推進した。

(7) 近年、洪水・内水・高潮等により浸水被害が多発している。これらの浸水被害に対応した避難体制等の充実・強化を図るため、「水防法」（昭和24年法律第193号）に基づき、想定し得る最大規模の洪水・内水・高潮に係る浸水想定区域の指定を推進するとともに、三大湾及び地下街を有する都市等の地方公共団体と連携して、内水・高潮に係る浸水想定区域及び水位周知下水道・水位周知海岸の指定を促進した。

(8) 土砂災害対策を推進するため、以下の施策を行った。

① 土砂災害による被害の防止・軽減を図るため、土砂災害防止施設の整備によるハード対策を実施するとともに、砂防指定地等における行為制限や、「土砂災害警戒区域等における土砂災害防止対策の推進に関する法律」（平成12年法律第57号）に基づく土砂災害特別警戒区域における特定開発行為に対する許可制度等のソフト対策を促進し、総合的な土砂災害対策を実施した。

また、同法に基づき都道府県が行う土砂災害警戒区域等の指定を促進するとともに、警戒避難体制の充実・強化を図るため、市町村による土砂災害に係るハザードマップの作成・公表の推進とその進捗状況の把握、避難訓練の推進等を実施し、地方公共団体と連携しながら、住民の防災意識の高揚と災害への備えの充実を図った。

火山噴火に対しては、「活動火山対策特別措置法」（昭和48年法律第61号）の改正を踏まえ、火山防災協議会において噴火に伴う土砂災害の観点から火山ハザードマップの検討を行うとともに一連の警戒避難体制の検討に参画した。

② 山麓斜面に市街地が接している都市において、土砂災害に対する安全性を高め緑豊かな都市環境と景観を保全・創出するために、市街地に隣接する山麓斜面にグリーンベルトとして一連の樹林帯の形成を図った。

⑼ 災害時における緊急物資輸送や支援部隊の展開等の拠点として、耐震強化岸壁や広場等からなる臨海部の防災拠点の整備を推進した。

⑽ 災害の発生時に住民の安全が確保できるよう、防災機能の向上を図り、災害等に強い安全なまちづくりを促進するため、防災基盤整備及び公共施設等の耐震化などの防災対策事業を促進した。

⑾ 「津波防災地域づくりに関する法律」（平成23年法律第123号）に基づき、津波浸水想定の設定等を促進するとともに、海岸保全施設等の整備と併せた総合的な津波防災対策を推進した。具体的には、全国で38道府県において、最大クラスの津波を想定した津波浸水想定が公表された。

　　また、北海道（68市町村）、山形県、神奈川県（6市町）、新潟県（12市町村）、富山県、福井県（7市町）、静岡県（6市町）、愛知県、京都府、和歌山県（19市町）、鳥取県、広島県、山口県、徳島県、愛媛県、高知県、福岡県、長崎県、鹿児島県及び沖縄県において、津波災害を防止するために警戒避難体制を特に整備すべき区域として津波災害警戒区域が指定された。

　　さらに、10県17市町において「津波防災地域づくりを総合的に推進するための計画」（推進計画）が作成された。

⑿ 市町村等が行う地籍調査について、令和2年度からの「第7次国土調査事業十箇年計画」（令和2年5月26日閣議決定）に基づき、災害後の迅速な復旧・復興等に資するものを重点的に支援し、地域における災害対応力の向上を図った。また、「防災・減災、国土強靱化のための5か年加速化対策」（令和2年12月11日閣議決定）に基づき、今後土砂災害が発生する可能性が高いエリア（土砂災害特別警戒区域等）のうち、特に緊急性が高い地域で行われる地籍調査を重点的に支援した。

⒀ 大規模な災害の被災地の復興を迅速かつ円滑に行うため、大規模な災害であって借地借家に関する配慮をすることが特に必要と認められるものが発生した場合に、借地借家に関する特別措置を講ずることを可能とする「大規模な災害の被災地における借地借家に関する特別措置法」（平成25年法律第61号）の内容をわかりやすく解説したQ&Aを関係省庁のホームページに掲載する等、同法の周知活動を行った。

⒁ 人家等に影響のある盛土について、その実態を把握するとともに、危険と思われる箇所については早急に対策を講じる必要があることから、令和3年8月11日に、農林水産省、林野庁、国土交通省及び環境省の関係局長等による連名にて、都道府県知事に対し盛土の総点検を依頼し、各都道府県等において全国的な盛土の総点検が行われた。

⒂ 盛土等による災害から国民の生命・身体を守るため、盛土等を行う土地の用途やその目的にかかわらず、危険な盛土等を全国一律の基準で包括的に規制する措置を講ずる「宅地造成等規制法の一部を改正する法律案」（令和4年3月1日閣議決定）を令和4年通常国会に提出した。

第3節　低未利用土地の利用促進等

⑴ 譲渡価額が低額であるため取引に係るコストが相対的に高い低未利用土地等を譲渡した場合の個人の譲渡所得に係る税制特例措置により、売主の取引に当たっての負担感を軽減し売却するインセンティブを付与することで譲渡を促し、新たな利用意向を示す者による適正な利用・管理を促進した。

⑵ 行政と民間の専門家等により構成され、地域における相談体制の構築や空き地・空き家の情報共有をしつつ、土地の適正な利用・管理に向けたマッチング・コーディネート、土地所有者等に代わる管理などの機能を担う団体の取組や、空き家のリノベーション等による低未利用の不動産の再生の取組の全国展開による適正な土地利用を推進した。

(3)　地方公共団体が把握・提供している空き地・空き家の情報について、横断的に簡単に検索することを可能とする「全国版空き家・空き地バンク」の活用促進を通じた需要と供給のマッチングにより、低未利用の土地・不動産の取引を促進した。

(4)　農山漁村への移住ニーズを取り込む観点から、「農地付き空き家」等の円滑な取得支援を行うことにより、農村地域において低未利用土地の適正な利用を促進した。

(5)　小規模不動産特定共同事業の活用促進、クラウドファンディングに対応した環境整備、不動産特定共同事業に係る税制特例措置等を通じた地域における小規模不動産の再生等により、適正な低未利用の土地・不動産の取引・利用を促進した。

　　また、クラウドファンディングなどによる特定の地域の発展や個々の活動を期待する「志ある資金」等を活用し、地域の土地・不動産を再生する事業に対する円滑な資金調達を促進した。

(6)　低未利用土地の集約等と併せて公益施設や都心居住に資する住宅等の立地誘導を図る土地区画整理事業及び敷地の集約化を主眼とした敷地整序型土地区画整理事業を推進した。

(7)　土地の高度利用を推進するため、換地の特例制度である高度利用推進区及び市街地再開発事業区を活用した土地区画整理事業を推進した。

(8)　平成28年に創設された低未利用土地利用促進協定制度を活用し、市町村や都市再生推進法人等が所有者等に代わり低未利用の土地、建築物を有効かつ適切に利用する取組を推進した。

(9)　都道府県等において、一定の要件を満たす低未利用土地について遊休土地である旨の通知等を行う「国土利用計画法」（昭和49年法律第92号）に基づく遊休土地制度の的確な運用をするとともに、遊休土地実態調査を実施した。

(10)　低未利用土地の有効利用を促進するため「公的不動産（PRE[2]）ポータルサイト」（http://www.mlit.go.jp/totikensangyo/totikensangyo_tk5_000102.html）において民間活用等に積極的な地方公共団体等が公表しているPRE情報を一元的に集約し公開した。

(11)　公園が不足する地域等において、民間主体が都市の空き地等を住民の利用に供する緑地（市民緑地）として設置・管理する制度やみどり法人（緑地保全・緑化推進法人）制度等の活用を推進した。

　　また、令和2年度に創設した「グリーンインフラ活用型都市構築支援事業」や「先導的グリーンインフラモデル形成支援」において、グリーンインフラの導入を目指す地方公共団体や民間事業者等を対象に、地域の特性に応じた技術的・財政的支援を実施した。さらに、生態系を活用した防災・減災の実装に向けた「生態系機能ポテンシャルマップ」の作成に係る調査検討を進めた。

(12)　都市再生機構において、都市再生のための条件整備として低未利用土地等の土地の整形・集約化及び基盤整備を行った。

(13)　平成30年に創設された換地の特例制度である誘導施設整備区を活用し、低未利用土地の集約と併せて医療・福祉施設等の誘導施設の整備を図る土地区画整理事業（空間再編賑わい創出事業）を推進した。

(14)　都市内部で空き地・空き家等の低未利用土地がランダムに発生する「都市のスポンジ化」に対応するため、平成30年度に創設された低未利用土地の集約再編や利用促進を図るための制度（低未利用土地権利設定等促進計画、立地誘導促進施設協定等）の利用促進を図った。

(15)　都市の再構築を実現するため、基盤整備やオープンスペースの整備を伴う優良プロジェクトに対する容積率等の特例制度の活用などにより、既成市街地の有効高度利用を促進した。

(16)　「臨海部土地情報」（http://www.mlit.go.jp/kowan/kowan_tk4_000018.html）により、臨海部の土地利用状況や未利用地等に関する情報提供を実施した。

2　Public Real Estate（公的不動産）の略。

第4節 国公有地の利活用等

1 国公有財産の最適利用の推進

(1) 「新経済・財政再生計画改革工程表2020」（令和2年12月経済財政諮問会議決定）において、国公有財産の最適利用を推進することとされたように、地方公共団体等と連携しながら、一定の地域に所在する国公有財産等の情報を共有し、地方公共団体等の意見も尊重しつつ、各地域における国公有財産の最適利用について調整を行った。

　庁舎については、既存庁舎の効率的な活用を推進するとともに、老朽化等により建替えを要する場合は、利用者の利便性向上に十分配慮しつつ、移転・集約化等を推進した。

(2) 未利用国有地については、売却等を通じて国の財政に貢献するとともに、地域や社会のニーズに対応した有効活用を図った。具体的には、地域や社会のニーズに対応した有効活用を推進するため、まちづくりに配慮した土地利用を行いつつ、民間の企画力・知見を具体的な土地利用に反映させる入札などの手法の活用も行うほか、答申「今後の国有財産の管理処分のあり方について」（令和元年6月14日財政制度等審議会答申）に基づき、将来世代におけるニーズへの対応のため所有権を留保する財産や、保育・介護等の人々の安心につながる分野で利用を行う財産については、定期借地権による貸付けを行うなど、管理処分方法の多様化を図った。

(3) 用地確保が困難な都市部等における介護施設整備を促進するため、定期借地制度による貸付料を5割減額するなど、「介護離職ゼロ」に向けた介護施設整備を促進した。

(4) 新型コロナウイルス感染症等の影響により収入の減少があり、一時的に国有財産の貸付料等の支払いが困難となった者を対象に、無利息・無担保等により、最長1年間の履行期限の延長を可能とした。また、新型コロナウイルス感染症のワクチン接種等のための施設として、国有財産を地方公共団体等に対し無償提供した。

(5) 「国民の命と暮らしを守る安心と希望のための総合経済対策」（令和2年12月8日閣議決定）、「防災・減災、国土強靭化のための5か年加速化対策」（令和2年12月11日閣議決定）を踏まえ、防災・減災、国土強靭化の推進など安全・安心の確保の観点から、国有地を活用した遊水地・雨水貯留浸透施設の整備の推進等に取り組んだ。また、ポストコロナに向けた経済構造への転換・好循環の実現の観点から、民間事業者による5G基地局整備を後押しするため、基地局の設置場所として庁舎・宿舎等を提供するとともに、民間事業者によるサテライトオフィスの設置場所として庁舎を提供し、国有財産の新たな活用策に取り組んだ。

2 公有地の計画的な取得等

公共投資の円滑な実施に資するとともに、地方公共団体等による計画的な公共用地の先行取得を支援するため、以下の施策を実施した。

① 公共用地先行取得等事業債について、所要の資金の確保を図った。

② 公有化が必要と認められる森林等を取得するための経費を地方債の対象とし、当該経費に対して地方交付税措置を講じた。

③ 公共事業の整備効果を早期に発現していくためには、完成時期を踏まえた用地取得を行うことが必要である。そのため、用地取得上のあい路を調査・分析した上で、事業の計画段階から将来の供用までを見据えた周到な準備を行い、工程管理を図る「用地取得マネジメント」に沿った計画的な用地取得を推進した。

④ 地方公共団体における公共用地取得の迅速化に向けて、用地業務に関する情報提供等の支援を推進した。

⑤　公共事業の用に供するため相続税又は贈与税の納税猶予を受けた農地を令和8年3月31日までに譲渡した者について、納税猶予期間中の利子税の全額を免除する措置を講じた。

⑥　都市開発資金の活用により、大都市等において、計画的な都市整備を図るために必要な用地を先行取得するための資金の融資を行った。

第5節　住宅対策の推進

1　住生活基本計画の推進

「住生活基本計画（全国計画）」（令和3年3月19日閣議決定）において、「社会環境の変化」「居住者・コミュニティ」「住宅ストック・産業」の3つの視点から設定した8つの目標（①「新たな日常」やDXの進展等に対応した新しい住まい方の実現、②頻発・激甚化する災害新ステージにおける安全な住宅・住宅地の形成と被災者の住まいの確保、③子どもを産み育てやすい住まいの実現、④多様な世代が支え合い、高齢者等が健康で安心して暮らせるコミュニティの形成とまちづくり、⑤住宅確保要配慮者が安心して暮らせるセーフティネット機能の整備、⑥脱炭素社会に向けた住宅循環システムの構築と良質な住宅ストックの形成、⑦空き家の状況に応じた適切な管理・除却・利活用の一体的推進、⑧居住者の利便性や豊かさを向上させる住生活産業の発展）に基づき、必要な施策を推進した。

2　公的賃貸住宅等の供給の促進

高齢者世帯、障害者世帯、子育て世帯等各地域における居住の安定に特に配慮が必要な世帯に対して、公営住宅、地域優良賃貸住宅、都市再生機構賃貸住宅、サービス付き高齢者向け住宅等の良質な賃貸住宅の供給促進を図った。特に既存ストック・民間活力の重視による効率的な供給を推進し、民間賃貸住宅を活用したセーフティネット登録住宅を推進するとともに、登録住宅の改修や入居者負担の軽減等への支援を行った。令和3年度末時点でのセーフティネット登録住宅の戸数は、734,218戸である。

3　大都市を中心とした市街地住宅供給の積極的推進

(1)　住宅建設・宅地開発に関連して必要となる道路、公園、下水道、河川等の関連公共施設の整備等を住宅市街地基盤整備事業により総合的に推進した。

また、防災性の向上、市街地環境の整備、土地の合理的利用等を図りつつ、市街地住宅の供給を促進するため住宅市街地総合整備事業等を推進した。

(2)　都市再生機構において、その有するノウハウや技術を活かし、まちづくり事業に関する構想・計画策定に対する技術支援等を行った。

4　既成市街地の再整備による良好な居住空間の形成

既成市街地において、快適な居住環境の創出、都市機能の更新、密集市街地の整備改善、職住近接型の住宅供給による街なか居住の推進等を図るため、住宅市街地総合整備事業、優良建築物等整備事業等を推進した。また、地域において福祉施設や医療施設、子育て支援施設等の整備を進めるため、地方公共団体や都市再生機構、地方住宅供給公社、民間事業者等の多様な主体が連携して、既存住宅団地の地域居住機能を再生する取組や、スマートウェルネス住宅の実現に資する取組に対して支援を行った。さらに、既存の公営住宅や改良住宅の大規模な改修と併せて、子育て支援施設や高齢者福祉施設等の生活支援施設の導入を図る取組に対しても支援を行った。

5 良質な住宅ストック等の形成及び住宅ストック等の有効活用

⑴ 長期にわたって使用可能な質の高い住宅ストックを形成するため、長期優良住宅の普及を促進した。また、住宅履歴情報の整備の推進等を実施した。さらに、長期優良住宅の認定促進等による住宅の質の向上に加え、既存住宅を安心して購入できる環境を更に整備し、既存住宅流通市場を活性化させるための「住宅の質の向上及び円滑な取引環境の整備のための長期優良住宅の普及の促進に関する法律等の一部を改正する法律」（令和3年法律第48号）が令和3年5月28日に公布され、一部の規定を除き、令和3年9月30日及び令和4年2月20日に施行された。

⑵ 戸建住宅等における建築士から建築主への説明義務制度の創設等の措置を盛り込んだ「建築物のエネルギー消費性能の向上に関する法律の一部を改正する法律」（令和元年法律第4号）が施行されるとともに、省エネ性能に優れた住宅の整備や表示制度の普及を図った。

⑶ 住宅ストックの質の向上を図るため、劣化対策・省エネ改修等を総合的に行い住宅の長寿命化を図る長期優良住宅化リフォームに対する支援を実施した。

⑷ 「建築物の耐震改修の促進に関する法律」（平成7年法律第123号）に基づく、不特定多数の者が利用する大規模建築物、災害時の機能確保が必要な避難路の沿道建築物等に対する耐震診断の義務付け等により耐震化を促進するとともに、耐震診断義務付け対象建築物について、重点的かつ緊急的な支援を行った。

⑸ マンションの管理の適正化及び再生の円滑化を図るため、老朽化マンションの再生検討から長寿命化に資する改修等のモデル的な取組に対する支援、地方公共団体によるマンションの実態把握や再生に向けた取組への支援、リバースモーゲージ方式の融資等による資金調達についての支援及び管理適正化に係る先駆的な取組等への支援を実施するとともに、標準管理規約や長期修繕計画作成ガイドライン等を更新した。

⑹ 令和2年6月24日に公布された「マンションの管理の適正化の推進に関する法律及びマンションの建替え等の円滑化に関する法律の一部を改正する法律」（令和2年法律第62号）によって、新たに創設された制度の円滑な施行に向けて、地方公共団体向けの説明等を通じ、都道府県等によるマンション管理適正化推進計画の作成を促進するとともに、マンションの管理適正化に係る国の基本方針を作成し、マンションの管理計画や除却の必要性に係る認定制度等のガイドラインを作成する等、制度の周知徹底に取り組んだ。

⑺ 新築住宅に瑕疵が発生した場合にも確実に瑕疵担保責任が履行されるよう、「特定住宅瑕疵担保責任の履行の確保等に関する法律」（平成19年法律第66号）に基づき、建設業者等に資力確保を義務付け、普及啓発等を行った。

⑻ 消費者が安心して既存住宅を取得できるよう、既存住宅状況調査（インスペクション）や安心R住宅制度、検査と保証がセットになった既存住宅売買瑕疵保険の普及促進を図った。

⑼ 消費者が安心してリフォームを行えるよう、リフォームを含む住宅に関する相談体制の整備やリフォーム瑕疵保険等の普及促進を図った。

⑽ 住宅リフォーム事業の健全な発達及び消費者が安心してリフォームを行うことができる環境の整備を図るため、「住宅リフォーム事業者団体登録制度」の普及に取り組んだ。

⑾ 良質な住宅ストックが適正に評価される市場環境の構築に向け、住宅ストックの維持向上・評価・流通・金融等の一体的な仕組みの開発・普及を進める取組を支援した。

⑿ 住環境の整備改善等を図るため、空き家住宅等の活用・除却について支援を行うほか、「空家等対策の推進に関する特別措置法」（平成26年法律第127号）に基づく市町村の取組を一層促進するため、「空家等対策計画」（令和3年3月31日現在、1,332市区町村が策定済）に基づき民間事業者等と連携を行う総合的な空き家対策への支援を行った。また、専門家と連携した空き家相談体制の構築、住宅

市場を活用した空き家対策に関する新たなビジネスの構築等のモデル的な取組への支援を行った。

⒀　「賃貸住宅の管理業務等の適正化に関する法律」（令和２年法律第60号）に基づき、令和３年６月に施行された賃貸住宅管理業者登録制度について、その適切な運用を通じて賃貸住宅管理業者の適正な運営を確保し、賃貸住宅管理業の適正化を図った。

⒁　不動産業界と地域コミュニティーデザインの最前線で活躍中のメンバーで構成される研究会を立ち上げ、不動産業・不動産管理業界が、地域の人々や他業界と「共創」しながら新たな地域価値を創造し、「幸せなくらし」を提供し続けるために今後果たすべき役割を提示した。

6　住宅取得対策の充実等

⑴　独立行政法人住宅金融支援機構（以下「住宅金融支援機構」という。）により、民間金融機関による長期・固定金利の住宅ローンの供給を支援するため、証券化支援事業（買取型及び保証型）を推進するとともに、同事業の枠組みを活用してフラット35Ｓによる金利引下げ等を実施した。

⑵　離職や疾病等のやむを得ない事由により住宅ローンの支払能力が低下している利用者が返済を継続できるよう支援するため、住宅ローン返済困難者対策を実施した。

⑶　勤労者財産形成貯蓄の残高保有者に対して低利・長期の住宅資金融資を行う勤労者財産形成持家融資制度を実施した。

⑷　消費税率の引上げによる負担増の緩和のため、住宅取得者の収入に応じ、最大50万円を給付するすまい給付金制度について、実施した。

⑸　令和３年度税制改正においては、以下の措置を講じた。

①　住宅ローン減税について、経済対策として、以下の措置を講じた。

現行の控除期間13年の措置について、契約期限と入居期限をともに１年延長した。

・契約期限（注文住宅は令和２年10月～令和３年９月、分譲住宅等は令和２年12月～令和３年11月）と入居期限（令和３年１月～令和４年12月）を満たす者に適用

・控除期間13年の措置の延長分については、合計所得金額1,000万円以下の者について、床面積要件を40㎡以上に緩和

②　住宅取得等資金に係る贈与税非課税措置について、経済対策として、以下の措置を講じた。

・令和３年12月までに住宅の取得等に係る契約をした場合、令和２年度の非課税限度額と同額（最大1,500万円）を措置

・令和３年１月以後の贈与について、合計所得金額1,000万円以下の者に限り、床面積要件を40㎡以上に緩和

③　買取再販事業者が既存住宅を取得し、住宅性能の一定の向上のための改修を行った後に住宅を再販売する場合の不動産取得税の特例措置について、適用期限を令和５年３月31日まで２年延長した。

・住宅部分の不動産取得税の課税標準について築年月日に応じて一定額を減額

・敷地部分の不動産取得税について一定の場合に税額から一定額を減額

④　サービス付き高齢者向け住宅供給促進税制について、適用期限を令和５年３月31日まで２年延長した。

・不動産取得税：課税標準から1,200万円控除等

・固定資産税：税額について５年間市町村が条例で定める割合（2/3を参酌）を減額

⑤　老朽化マンション等の再生を促進するため、「マンションの建替え等の円滑化に関する法律」（平成14年法律第78号）の改正に伴う税制上の所要の措置を講じた。

⑥　平成28年熊本地震及び平成30年７月豪雨に係る被災住宅用地等に係る課税標準の特例措置及び被災代替家屋に係る税額の特例措置について２年延長した（令和２年度分まで→令和４年度分ま

で）。

⑦　防災街区整備事業の施行に伴う新築の防災施設建築物に係る税額の減額措置について、適用期限を令和5年3月31日まで2年延長した。

7 良質な居住環境の形成等

⑴　土地区画整理組合等に対する無利子貸付金の貸付け等により、土地区画整理事業を支援した。

⑵　住宅建設・宅地開発に関連して必要となる道路、公園、下水道、河川等の関連公共施設の整備等を住宅市街地基盤整備事業により総合的に推進した。

⑶　「優良田園住宅の建設の促進に関する法律」（平成10年法律第41号）により、農山村地域、都市の近郊等における優良な住宅の建設の促進を図った。また、「集落地域整備法」（昭和62年法律第63号）の円滑な運用を推進し、市街地の周辺地域における良好な居住環境の確保を図った。

⑷　居住者の高齢化、住宅・施設の老朽化等の問題を抱えるニュータウンにおいて、バリアフリー化等の住宅・住環境の再整備など、安心で快適に居住できる住宅地として再生する取組を支援した。

　　また、ニュータウン等において地域における良好な環境や地域の価値を維持・向上させるための住民・事業主・地権者等による主体的な取組を推進するために、地方公共団体、民間事業者等から成る「住宅団地再生」連絡会議を開催し、推進の手法や取組事例などの情報提供及び意見交換等を行った。

⑸　地域住宅団地再生事業（用途規制の緩和手続やコミュニティバスの導入等に必要な許認可手続のワンストップ化等）をはじめ多様な建物用途の導入、地域公共交通の利便性向上等を通じた住宅団地の再生を図るなど、低未利用土地の発生抑制や適正な利用等を促進した。また、令和2年度より、住宅団地再生に係るハンズオン支援を開始し、地域住宅団地再生事業を含む住宅団地再生に係る取組に対する技術的助言等を実施した。

第6節　都市と緑・農の共生するまちづくりの推進

⑴　産学官の多様な主体が参画する「グリーンインフラ官民連携プラットフォーム」を令和2年3月に設立し、グリーンインフラの社会的な普及、技術に関する調査・研究、資金調達手法の検討等を進めた。また、「グリーンインフラ活用型都市構築支援事業」や「先導的グリーンインフラモデル形成支援」において、グリーンインフラの導入を目指す地方公共団体や民間事業者等を対象に、地域の特性に応じた技術的・財政的支援を実施した。さらに、生態系を活用した防災・減災の実装に向けた「生態系機能ポテンシャルマップ」の作成に係る調査検討を進めた。自然環境の持つ多様な機能を賢く利用するグリーンインフラの推進等を通じて、持続可能で魅力ある都市・地域づくりを促進し、土地・不動産の適正な利用を推進した。

⑵　潤いある豊かな都市環境の形成を図るための市民緑地認定制度やみどり法人制度、生産緑地や田園住居地域等の制度の周知を関係団体等と連携して行うことで、円滑な施行に努めるとともに、活用に際しての課題や対応方針等について調査検討を行った。また、都市農地の貸借の円滑化の制度について関係団体等と連携して周知を行い、制度の適切かつ円滑な運用に努めた。さらに、良好な都市環境の形成や農業の有する多様な機能の発揮に資する取組を支援するため、都市と緑・農が共生するまちづくりの推進に関する調査を実施した。

第7節　農地の適切な保全

⑴　農地の大区画化や排水対策、農業水利施設の整備等を行う農業競争力強化基盤整備事業等や、地方公共団体による農山漁村地域の基盤整備を支援する農山漁村地域整備交付金により、土地条件の改善

を推進した。

(2) 農業・農村の多面的機能の維持・発揮の促進に向けた取組を着実に推進するため、「農業の有する多面的機能の発揮の促進に関する法律」（平成26年法律第78号）に基づき、日本型直接支払制度の下で、多面的機能の維持・発揮を支える地域資源の保全管理を行う共同活動、中山間地域等における農業生産活動及び自然環境の保全に資する農業生産活動への支援を実施した。

(3) 農地の転用規制及び農業振興地域制度の適正な運用を通じ、優良農地の確保に努めた。

(4) 地域の徹底した話合いにより担い手への農地の集積・集約化を加速化させる観点から、対象の地域で人・農地プランを実質化する取組を推進した。

(5) 「農地中間管理事業の推進に関する法律等の一部を改正する法律」（令和元年法律第12号）の全面施行（令和2年4月）等により、全都道府県に設立されている農地中間管理機構を軌道に乗せることで担い手への農地の集積・集約化を進めた。

(6) 上記の取組に加え、農業者等による地域ぐるみの話合いを通じて荒廃農地の有効活用や低コストな肥培管理による農地利用（粗放的な利用）の取組を推進するとともに、「農地法」（昭和27年法律第229号）に基づく、農業委員会による利用意向調査・農地中間管理機構との協議の勧告等の一連の手続を活用して遊休農地の農地中間管理機構への利用権設定を進めることにより、遊休農地及び荒廃農地の発生防止・解消に努めた。

(7) 農業者の減少の加速化が見込まれる中、農業の成長産業化に向け、分散錯圃の状況を解消し、農地の集約化等を進めるとともに、人の確保・育成を図る措置を講ずることを内容とする「農業経営基盤強化促進法等の一部を改正する法律案」（令和4年3月8日閣議決定）を令和4年通常国会に提出した。

(8) 人口の減少、高齢化が進む農山漁村において、農用地の保全等により荒廃防止を図りつつ、活性化の取組を計画的に推進するための措置を講ずることを内容とする「農山漁村の活性化のための定住等及び地域間交流の促進に関する法律の一部を改正する法律案」（令和4年3月8日閣議決定）を令和4年通常国会に提出した

第8節　森林の適正な保全・利用の確保

(1) 森林の有する多面的機能の高度発揮のため、「森林法」（昭和26年法律第249号）に規定する森林計画制度に基づき、地方公共団体や森林所有者等の計画的な森林の整備について、指導・助言を行った。

(2) 水源の涵養、国土の保全などの森林の有する公益的機能を確保するために指定される保安林について、計画的な配備及び伐採・転用規制等の措置を通じた適正な管理を進めるとともに、荒廃地等の復旧整備、水土保全機能が低下した森林の整備などの治山対策による保全・管理を推進した。

(3) 林地の適正な利用を確保するため、都道府県知事が行う林地開発許可制度に関する処分及び連絡調整について、必要な助言等を行うとともに、違法な開発行為等への対応の徹底を図った。

(4) 我が国の森林面積の約3割を占め、国土保全上重要な奥地脊梁山脈や水源地域に広がっている国有林野は、人工林や原生的な天然林等の多様な森林生態系を有するなど、国民生活に重要な役割を果たしていることから、「国有林野の管理経営に関する基本計画」等に基づき、公益重視の管理経営を一層推進した。また、原生的な天然林や希少な野生生物の生育・生息の場となる森林である「保護林」、これらを中心としたネットワークを形成して野生生物の移動経路となる「緑の回廊」において、モニタリング調査等を行いながら適切な保全・管理を推進した。

さらに、世界自然遺産の「知床」、「白神山地」、「小笠原諸島」及び「屋久島」並びに世界自然遺産の推薦地である「奄美大島、徳之島、沖縄島北部及び西表島」の国有林野において、保全対策を推進

するとともに、世界文化遺産登録地等に所在する国有林野において、森林景観等に配慮した管理経営を行った。

(5) 「森林経営管理法」（平成30年法律第35号）に基づき、適切な経営管理が行われていない森林について、その経営管理を市町村や林業経営者に集積・集約化する森林経営管理制度を推進した。

第9節　環境保全等に係る施策の推進

(1) 環境基本計画は、「環境基本法」（平成5年法律第91号）に基づき環境の保全に関する総合的かつ長期的な施策の大綱等を定める計画であり、「第五次環境基本計画」（平成30年4月17日閣議決定）では、今後の環境政策の展開の方向として、特定の施策が複数の異なる課題をも統合的に解決するような、横断的な6つの重点戦略を掲げている。例えば、重点戦略のひとつである「国土のストックとしての価値の向上」では、自然との共生を軸とした国土の多様性の維持、持続可能で魅力あるまちづくり・地域づくり、環境インフラやグリーンインフラ等を活用した強靱性の向上といった環境に配慮するとともに、経済・社会的な課題にも対応するような国土づくりを行う必要があるとしている。

また、同計画では、各地域が自立・分散型の社会を形成しつつ、地域の特性に応じて資源を補完し支え合う「地域循環共生圏」の創造を推進することとしている。

令和3年度は、同計画に基づき、「地域循環共生圏」の創造を目指しながら、環境保全のための土地に関する施策を推進するとともに、各種の土地に関する施策、事業の策定・実施に当たって環境保全への配慮を行った。

また、土地に関する各種計画であって環境の保全に関する事項を定めるものについては、環境基本計画との連携を図った。

(2) 自然環境保全のための以下の土地に関する施策を行った。

① 「自然環境保全法」（昭和47年法律第85号）に基づく自然環境保全地域等の指定等及び管理の充実を推進した。

② 「自然公園法」（昭和32年法律第161号）に基づく自然公園の指定等及び管理の充実を推進した。

③ 「絶滅のおそれのある野生動植物の種の保存に関する法律」（平成4年法律第75号）に基づく生息地等保護区の指定等及び管理の充実を推進した。

④ 「鳥獣の保護及び管理並びに狩猟の適正化に関する法律」（平成14年法律第88号）に基づく鳥獣保護区等の指定等及び管理の充実を推進した。

⑤ 「都市緑地法」（昭和48年法律第72号）等に基づく特別緑地保全地区等における行為制限や土地の買入れ等を行った。

⑥ 「地域自然資産区域における自然環境の保全及び持続可能な利用の推進に関する法律」（平成26年法律第85号）に基づき、ナショナル・トラスト活動を促進した。

⑦ 自然保護のための民有地買上げを推進した。

(3) 工場立地が環境の保全を図りつつ適正に行われるようにするため、「工場立地法」（昭和34年法律第24号）に基づき、工場立地に関する調査を実施するとともに、個々の工場の敷地利用の適正化を図った。また、全国の工場適地に関する調査を行い、その結果を産業用地情報検索サイト「Ｊビジネス土地ナビ」で公開し、工場立地を検討している企業等への効果的な情報提供を行った。

(4) 交通公害の低減を図るため、以下の土地に関する施策を行った。

① 交通公害の低減を図るため、交差点の改良を行うとともに、交通管制技術の高度化を推進し、交通状況に応じた信号制御の導入による交通の円滑化、きめ細かな交通情報の提供による交通流・交通量の誘導及び分散、公共車両優先システムの導入によるマイカー需要の低減と交通総量の抑制等の諸対策を推進した。

② 「幹線道路の沿道の整備に関する法律」(昭和55年法律第34号)に基づき、道路交通騒音の著しい幹線道路の障害防止と、土地利用の適正化を促進した。

③ 「公共用飛行場周辺における航空機騒音による障害の防止等に関する法律」(昭和42年法律第110号)等に基づき、同法で指定する特定飛行場の周辺において建物等の移転補償、土地の買入れ、緑地帯の整備等を推進した。

④ 「防衛施設周辺の生活環境の整備等に関する法律」(昭和49年法律第101号)等に基づき、自衛隊や在日米軍の使用する飛行場等の周辺において建物等の移転補償、土地の買入れ、緑地帯その他の緩衝地帯の整備等を推進した。

⑤ 「新幹線鉄道騒音対策要綱」に沿って、新幹線鉄道とその沿線地域の土地利用との調和を推進した。

(5) 水質、水量など総合的な水環境保全を図り健全な水循環を維持又は回復するため、森林や農地の適切な維持管理、下水道の整備や合流式下水道の改善、都市域における緑地の保全・創出、河川・湖沼の水質浄化などの環境保全対策を推進した。

(6) 土壌環境保全対策として、以下の施策を行った。

① 土壌汚染対策については、「土壌汚染対策法」(平成14年法律第53号)に基づき、健康被害の防止の観点から、土壌汚染に関する適切な調査や対策の実施及び汚染土壌の適正な処理を推進した。

② 農用地の土壌汚染対策については、「農用地の土壌の汚染防止等に関する法律」(昭和45年法律第139号)に基づき、特定有害物質による農用地の土壌汚染を防止又は除去するための対策事業を実施した。

③ ダイオキシン類による土壌汚染対策については、「ダイオキシン類対策特別措置法」(平成11年法律第105号)に基づく施策を推進した。

(7) 「工業用水法」(昭和31年法律第146号)及び「建築物用地下水の採取の規制に関する法律」(昭和37年法律第100号)により、地下水採取規制を実施した。濃尾平野、筑後・佐賀平野及び関東平野北部の3地域については、関係機関と連携した地盤沈下防止等対策の実施状況の把握、地下水情報の共有化等について調査・検討し、総合的な対策を推進した。

(8) 中長期的な温室効果ガスの排出削減実現のための低炭素なまちづくりを進めるため、第2期「総合戦略」(2020改訂版)(令和2年12月21日閣議決定)の内容も踏まえ、「地球温暖化対策の推進に関する法律」(平成10年法律第117号)に基づく地方公共団体実行計画の策定・実施の推進や、「都市の低炭素化の促進に関する法律」(平成24年法律第84号)に基づく「低炭素まちづくり計画」や「都市再生特別措置法」に基づく「立地適正化計画」の作成や同計画に基づく取組に対して支援した。具体的には、地方公共団体実行計画の策定・実施の支援のための情報基盤の整備、再生可能エネルギーや自然資本の活用による災害に強く環境負荷の少ない都市構造への転換や、「低炭素まちづくり計画」や「立地適正化計画」に基づく財政措置や各種の税制等を活用し、都市機能の集約化とこれと連携した公共交通機関の一体的な利用促進、都市のエネルギーシステムの効率化による低炭素化、ヒートアイランド対策、都市緑化等を推進した。

(9) 「環境影響評価法」(平成9年法律第81号)に基づき、規模が大きく環境影響の程度が著しいものとなるおそれのある事業等について適切な審査の実施を通じた環境保全上の配慮の徹底に努めた。

第10節 文化財等の適切な保護及び良好な景観形成の推進等

(1) 歴史的な集落・町並みについては、市町村による伝統的建造物群保存地区の保存・活用に関し指導・助言を行うとともに、重要伝統的建造物群保存地区の選定(令和3年12月末現在、43道府県104市町村126地区)等を進めた。

(2) 遺跡、名勝地、動物・植物・地質鉱物については、史跡、名勝、天然記念物の指定及び登録記念物

の登録を進めるとともに、その保存と活用を図った。遺跡、名勝地、動物・植物・地質鉱物について、史跡、名勝、天然記念物の指定（令和4年3月末現在、史跡1,872件、名勝427件、天然記念物1,038件：特別史跡名勝天然記念物を含む）及び登録記念物の登録（令和4年3月末現在、125件）を進めるとともに、その保存と活用を図った。

⑶　人と自然との関わりの中で育まれた景観地について、重要文化的景観の選定（令和3年12月末現在、29都道府県66市区町村71件）を進めるとともに、その保存と活用を図った。

⑷　埋蔵文化財を包蔵する土地については、都道府県教育委員会等において遺跡地図の作成により周知を図るとともに、開発等の土地利用との調和を図りつつ適切な保護に向けた条件整備を行った。

⑸　地域の多様な文化財の総合的な保存・活用を図るため、地方公共団体が作成する「文化財保存活用地域計画」の認定（令和3年12月末現在、58市町）を推進した。

⑹　地域の歴史的な風情、情緒を活かしたまちづくりを推進するため、「地域における歴史的風致の維持及び向上に関する法律」（平成20年法律第40号）に基づき、歴史的風致維持向上計画の認定を進めるとともに（令和4年3月末現在87市町）、計画に基づく取組への支援を行った。また、良好な景観の形成や歴史的風致の維持・向上を推進するため、景観・歴史資源となる建造物の改修等の支援を行った。

⑺　良好な景観の形成への取組を総合的かつ体系的に推進するため、「景観法」（平成16年法律第110号）に基づき各種事務を行う地方公共団体である景観行政団体は令和4年3月末現在、798団体に増加し、景観計画は645団体で策定されている。「景観法」の基本理念の普及、良好な景観形成に関する国民の意識向上を目的とした各種の普及啓発活動を重点実施しており、このほかにも、多様な主体の参加に向けた景観に関する教育、法制度の効果的な活用の在り方や優良事例に関する情報提供等の取組を推進した。

第11節　適正な土地の管理の確保方策の推進

1　周辺に悪影響を与える管理不全の土地等に関する対策

⑴　公共事業によるハード整備等の対策や、空き地等に関する条例、空き家対策としての「空家等対策の推進に関する特別措置法」等に基づく取組など、地方公共団体等の取組を支援した。

⑵　鉄道用地外からの災害に対する事前防災及び早期復旧を推進するため、令和3年3月31日に公布された「踏切道改良促進法等の一部を改正する法律」（令和3年法律第9号）のうち、鉄道事業者が鉄道施設に障害を及ぼす植物等の伐採等を可能とする規定が令和3年11月1日に施行された。

⑶　所有者による適正な管理が行われていない土地への対応について、国土審議会土地政策分科会企画部会におけるとりまとめを踏まえ、周辺の地域における災害の発生や環境の著しい悪化を防止するため、市町村長による代執行等を可能とする「所有者不明土地の利用の円滑化等に関する特別措置法の一部を改正する法律案」（令和4年2月4日閣議決定）を令和4年通常国会に提出した。

2　民民関係での適正な土地の管理の確保（民事基本法制の見直し）

所有者不明土地の管理に特化した所有者不明土地管理制度の創設、土地の管理不全化に対応するための管理不全土地管理制度の創設、隣地等を円滑・適正に使用するための相隣関係規定の見直し等の民事基本法制の見直しを内容とする「民法等の一部を改正する法律」（令和3年法律第24号）が令和3年4月21日に成立し、同月28日に公布され、これらの規定の施行日は、令和5年4月1日とされた。

(1) 「所有者不明土地の利用の円滑化等に関する特別措置法」（平成30年法律第49号）（以下、「所有者不明土地法」という。）の適切な運用、円滑な事業の実施等の観点から、各ブロックにおいて、地方整備局等、法務局、地方公共団体、関係士業団体等を構成員とした連携協議会を活用し、制度の普及のための講演会・講習会の開催を行ったほか、モデルとなり得る先進事例への支援等を行った。これらの取組もあり、同法に基づく土地所有者等関連情報の利用及び提供については、平成30年11月15日の施行以降781件（令和3年12月末現在）行われ、地域福利増進事業についても、裁定申請が行われるなど、所有者不明土地の利用の円滑化が促進された。そのほか、法務局・地方法務局においては、「所有者不明土地法」に基づき、長期間にわたり相続登記がされていない土地の解消作業を進めた。

(2) 所有者が不明である農地について、農業委員会による探索・公示手続を経て、農地中間管理機構が利用権を取得できる制度等により、所有者不明農地の利用を促進する「農業経営基盤強化促進法等の一部を改正する法律」（平成30年法律第23号）について、その活用に向けた普及啓発を図った。

(3) 所有者の全部又は一部が不明であり、手入れが行き届いていない森林について、市町村に経営管理を行う権利を設定する特例が措置された「森林経営管理法」を円滑に運用するため、森林経営管理制度に係る事務の手引の説明等を通じ、地方公共団体の支援に努めた。また、同法の規定に基づき、共有者不明森林又は所有者不明森林に関する情報のインターネットの利用による提供等に努めた。

(4) 「表題部所有者不明土地の登記及び管理の適正化に関する法律」（令和元年法律第15号）の制定によって、歴史的な経緯により不動産登記簿の表題部所有者欄が正常に記録されていない登記を解消することを目的とした制度が創設されたところであり、当該制度の円滑な運用を図った。

(5) 共有者の一部が不明である土地を円滑・適正に利用するための仕組みや、ライフラインの導管等を設置するために他人の土地を使用することができる制度等の民事基本法制の見直しを内容とする「民法等の一部を改正する法律」（令和3年法律第24号）が令和3年4月21日に成立し、同月28日に公布され、これらの規定の施行日は、令和5年4月1日とされた。

(6) 相続登記の申請が義務化されていないことや特に価値の低い土地を相続した者には相続登記手続に対する負担感があることなどを背景として相続登記がされないまま放置された所有者不明土地が発生していることを踏まえ、相続登記の申請の義務化や登記手続の負担軽減策等の民事基本法制の見直しを内容とする「民法等の一部を改正する法律」（令和3年法律第24号）が令和3年4月21日に成立し、同月28日に公布された。

　　また、「民法等の一部を改正する法律の施行期日を定める政令」（令和3年政令第332号）により、相続登記の申請義務化関係の改正については、令和6年4月1日に施行されることとなった。

(7) 相続等により土地を取得した者が一定の要件の下で土地の所有権を手放して、国に土地を帰属させる制度の創設を内容とする「相続等により取得した土地所有権の国庫への帰属に関する法律」（令和3年法律第25号）が令和3年4月21日に成立し、同月28日に公布され、その施行は令和5年4月27日とされた。

(8) 令和2年度からの「第7次国土調査事業十箇年計画」に基づき、地籍調査の円滑化・迅速化を図り、所有者や境界等の土地に関する基礎的情報を明確化することで、所有者不明土地の発生抑制に貢献した。

(9) 令和元年12月に改訂した「所有者の所在の把握が難しい土地に関する探索・利活用のためのガイドライン」の更なる普及啓発等を行った。

(10) 「土地基本法」（平成元年法律第84号）に基づき、関係省庁が一体性を持って人口減少時代に対応した土地政策を迅速に講じることができるように策定された「土地基本方針」（令和3年5月28日閣議決定）について、土地に関する施策の進捗、社会情勢の変化を踏まえた変更を行った。

⑾　所有者不明土地の更なる増加が見込まれる中、その利用の円滑化の促進と管理の適正化が喫緊の課題となっているところ、市町村をはじめとする地域の関係者が行う施策を支える仕組みを盛り込んだ「所有者不明土地の利用の円滑化等に関する特別措置法の一部を改正する法律案」を令和4年通常国会に提出した。

第13節　安全保障等の観点に基づく土地利用に係る調査及び規制

「経済財政運営と改革の基本方針2020」（令和2年7月17日閣議決定）に「安全保障等の観点から、関係府省による情報収集など土地所有の状況把握に努め、土地利用・管理等の在り方について検討し、所要の措置を講ずる。」と記載されたことを踏まえ、「重要施設周辺及び国境離島等における土地等の利用状況の調査及び利用の規制等に関する法律」（令和3年法律第84号）が令和3年6月16日に成立し、同月23日に公布された。

第3章 土地の取引に関する施策

第1節 不動産取引市場の整備等

(1) 宅地建物取引における消費者利益の保護と宅地建物取引業の健全な発展を図るため、「宅地建物取引業法」（昭和27年法律第176号）の適正な運用に努めた。また、関係機関と連携しながら苦情・紛争の未然防止に努めるとともに、令和2年度は同法に違反した業者に対し計161件の処分（国及び都道府県の合計）を行った。

(2) 不動産流通市場の整備・活性化を進めるための施策を総合的に推進するため、以下の施策を行った。

① 「賃貸住宅の管理業務等の適正化に関する法律」（令和2年法律第60号）におけるマスターリース契約のルールについて、建設・不動産などの関係業界や賃貸住宅のオーナーへの周知を徹底し、マスターリース契約を巡るトラブルの未然防止を図った。

② 地方公共団体が把握・提供している空き地・空き家の情報について、横断的に簡単に検索することを可能とする「全国版空き家・空き地バンク」の活用促進を通じた需要と供給のマッチングにより、取引を促進した。

③ 不動産売買取引におけるITを活用した重要事項説明について、社会実験を踏まえた本格運用を開始するとともに、重要事項説明時に交付する書面の電磁的方法による交付等を可能とするため、令和3年5月に公布された「デジタル社会の形成を図るための関係法律の整備に関する法律」（令和3年法律第37号）により「宅地建物取引業法」の関連規定の改正を行い、施行に向けた検討を進めた。

④ 不動産関連情報の連携・蓄積・活用の促進や不動産DXを推進する上での基盤整備の一環として、各不動産の共通コードとしての「不動産ID」のルールに関するガイドラインを策定した。

⑤ 過去に人の死が生じた居住用不動産の取引に際して、宅地建物取引業者が取るべき対応に関し、「宅地建物取引業法」上負うべき義務の解釈について、現時点で一般的に妥当と考えられる「人の死の告知」に関する基準を整理し、「宅地建物取引業者による人の死の告知に関するガイドライン」を公表した。

(3) 行政と民間の専門家等により構成され、地域における相談体制の構築や空き地・空き家の情報共有をしつつ、土地の適正な利用・管理に向けたマッチング・コーディネート、土地所有者等に代わる管理などの機能を担う団体の取組や、空き家のリノベーション等による低未利用の不動産の再生の取組の全国展開による適正な土地の利用を推進した。（再掲）

(4) インスペクションの活用促進や、インスペクションが行われた既存住宅であること等を示す安心R住宅制度等を通じ、売主・買主が安心して取引ができる市場環境を整備し、既存住宅の流通を促進した。

第2節 不動産投資市場の整備

人口減少や少子高齢化といった課題に直面している中で、我が国の不動産市場において、国内外の資金を適切に活用し、都市における生産性の向上や地方の創生を図ることが、経済成長と国民生活の豊かさの実現のために必要となっている。これらの課題に対応するため、以下の施策を実施した。

⑴　不動産特定共同事業の意義・活用のメリットや好事例、成功のポイントをまとめた「不動産特定共同事業（FTK）の利活用促進ハンドブック」を作成・周知したほか、公的不動産（PRE）等の証券化に関する地方公共団体・事業者等のマッチングを促進するとともに、不動産証券化のモデル事業支援や土地・建物を賃借する不動産特定共同事業に係るモデル約款の検討を行った。

⑵　不動産分野におけるデジタル技術を活用した出資持分の売買等に係る国内外の事例・制度を調査するとともに、不動産特定共同事業におけるデジタル技術を活用した出資持分の売買に係る制度の在り方等についての検討を行った。

⑶　リート市場等の更なる拡大に向け、リート、特定目的会社及び特例事業者等が不動産を取得する場合における登録免許税及び不動産取得税の特例措置を延長するとともに、不動産特定共同事業においてより柔軟に事業が進められるよう、特例事業者等が不動産を取得する場合における登録免許税及び不動産取得税の特例措置について、適用要件の一部見直しを行い、民間の資金・アイディアを活用した老朽不動産の再生や公的不動産（PRE）の有効活用等を推進した。

⑷　環境不動産等の良質な不動産の形成を促進するため、耐震・環境不動産形成促進（Re-Seed）事業の適切な監督等に努め、耐震・環境性能に優れた良質な不動産の形成を促進し、地域の再生・活性化に資するまちづくり及び地球温暖化対策を推進した。

⑸　不動産のS（社会課題）分野における評価項目に関する中間とりまとめの公表や、企業によるTCFD（気候関連財務情報開示タスクフォース）提言に基づく情報開示の推進に向けた不動産分野TCFD対応ガイダンスの周知など、不動産分野へのESG[3]投資の促進に向けた環境整備を行った。

⑹　不動産価格の動向を適時・的確に把握するとともに不動産市場の透明性の向上を図る観点から、不動産価格指数（住宅・商業用不動産）、既存住宅販売量指数の継続的な公表を行うとともに、新たに法人取引量指数の公表を行った。また、地方公共団体が不動産に係るデータ等を面的に表示できるようにするために作成したガイドラインの周知を行い、地方における不動産市場の分析と、分析を元にした施策の支援を推進した。

第3節　土地税制における対応

　新型コロナウイルス感染症により打撃を受けた我が国経済の早期回復の実現や、土地取引の活性化、土地の有効利用の促進などの観点から、土地の取得、保有、譲渡それぞれの段階において、税制上の措置を講じた。

　なお、令和3年度税制改正において講じた主な措置は、以下のとおりである。

⑴　土地に係る固定資産税について、現行の負担調整措置等を3年間延長した上で、新型コロナウイルス感染症により社会経済活動や国民生活全般を取り巻く状況が大きく変化したことを踏まえ、納税者の負担感に配慮する観点から、令和3年度に限り、負担調整措置等により税額が増加する土地について前年度の税額に据置した。

⑵　土地等の取得に係る不動産取得税の課税標準及び税率の特例措置の適用期限を3年間延長した。

⑶　土地の所有権移転登記等に係る登録免許税の税率の特例措置の適用期限を2年間延長した。

第4節　不動産市場における国際展開支援

⑴　ASEAN（東南アジア諸国連合）諸国等の政府職員に対する研修などを通じて、我が国不動産企業の進出先におけるビジネス環境の改善に資する制度の整備・普及を支援した。

⑵　不動産分野の海外展開を官民のより一層緊密な連携の下で推進するため、海外不動産業官民ネットワーク（J-NORE）の2つの分科会（「不動産業の海外事業の環境整備に関する分科会」「不動産管理

---

[3] Environment（環境）、Social（社会）、Governance（ガバナンス）の略。

令和3年度土地に関して講じた基本的施策

業の海外進出の推進に関する分科会」）を活用し、官民での情報共有・課題整理等を実施した。両分科会ではベトナムを対象国とし、同国への不動産分野の海外展開を進める上での課題の分析、対応策の検討等を行った。

第5節　土地取引制度の適切な運用

　土地の投機的取引及び地価の高騰が国民生活に及ぼす弊害を除去し、適正かつ合理的な土地利用を確保するため、都道府県等において、「国土利用計画法」（昭和49年法律第92号）に基づく土地取引規制制度を運用しており、地域の実情を踏まえた運用（令和3年3月末現在、東京都小笠原村のみ監視区域を指定）を行った。また、これら土地取引規制制度の適切な運用を図るため、土地取引状況等を把握する土地取引規制基礎調査等を実施した。

第4章 土地に関する調査の実施及び情報の提供等に関する施策

第1節 国土調査の推進等

⑴ 市町村等が行う地籍調査について、令和2年度からの「第7次国土調査事業十箇年計画」に基づき、「国土調査法」（昭和26年法律第180号）等の改正により措置された所有者不明等の場合でも円滑に調査を進めるための手続や、都市部・山村部の地域特性に応じた効率的な調査手法の導入を促進しつつ、政策効果の高い地域での地籍調査を重点的に支援することにより、地籍調査を推進した。

特に、社会資本整備と連携した地籍調査を着実に実施するため、令和3年度に新たに創設された個別補助制度により、実施の見通しが確実な社会資本整備と一体となって行われる地籍調査を計画的かつ集中的に推進した。

また、山村部における空中写真、航空レーザ測量等のリモートセンシングデータの活用や都市部におけるMMS（モービルマッピングシステム）による計測データの活用などの地域特性に応じた先進的・効率的な地籍調査手法について、国が基礎的な情報を整備し、当該手法の適用事例・技術的課題への対応方法等を蓄積・普及することにより、市町村等における導入を推進した。

さらに、民間事業者や地方公共団体の公共事業部局等が作成する地籍調査以外の測量成果を、地籍調査と同等以上の精度を有するものとして地籍整備へ活用できるよう支援を行った。

このほか、地籍調査の円滑な推進のため、新制度や新手法の周知・普及を図るとともに、調査上の課題の克服に向けた助言を行う経験豊富な専門家を市町村に派遣するなど、市町村等への支援を行った。

⑵ 土地本来の自然地形や改変状況、災害履歴等の情報を整備・提供する土地履歴調査について、「第7次国土調査事業十箇年計画」に基づき、地方中枢・中核都市の人口集中地区及び周辺地域における調査を実施した。

⑶ 地下水に関する基礎的な情報として、全国の深井戸の情報を収集・整理した全国地下水資料台帳の整備・更新を行った。

⑷ 我が国の土地の所有・利用状況や取引の実態等を明らかにするための統計資料の作成・整備及び行政資料等の収集・分析を行った。特に、令和3年度は、5年周期の基幹統計調査「法人土地・建物基本調査」（令和5年実施予定）に向けて、調査手法や調査項目等の検討を行うため予備調査を実施した。

第2節 国土に関する情報の整備等の推進

⑴ 国土数値情報については、地価公示、都道府県地価調査等の更新を行うとともに、国土政策、土地・不動産政策や災害対策等に必要な情報の整備を進めた。また、これらの国土数値情報をウェブ上でダウンロードできるよう「国土数値情報ダウンロードサービス」のサイト改修、運用、拡充を行った。

⑵ 基盤地図情報、主題図、台帳情報、統計情報、空中写真等の地理空間情報を高度に活用できる社会の実現に向け、「地理空間情報活用推進基本計画」（平成29年3月24日閣議決定）に基づき、基盤地図情報をはじめとした社会の基盤となる地理空間情報の整備・更新や、G空間情報センターを中核とした地理空間情報の流通・利活用の推進、地理空間情報を活用した技術を社会実装するためのG空間

プロジェクトの推進を行った。また、産学官の連携によりＧ空間EXPO2021を令和３年12月に開催するなど知識の普及、人材の育成等を推進した。

(3)　基本測量に関する長期計画に基づき、国土の最も基盤的な情報インフラとなる地理空間情報の整備、流通、活用がもたらす新しい社会を実現するため、GNSS（Global Navigation Satellite System）（人工衛星を活用した全世界測位システム）を用いた電子基準点測量等の高精度な基準点測量、電子国土基本図の整備等を実施し、基盤地図情報の継続的な更新を図り、広く一般の利用に供した。

　　また、地理空間情報の活用を推進するため、測量成果等を統合的に検索・閲覧・入手することが可能となる地理空間情報ライブラリーを運用した。

　　さらに、公共測量において基盤地図情報の活用を進めるとともに高度化する測量技術に対応するため、作業規程の準則の改正に必要な検討を行うとともに、地方公共団体等における準用を促進するため、普及に努めた。

(4)「スマートシティ」をはじめとするまちづくりＤＸのデジタルインフラとなる３Ｄ都市モデルの整備・活用・オープンデータ化を行うプロジェクト「ＰＬＡＴＥＡＵ」を推進し、56都市の３Ｄ都市モデルを整備・オープンデータ化した。

第3節　土地に関する登記制度の整備

(1)　全国の都市部における地図混乱地域のほか、大都市や地方の拠点都市の枢要部等、地図整備の緊急性及び必要性が高い地域について、登記所備付地図作成作業を重点的かつ集中的に行った。

(2)　筆界特定制度により、紛争が生じている土地の筆界の特定を行った。

(3)「所有者不明土地法」に基づき、長期間にわたり相続登記等が未了となっている土地について、当該土地の相続人の探索や登記手続の簡略化等により、更なる相続登記の促進を図った。

(4)「表題部所有者不明土地の登記及び管理の適正化に関する法律」の制定によって、歴史的な経緯により不動産登記簿の表題部所有者欄が正常に記録されていない登記を解消することを目的とした制度が創設されたところであり、当該制度の円滑な運用を図った。（再掲）

(5)　相続登記の申請の義務化や登記手続の負担軽減等の民事基本法制の見直しを内容とする「民法等の一部を改正する法律」が令和３年４月21日に成立し、同月28日に公布された。

　　また、「民法等の一部を改正する法律の施行期日を定める政令」により、相続登記の申請義務化関係の改正については、令和６年４月１日に施行されることとなった。

(6)　不動産登記を中心にした登記簿と他の公的機関の台帳等との連携により、個人情報保護にも配慮しつつ、関係行政機関が土地所有者に関する情報を円滑に把握できる仕組みを構築することを目指し、検討を進めた。

第4節　不動産取引情報の推進等

(1)　地価公示は、一般の土地取引の指標、不動産鑑定評価の規準、公共事業用地取得価格の算定の規準となることが「地価公示法」（昭和44年法律第49号）で定められており、「土地基本法」第17条により、相続税評価額や固定資産税評価額の基準となっている。令和４年地価公示については、制度インフラとしての役割を果たすために、全国26,000地点の標準地について実施した結果に基づき、地価動向の分析結果の公表を行った。また、令和３年都道府県地価調査については、各都道府県知事が実施する結果に基づき、地価動向の分析結果の公表を行った。さらに、地価動向を先行的に表しやすい三大都市圏等の主要都市の高度利用地100地区について、四半期毎の地価動向の公表を「地価LOOKレポート」として行った。地価公示等について、地価の個別化・多極化に対応した調査方法の見直しを

行うなど、よりきめ細やかに地価動向を把握・発信した。

(2) 不動産取引価格等の調査は、平成17年度から三大都市圏の政令指定都市を中心に開始し、現在は全国に拡大して実施している。調査によって得られた情報は、標準地の公示価格の判定に役立てるとともに、個別の物件が容易に特定できないよう配慮して、取引された不動産の種類（土地、土地と建物、中古マンション等、農地、林地）別に所在地（大字又は町名まで）、取引価格、取引時期、面積、建物の用途・構造、最寄り駅等の情報を四半期別にとりまとめ、インターネット（土地総合情報システム）を通じて公表しており、令和3年度も、取引価格等の調査を実施し、得られた情報を公表した。平成18年4月の公表開始から令和4年3月末までの提供件数は約457万件となった。

(3) 不動産価格の動向を適時・的確に把握するとともに、不動産市場の透明性の向上を図るため、以下の取組を行った。

① 不動産価格指数（住宅・商業用不動産）、既存住宅販売量指数ともに昨年度と同様の頻度で公表を行った。

② 現在、試験運用を行っている不動産価格指数（商業用不動産）については、IMF（国際通貨基金）等の国際機関の動向を踏まえた検討等を行った。

③ 法人取引量指数を公表する等、多角的な指標の整備を推進した。

④ 地方公共団体が不動産に係るデータ等を面的に表示できるようにするためのガイドラインの周知を行った。

(4) 不動産鑑定評価の信頼性を更に向上させるため、不動産鑑定業者の能力に着目した業者選定に向けた依頼者への情報提供等の支援や、不動産鑑定業者に対し、法令及び不動産鑑定評価基準の遵守状況を検査する立入検査などを内容とする鑑定評価モニタリングを実施した。また、不動産鑑定評価基準等について、社会ニーズや環境の変化に的確に対応していくための検討を進めた。

(5) 適正な地価の形成及び課税の適正化を図るため、以下の措置を実施した。

① 固定資産税における土地の評価については、地価公示価格等の7割を目途としてその均衡化・適正化を図るとともに、地価動向等を適切に反映した評価に努めた。

② 土地の相続税評価については、評価時点を1月1日、評価割合を地価公示価格水準の原則8割としてその均衡化・適正化を図るとともに、地価動向等を適切に反映した評価に努めた。

(6) 「国土利用計画法」に基づく土地取引情報の把握等を行った。

第5節　災害リスク等についての情報の提供等の推進

(1) 社会のニーズに応じた防災・減災に資する浸水想定や地域の土地の災害履歴等の災害リスク情報、不動産価格情報、「空き家・空き地バンク」に関する情報などを地理空間上において活用可能とするための情報の整備・公開・活用の推進、三次元化等により都市情報を可視化する「i-都市再生」の技術開発等を通じ、土地の利用・管理・取引に関する施策の円滑な実施を促進した。

(2) 不動産分野におけるTCFD提言を踏まえた気候変動によるリスクと機会に関する情報開示を促進するため、不動産分野TCFD対応ガイダンスの周知を行った。

第5章 土地に関する施策の総合的な推進

第1節 国・地方公共団体の連携協力

(1) 具体的なPPP／PFI案件形成を促進するため、地域プラットフォームの全国への普及を促進した。その際、人口規模が小さい地方公共団体においても案件形成がなされるよう、また、地方企業の案件への参加が促進されるよう、全国の地方公共団体や、地元企業、地域金融機関の地域プラットフォームへの参画を促した。あわせて、専門家の派遣や地方公共団体職員・地域事業者向けの研修・セミナーの実施等による人材育成、官民対話の機会創出のほかに、市町村長との意見交換会を開催し、地方公共団体におけるPPP／PFIの案件形成を促した。（再掲）

(2) 「所有者不明土地法」の適切な運用、円滑な事業の実施等の観点から、各ブロックにおいて、地方整備局等、法務局、地方公共団体、関係士業団体等を構成員とした連携協議会を活用し、制度の普及のための講演会・講習会の開催を行ったほか、モデルとなり得る先進事例への支援等を行った。これらの取組もあり、同法に基づく土地所有者等関連情報の利用及び提供については、平成30年11月15日の施行以降781件（令和3年12月末現在）行われ、地域福利増進事業についても、裁定申請が行われるなど、所有者不明土地の利用の円滑化が促進された。そのほか、法務局・地方法務局においては、「所有者不明土地法」に基づき、長期間にわたり相続登記がされていない土地の解消作業を進めた。（再掲）

第2節 関連分野の専門家等との連携協力

(1) 都市再生機構において、その有するノウハウや技術を活かし、まちづくり事業に関する構想・計画策定に対する技術支援等を行った。（再掲）

(2) 地籍調査の円滑な推進のため、新制度や新手法の周知・普及を図るとともに、調査上の課題の克服に向けた助言を行う経験豊富な専門家を市町村に派遣するなど、市町村等への支援を行った。（再掲）

第3節 土地に関する基本理念の普及等

土地白書の公表や、10月の「土地月間」（10月1日は「土地の日」）に関する活動等を通じて、関係団体と連携しつつ、土地に関する基本理念の普及等を図るとともに、土地に関する各種施策・制度等の紹介を行った。特に、令和3年度以降は、今後の民事基本法制や「所有者不明土地法」の見直し等により土地に関する制度が変化していく中で、国民が身近な土地について考え、制度に関する理解が深まるきっかけとなるよう、「第1回『土地月間』ポスターコンテスト」を実施し、受賞作品を以下のとおり決定した。また、土地所有者向けに土地の適正管理に関連する法律の概要や相談窓口等をまとめたリーフレットの作成・配布等、広報活動の強化を行った。

大賞

作者
松下 ひまり さん
（まつした ひまり）
【徳島県】

優秀賞1

作者 後藤 愛織 さん
（ごとう まお）
【茨城県】

優秀賞2

作者 町田 武重 さん
（まちだ たけしげ）
【長野県】

こども特別賞1

作者 湯澤 愛結 さん
（ゆざわ まゆ）
【埼玉県】

こども特別賞2

作者 湯澤 愛緒 さん
（ゆざわ まお）
【埼玉県】

チカコウジくん特別賞

作者 比嘉 美里 さん
（ひが みさと）
【静岡県】

アプレイざるちゃんとコンさるくん特別賞

作者 近藤 晴香 さん
（こんどう はるか）
【秋田県】

第4節　資金・担い手の確保

⑴　行政と民間の専門家等により構成され、地域における相談体制の構築や空き地・空き家の情報共有をしつつ、土地の適正な利用・管理に向けたマッチング・コーディネート、土地所有者等に代わる管理などの機能を担う団体の取組を推進した。

⑵　民間の創意工夫と事業意欲を積極的に活用しつつ良好なまちづくりを進めていくため、MINTO機構の支援業務を推進した。具体的には、エリアマネジメントを行うまちづくりファンドを地域金融機関と共同で立ち上げ、複数のリノベーション事業等を連鎖的に進めた。あわせて、地方公共団体等のまちづくりファンドを通じて、クラウドファンディングを活用したまちづくり事業を支援し促進した。

　　また、地域金融機関等とともに出資等を通じて老朽ストックを活用したテレワーク拠点等の整備を支援するファンドを立ち上げ、アフターコロナに対応したまちづくりに対し、支援を行った。（再掲）

⑶　地域の価値向上を図り、土地の適正な利用に資するエリアマネジメント活動を推進するため、地域再生エリアマネジメント負担金制度について、制度の内容や必要な手続を解説したガイドラインを活用したコンサルティング等により、制度の活用を促進した。（再掲）

第6章 東日本大震災と土地に関する復旧・復興施策

第1節 土地利用関連施策

1 宅地関連施策

津波災害対策等の推進のため、以下の施策を実施した。
- (1) 被災市街地等において、被災者用住宅、福祉施設、商業施設等の一体的な整備を図るため、市街地再開発事業により、土地の整備、共同施設の整備等に対する支援を行った。
- (2) 福島県の原子力災害被災市町村において、福島復興再生拠点整備事業により、再生・復興の拠点となる市街地の形成を支援した。

2 農地関連施策

「「復興・創生期間」後における東日本大震災からの復興の基本方針」（令和元年12月20日閣議決定）等に基づき、農地・農業用施設の災害復旧及び除塩並びにこれと併せて行う区画整理等の事業を実施した。また、農業基盤の整備計画の策定や、区画整理、換地等に伴う農地集積のための農業者団体等による調査・調整活動への支援を行った。

3 土地利用再編等に向けた取組

「東日本大震災復興特別区域法」（平成23年法律第122号）の復興整備計画制度に基づき、許認可やゾーニングに係る手続のワンストップ処理、これらの許可に係る基準の緩和等の特例の活用を図り、復興に向けたまちづくり・地域づくりを進めていくために必要となる市街地の整備や農業生産基盤の整備等の各種事業の円滑かつ迅速な実施を促進した。これまでに、岩手県の12市町村、宮城県の15市町、福島県の13市町村において、復興整備協議会が組織され、そのうち岩手県の12市町村、宮城県の14市町、福島県の13市町村において、復興整備計画が公表された（令和3年12月末現在）。

第2節 住宅関連施策

1 災害公営住宅等の供給の支援

- (1) 自力での住宅再建・取得が困難な被災者に対して、地方公共団体が災害公営住宅を供給しており、家賃低廉化等に係る費用に対する支援及び譲渡に係る特例措置を講じた。
- (2) 福島第一原子力発電所事故に係る対応として、避難指示区域に居住していた方々（避難者や帰還者）に対して、地方公共団体が災害公営住宅を供給しており、その整備や家賃低廉化等に係る費用に対する支援及び入居者資格や譲渡に係る特例措置を講じた。

2 個人の住宅再建等への支援

- (1) 被災者の住宅再建等を支援するため、住宅金融支援機構による災害復興住宅融資について、金利の引下げや元金据置期間の延長等を行ったほか、宅地に被害が生じた場合についても支援するため、災害復興宅地融資を実施した。

(2) 住宅金融支援機構から貸付けを受けている被災者に対して、最長5年の払込みの猶予・返済期間の延長や、猶予期間中の金利の引下げ措置を実施し、支援を行った。

(3) 勤労者財産形成持家融資について、被災した勤労者が住宅の取得、補修のために勤労者財産形成持家融資を新たに受ける場合に、金利の引下げや元金据置期間を設定することができる特例措置を実施するとともに、既に勤労者財産形成持家融資を受けて返済中の勤労者に対し、罹災の程度に応じて、返済猶予、返済猶予期間中の金利の引下げ、返済期間の延長等の措置を実施した。

第3節　被災自治体による土地活用の取組の推進

　土地区画整理事業等による造成宅地や防災集団移転促進事業による移転元地等の活用について、計画段階から土地活用等の段階まで、ハンズオン支援により地域の個別課題にきめ細かく対応し、復興施策と一般施策とを連携させ、政府全体の施策の総合的な活用を図りながら、被災地方公共団体の取組を支援した。

第4節　土地情報関連施策

1 土地境界の明確化の推進

　東日本大震災及び平成28年熊本地震の被災地（岩手県、宮城県、福島県及び熊本県）において、復旧・復興の更なる推進に寄与するため、登記所備付地図作成作業を実施した。

2 適正な取引確保のための土地取引情報の提供

　被災地における適正な土地取引を確保するため、岩手県、宮城県、福島県及び仙台市の求めに応じて、土地取引の登記情報を宮城県、福島県及び仙台市に、取引価格情報を岩手県、宮城県、福島県及び仙台市に提供を行った。

第5節　税制上の措置

　東日本大震災の被災者等の負担の軽減及び復旧・復興へ向けた取組の推進を図る観点から、土地等の取得、保有、譲渡それぞれの段階において、必要な税制上の措置を講じた。

1 国税関係

(1) 住宅の再取得等に係る住宅ローン控除の特例措置（所得税）
(2) 被災市街地復興土地区画整理事業等に係る土地等の譲渡所得の課税の特例措置（所得税、法人税）
(3) 特定の資産（被災区域の土地等）の買換えの場合等の課税の特例措置（所得税、法人税）
(4) 被災者が取得した住宅取得等資金に係る特例措置（贈与税）
(5) 被災した建物の建替え等に係る免税措置（登録免許税）
(6) 被災した建物の代替建物の取得等に係る不動産の譲渡に関する契約書等の非課税措置（印紙税）
(7) 特定住宅被災市町村の区域内の土地等を地方公共団体等に譲渡した場合の2,000万円特別控除（所得税、法人税）

等

2 地方税関係

(1) 被災住宅用地に係る特例措置（固定資産税、都市計画税）

(2) 被災代替住宅用地等の特例措置（固定資産税、都市計画税）

(3) 被災代替家屋等の特例措置（固定資産税、都市計画税）

(4) 被災代替家屋等の取得に係る特例措置（不動産取得税）

(5) 被災代替家屋の敷地の用に供する土地等の取得に係る特例措置（不動産取得税）

等

第3部

令和4年度
土地に関する
基本的施策

第1章 土地の利用及び管理に関する計画の策定等

第1節 国土計画における適正な土地利用の推進

⑴　平成27年8月に閣議決定された「第五次国土利用計画（全国計画）」に基づき、適切な国土管理を実現する国土利用、自然環境と美しい景観等を保全・再生・活用する国土利用、安全・安心を実現する国土利用の3つを基本方針として、土地利用や国土管理に関する必要な検討や、各種指標等を活用した効果的な計画の推進を行うとともに、国土審議会計画部会において新たな国土利用計画の策定に向けた検討を進める。

　　また、全国計画を基本とする都道府県計画及び市町村計画の円滑な変更・推進のため、調査や情報提供等必要な措置を講じる。

　　さらに、人口減少下における国土の管理水準の低下が今後取り組むべき主要な課題として「国土利用計画（全国計画）」に位置付けられていることを踏まえ、人口減少下における適切な国土管理の在り方を示す「国土の管理構想」（令和3年6月）に基づき、モデル事業を通じて市町村や地域における取組等を推進する。

⑵　土地利用基本計画の適切な運用による適正かつ合理的な土地利用の推進を図る。また、土地利用規制に係る地図情報について土地利用調整総合支援ネットワークシステム（LUCKY：Land Use Control bacK-up sYstem）等により国民へ情報提供を行う。

⑶　「国土形成計画（全国計画）」（平成27年8月14日閣議決定）に基づき、以下の施策を行う。また、広域地方計画（平成28年3月国土交通大臣決定）に定められた、各ブロックの特性、資源を活かした広域連携プロジェクトを推進する。

①　人口減少や高齢化が著しい中山間地域等において、将来にわたって地域住民が暮らし続けることができるようにするため、各種生活サービス機能が一定のエリアに集約され、集落生活圏内外をつなぐ交通ネットワークが確保された拠点である「小さな拠点」の形成に向けた取組を推進する。

②　「地域経済牽引事業の促進による地域の成長発展の基盤強化に関する法律」（平成19年法律第40号）に基づき、引き続き、地域の特性を活かして地域経済を牽引する事業に対し、税制・金融・規制緩和等の措置により支援する。

③　広域ブロック相互を結ぶ道路・鉄道・港湾・空港等の国内交通基盤を総合的に整備・活用し、基幹的なネットワークや拠点の機能確保を推進する。

④　河川、道路、港湾、下水道の公共施設管理用光ファイバ及びその収容空間等を整備・開放する。また、新交通管理システム（UTMS）の推進等を図るため、プローブ情報を収集できる高度化光ビーコンをはじめとする交通安全施設等の整備を行う。

⑤　業務核都市においては、引き続き、業務施設の立地や諸機能の集積の核として円滑に整備が実施されるよう、必要な協力を行う。

⑥　「筑波研究学園都市建設法」（昭和45年法律第73号）に基づき、科学技術の集積等を活かした都市の活性等を目指し、筑波研究学園都市の建設を推進する。また、「関西文化学術研究都市建設促進法」（昭和62年法律第72号）に基づき、文化・学術・研究の新たな展開の拠点づくりを目指すため、平成19年度に変更した「関西文化学術研究都市の建設に関する基本方針」を踏まえ、関西文化学術研究都市の建設を推進する。

⑦　「国会等の移転に関する法律」（平成4年第109号）に基づき、関連する調査や国民への情報提供

等、国会における検討に必要な協力を行う。また、「国の機関等の移転について」（昭和63年1月22日閣議決定）及び「多極分散型国土形成促進法」（昭和63年法律第83号）等に基づき、残る移転対象機関について、円滑に移転が実施されるよう、その着実な推進を図る。
(4)　政府のデジタル田園都市国家構想を踏まえながら、デジタルを前提とした国土づくりを目指す新たな国土形成計画の策定に向け、国土審議会計画部会での検討を進め、令和4年夏に中間とりまとめを公表する。また、広域地方計画については、骨子とりまとめに向けた議論を進める。

第2節　都市計画における適正な土地利用の推進

(1)　都市計画区域ごとに定められている「都市計画区域の整備、開発及び保全の方針」（都市計画区域マスタープラン）について、社会情勢の変化等に対応した適切な運用を促進する。また、それぞれ独立した都市計画として位置付けられた「都市再開発の方針」、「住宅市街地の開発整備の方針」及び「防災街区整備方針」の策定を促進する。さらに、市町村が定める「市町村の都市計画に関する基本的な方針」（市町村マスタープラン）の策定を促進する。

(2)　市街化区域、市街化調整区域の区域区分制度や、用途地域、特別用途地区、特定用途制限地域等の地域地区制度、地区計画制度等の土地利用制度の適切な活用を引き続き推進する。また、人口減少や少子高齢化の進展の中で、居住者の健康・快適な暮らしや持続可能な都市経営を実現するため、市町村による「都市再生特別措置法」（平成14年法律第22号）に基づく立地適正化計画の作成を支援し、コンパクトシティの形成を促進する。

(3)　激甚化・頻発化する自然災害に対応するため、「都市再生特別措置法等の一部を改正する法律」（令和2年法律第43号）に基づき、災害ハザードエリアにおける新規立地の抑制、災害ハザードエリアからの移転の促進、立地適正化計画の居住誘導区域内での防災対策の促進を図ることにより、防災対策等とも連携した適正な土地利用を進める。

(4)　立地適正化計画と一体となった地域公共交通計画の策定と計画に係る事業を実施することにより、地方公共団体が中心となった地域公共交通ネットワークの形成を図り、コンパクトシティ施策と連携した適正な土地利用の誘導を促進する。

(5)　以下の市街地開発事業等を促進する。

①　防災対策の強化、土地の有効・高度利用の推進等の課題に対応して、土地区画整理事業を実施する。特に、集約型都市構造の実現に向けて、拠点的市街地等に重点をおいて事業を促進する。

②　市街地再開発事業等については、土地の合理的かつ健全な高度利用と都市機能の更新を誘導しつつ、特に「コンパクト＋ネットワーク」の推進や地震時等に著しく危険な密集市街地の解消等に重点をおいて事業を促進する。

③　住宅市街地総合整備事業により、既成市街地において、職住近接型の良質な市街地住宅の供給、美しい市街地景観の形成、公共施設の整備等を総合的に行い、良好な住環境の創出を図る。

④　「密集市街地における防災街区の整備の促進に関する法律」（平成9年法律第49号）に基づき施策を推進するとともに、総合的な環境整備を推進する密集市街地総合防災事業等により、道路等の基盤整備を推進しつつ、老朽化した建築物の建替え等を促進し、防災上危険な密集市街地における安全な市街地の形成を図る。

第3節　農業振興地域整備計画等による優良農地の確保と有効利用の取組の推進

優良農地の確保と有効利用の取組を推進するため、「農業振興地域の整備に関する法律」（昭和44年法律第58号）に基づく農業振興地域の指定及び農業振興地域整備計画の策定等を通じ、農業振興に関する施策を計画的に推進するとともに、「農業経営基盤強化促進法」（昭和55年法律第65号）、「農地中間管理事業の推進に関する法律」（平成25年法律第101号）等に基づき、人・農地プラン等を通じた農地の集積・集約化の促進及び農地の農業上の適正かつ効率的な利用を図る。

第4節　森林計画等による適正な利用・管理の推進

森林の適正な利用及び管理については、「森林法」（昭和26年法律第249号）に基づく森林計画制度等の運用を通じ、森林の有する多面的機能の十分な発揮を確保するための造林・間伐等の適切な推進を図るとともに、「森林経営管理法」（平成30年法律第35号）に基づく森林の経営管理の集積・集約化を進める。

令和４年度土地に関する基本的施策

第2章 適正な土地利用及び管理の確保を図るための施策

第1節 地方創生・都市再生の推進等

1 地方創生の推進

(1) 第2期「まち・ひと・しごと創生総合戦略」(2020改訂版)(令和2年12月21日閣議決定)に基づき、将来にわたって「活力ある地域社会」の実現と「東京圏への一極集中」の是正をともに実現するため、新型コロナウイルス感染症による意識・行動変容を踏まえたひと・しごとの流れの創出や、各地域の特色を踏まえた自主的・主体的な取組の促進といった基本的な方向性に則って、質の高い暮らしのためのまちの機能の充実など、地方創生の取組を進めていく。

また、デジタル技術の活用により、地域の個性を活かしながら、地方を活性化し、持続可能な経済社会の実現を目指すデジタル田園都市国家構想の実現に向け、デジタル田園都市国家が目指す将来像を見据えながら、中長期的に取り組んでいくべき施策について、デジタル田園都市国家構想実現会議において集中的に議論を進め、実行すべき具体的な構想を取りまとめる。さらに、本構想では、「デジタル基盤の整備」、「デジタル人材の育成・確保」、「地方の課題を解決するためのデジタル実装」及び「誰一人取り残されないための取組」の4つの視点から各施策を実施していく。

(2) 国・地方が一体となった地方創生の取組を推進するため、国家戦略特区、構造改革特区、総合特区、SDGs[1]未来都市、「環境未来都市」構想、都市再生、地域再生及び中心市街地活性化をはじめとする各般の施策を総合的・効果的に実現していくための取組を推進する。さらに、デジタル田園都市国家構想の実現に向けて、データの連携や先端的サービスの実施を通じて地域課題の解決を図るため、スーパーシティ型国家戦略特区とデジタル田園健康特区における規制改革を強力に推進する。

(3) 地域の価値向上を図り、土地の適正な利用に資するエリアマネジメント活動を推進するため、地域再生エリアマネジメント負担金制度について、制度の内容や必要な手続を解説したガイドラインを活用したコンサルティング等により、制度の活用を促進する。

(4) 多様な主体や施策と連携し、人口規模の小さな地域における住民の日常生活を支える生活サービス機能が一定のエリアに集約され、集落生活圏内外をつなぐネットワークが確保された拠点である「小さな拠点」の形成を図り、地域の活性化や持続可能性を高める観点からの適正な土地利用の確保を推進する。

2 都市再生の推進

(1) 都市再生緊急整備地域における都市再生を推進するため、以下の施策を行う。

① 「都市再生特別措置法」に基づき指定された都市再生緊急整備地域(令和4年3月末現在51地域)においては、税制措置や都市計画の特例等、一般財団法人民間都市開発推進機構(以下「MINTO機構」という。)がミドルリスク資金の調達を支援するメザニン支援業務といった各種支援措置の積極的活用を推進する。

また、都市再生緊急整備地域の候補となる地域を設定・公表することで、民間投資の一層の喚起や都市再生の質の向上を図る。

さらに令和4年度より、環境に配慮した民間都市開発事業に対する支援の充実化により都市の脱炭素化を推進する。

---

[1] Sustainable Development Goals(持続可能な開発目標)の略。

② 「特定都市再生緊急整備地域」（令和4年3月末現在15地域）においては、上述の都市再生緊急整備地域における支援措置に加え、下水の未利用エネルギーを民間利用するための規制緩和、都市再生緊急整備地域より深掘りされた税制措置などによる民間都市開発の支援により、引き続き都市再生を推進する。

さらに、国際競争拠点都市整備事業を活用し、地域の拠点や基盤となる都市拠点インフラの整備を重点的かつ集中的に支援する。

③ 特定都市再生緊急整備地域等においては、国際競争力強化に資する取組として、シティプロモーションに係る取組等の民間事業者による都市の国際競争力強化に資する事業に対する支援措置を引き続き講じる。

④ 都市再生緊急整備地域及び特定都市再生緊急整備地域の評価を実施し、指定地域や地域整備方針の見直しを図るとともに、地域整備方針の実施を推進する。

⑵ 全国都市再生を推進するため、以下の施策を行う。

① 社会資本整備総合交付金（都市再生整備計画事業）により、地域の創意工夫を活かした全国都市再生を引き続き推進する。特に、持続可能で強靱な都市構造の再編に向けて、立地適正化計画に基づき実施される取組等については、令和2年度創設の都市構造再編集中支援事業（個別支援制度）により集中的に支援する。

② 都市再生整備計画に記載された事業と一体的に施行される民間都市開発事業等について、支援措置の積極的活用を引き続き推進する。

③ 「都市再生特別措置法」に基づき、法律・予算・税制等による支援を行うことにより、まちなかにおける街路、公園、広場等の官民空間の一体的な修復・利活用等による「居心地が良く歩きたくなる」まちなかの創出を引き続き推進する。

④ 人々が集い、多様な活動を繰り広げる、賑わいのある道路空間を構築するための道路の指定制度（ほこみち（歩行者利便増進道路）制度）も活用し、道路空間の再構築、利活用を促進する。

⑶ 我が国の主要都市中心部の多くは、戦災復興土地区画整理事業等により街区が形成されており、現在の土地利用や交通基盤、防災機能に対するニーズ等に対して、街区の規模や区画道路の構造が十分には対応していない。これらの課題に対し、大都市の国際競争力の強化や地方都市の活性化、今日の土地利用ニーズを踏まえた土地の有効高度利用等を図るため、複数の街区に細分化された土地を集約し、敷地の一体的利用と公共施設の再編を促進する。

⑷ 都市機能の増進及び経済活力の向上を総合的かつ一体的に推進するため、内閣総理大臣による中心市街地活性化基本計画の認定を受けた区域において、市街地の整備改善、都市福利施設の整備、街なか居住の推進、経済活力の向上等に資する事業に対して支援を行う。

3 民間能力の活用の推進等

⑴ 都市再生緊急整備地域等における優良な民間都市開発事業を推進するため、認定民間都市再生事業計画等に基づく税制特例等の措置を引き続き講ずる。

⑵ 都市再生分野における民間の新たな事業機会を創出し、民間の潜在力を最大限に引き出すため、都市再生に民間事業者を誘導するための条件整備として、独立行政法人都市再生機構（以下「都市再生機構」という。）が計画策定、権利関係の調整等のコーディネート業務を行う。

⑶ 「PPP/PFI推進アクションプラン（令和3年改定版）」の目標の達成に向けて、以下の取組を実施する。

① PPP/PFI手法導入を優先的に検討する仕組みについて、引き続き、優先的検討規程の策定・運用状況の「見える化」、フォローアップ等を通じた人口規模に応じた課題・ノウハウの抽出と横展開により、策定済の地方公共団体における的確な運用、人口20万人以上で未策定の地方公共団体

における速やかな策定を図るとともに、地域の実情や運用状況、先行事例を踏まえ、人口20万人未満の地方公共団体への適用拡大を図る。また、PPP/PFIの経験の少ない地方公共団体や小規模の地方公共団体に裾野を拡大するために、導入可能性調査等の初期段階からの支援や実施主体の負担を軽減する導入検討手法の普及を図る。

② 具体的なPPP/PFI案件形成を促進するため、地域プラットフォームの全国への普及を促進する。その際、人口規模が小さい地方公共団体においても案件形成がなされるよう、また、地方企業の案件への参加が促進されるよう、全国の地方公共団体や、地元企業、地域金融機関の地域プラットフォームへの参画を促す。あわせて、専門家の派遣や地方公共団体職員・地域事業者向けの研修・セミナーの実施等による人材育成、官民対話の機会創出のほかに、市町村長との意見交換会を開催し、地方公共団体におけるPPP/PFIの案件形成を促す。

③ 地域プラットフォーム協定制度に基づき、既に協定を結んでいる地域プラットフォームに対して引き続き支援を行うとともに、新たに締結した地域プラットフォームについても支援を実施する。

(4) 民間の創意工夫と事業意欲を積極的に活用しつつ良好なまちづくりを進めていくため、MINTO機構の支援業務を引き続き推進する。具体的には、エリアマネジメントを行うまちづくりファンドを地域金融機関と共同で立ち上げ、複数のリノベーション事業等を連鎖的に進めていく。あわせて、地方公共団体等のまちづくりファンドを通じ、クラウドファンディングやふるさと納税等を活用したまちづくり事業を支援する。また、老朽ストックを活用したテレワーク拠点等の整備を行う者に出資等を行うまちづくりファンドにより、新型コロナウイルス感染症拡大を契機として、新たに求められる柔軟な働き方等の実現を推進していく。

さらに令和4年度より、環境性能の向上に資する設備の整備を支援対象に加え、都市の脱炭素化を推進する。

(5) 空中及び地下の利用を促進するため、以下の施策を行う。
① 立体道路制度の積極的な活用を促進する。
② 駅における自由通路等の公共的空間の整備を促進する。
③ 共同溝の整備等を促進する。
④ 無電柱化推進計画に基づき、無電柱化を促進する。
⑤ 地下放水路、地下調節池などの整備を促進する。
⑥ 雨水の貯留浸透など流出抑制型の下水道施設の整備を促進する。
⑦ 立体都市公園制度の活用を促進する。

(6) 大深度地下の利用については、大深度地下使用制度に関する内容をウェブサイトに掲載する等、大深度地下の適正かつ合理的な利用を図る。

第2節　災害に強いまちづくりの推進

(1) 災害に強い都市の整備を推進するため、以下の施策を行う。
① 「密集市街地における防災街区の整備の促進に関する法律」(平成9年法律第49号)に基づき施策を推進するとともに、総合的な環境整備を推進する密集市街地総合防災事業等により、道路等の基盤整備を推進しつつ、老朽化した建築物の建替え等を促進することで、防災上危険な密集市街地において安全な市街地の形成を図る。
② 防災上危険な密集市街地の解消や都市基盤施設をより一層整備するため、土地区画整理事業を推進する。
③ 都市防災総合推進事業について、南海トラフ巨大地震をはじめとする大規模地震に備えた津波対策、被災地の復興まちづくりに対する支援等、都市の防災対策を総合的に推進する。

④　市街地再開発事業等による建築物の不燃化・耐震化、避難地・避難路の整備による市街地の防災安全性の向上、防災活動拠点整備による災害応急対策への対応等、安全・安心なまちづくりを推進する。

⑤　大地震時等における宅地の滑動崩落及び液状化による被害を防止するため、宅地耐震化推進事業により変動予測調査及び防止対策の実施を推進する。

⑥　人口・都市機能が集積する大都市の主要駅周辺等においては、大規模な地震が発生した場合における滞在者等の安全の確保と都市機能の継続を図るため、官民協議会による都市再生安全確保計画等の策定や計画に基づくソフト・ハード両面の取組に対する支援を継続する。

⑦　都市の弱みである災害脆弱性への対応を図るため、国際競争業務継続拠点整備事業等により、災害時の業務継続性を確保するためエネルギーの面的ネットワークの整備を推進する。

(2)　住宅市街地の整備による防災性の向上を推進するため、以下の施策を行う。

①　既成市街地において、道路整備と一体的に沿道の建築物を耐火建築物等へ建替え、延焼遮断帯を形成することを中心とした安全で快適な拠点住宅地の形成や防災上危険な密集市街地の整備改善など住宅市街地の再生・整備を総合的に行うため、住宅市街地総合整備事業や密集市街地総合防災事業等を推進する。

②　災害の危険性が高い不良住宅の密集する地区において、防災性を向上するため、良質な従前居住者用住宅の建設、地区施設及び生活道路等の整備を行う住宅地区改良事業等を推進する。

(3)　緊急輸送道路として実働部隊が迅速に活動できるよう、代替性確保のためのミッシングリンクの解消、渡河部の橋梁や河川に隣接する道路構造物の流失防止対策、橋梁の耐震化、道路法面・盛土の防災対策、倒壊による道路閉塞を回避するための無電柱化等を推進する。また、道路高架区間等を津波等からの緊急避難場所として活用できるよう、施設整備を行う。

(4)　近年の水災害の激甚化・頻発化を踏まえ、流域のあらゆる関係者が協働して流域全体で治水対策に取り組む「流域治水」の考え方に基づき、以下の施策を行う。

①　都市における浸水被害を軽減するため、集中豪雨の頻発や地下空間利用の進展を踏まえ、浸水実績のある地区又は一定規模の浸水被害のおそれのある地区において、下水道幹線や雨水貯留浸透施設等のハード整備に加え、ハザードマップの公表やリアルタイムの降雨情報、下水道幹線の水位等の災害情報の提供によるソフト対策、さらに、地下街の入口等における止水板の設置や災害情報を活かした住民自らによる取組など総合的な浸水対策を重点的に推進する。また、住宅地等においてもシミュレーション等による浸水対策計画の策定、既存施設を最大限活用した下水道整備を推進する。

　　地方公共団体による浸水被害対策区域の指定等を促進するとともに、民間等による雨水貯留浸透施設等の整備を促進し、流出抑制対策を推進する。

　　また、大規模な地震時でも、防災拠点におけるトイレ機能や下水処理場における消毒機能等、地震時に下水道が果たすべき機能を確保し、住民の健康や社会活動への影響を軽減するため、防災拠点と下水処理場を結ぶ管路施設や水処理施設の耐震化等の「防災」、被災を想定して被害の最小化を図る「減災」を組み合わせた総合的な地震対策を推進する。

②　水害を未然に防ぐ予防的治水対策や、激甚な被害を受けた地域や床上浸水が頻発している地域を対象とした再度災害防止対策を推進する。また、想定最大規模の降雨による浸水想定区域（河川が氾濫した場合に浸水が想定される区域）の指定・公表、関係市町村のハザードマップ作成のための支援に取り組むとともに、身近な河川の切迫性のある情報をきめ細やかに伝えるための危機管理型水位計や簡易型河川監視カメラの設置や、国土交通省「川の防災情報」ウェブサイトを通じた河川水位・雨量等の防災情報のリアルタイムな提供など、ハード・ソフト両面から災害に強いまちづくりを推進する。

一方、治水施設の整備には長時間を要し、整備途上で災害が発生する危険性がある。そのため、土地利用の状況に応じて輪中堤の整備や宅地の嵩上げ等の減災対策を推進する。

③　総合治水対策特定河川流域において、国、都道府県、市町村の河川担当部局と都市・住宅・土地等の関係部局からなる流域総合治水対策協議会で策定された流域整備計画に基づき、流域の適正な土地利用の誘導、雨水の流出抑制等を推進する。

④　「特定都市河川浸水被害対策法」（平成15年法律第77号）に基づき指定された特定都市河川流域において、土地からの流出雨水量を増加させるおそれのある行為に対する対策工事の義務付けなどを行うとともに、河川管理者、下水道管理者及び地方公共団体によって共同で策定された流域水害対策計画に基づき、流域一体となった浸水被害対策を推進する。

⑸　令和3年5月10日に公布され、同年11月1日に全面施行された「特定都市河川浸水被害対策法等の一部を改正する法律」（令和3年法律第31号。通称「流域治水関連法」）に基づき、流域治水の計画・体制の強化や、氾濫をできるだけ防ぐための対策、被害対象を減少させるための対策、被害の軽減、早期復旧、復興のための対策の推進を行う。

⑹　局地的な大雨（いわゆるゲリラ豪雨）等による浸水被害に対応するため、河川管理者及び下水道管理者による河川と下水道の整備に加え、住民（団体）や民間企業等の参画の下、浸水被害の軽減を図るために実施する取組を定めた計画である「100mm（ミリ）/h安心プラン」に基づき、住宅や市街地の浸水被害の軽減対策を推進する。

⑺　近年、洪水・内水・高潮等により浸水被害が多発している。これらの浸水被害に対応した避難体制等の充実・強化を図るため、「水防法」（昭和24年法律第193号）に基づき、想定し得る最大規模の洪水・内水・高潮に係る浸水想定区域の指定を推進するとともに、三大湾及び地下街を有する都市等の地方公共団体と連携して、内水・高潮に係る浸水想定区域及び水位周知下水道・水位周知海岸の指定を促進する。

⑻　土砂災害対策を推進するため、以下の施策を行う。

①　土砂災害による被害の防止・軽減を図るため、土砂災害防止施設の整備によるハード対策を実施するとともに、砂防指定地等における行為制限や、「土砂災害警戒区域等における土砂災害防止対策の推進に関する法律」（平成12年法律第57号）に基づく土砂災害特別警戒区域における特定開発行為に対する許可制度等のソフト対策を促進し、総合的な土砂災害対策を実施する。

　　また、同法に基づき都道府県が行う土砂災害警戒区域等の指定を促進するとともに、警戒避難体制の充実・強化を図るため、市町村による土砂災害に係るハザードマップの作成・公表の推進とその進捗状況の把握、避難訓練の推進等を実施し、地方公共団体と連携しながら、住民の防災意識の高揚と災害への備えの充実を図る。

　　火山噴火に対しては、「活動火山対策特別措置法」（昭和48年法律第61号）の改正を踏まえ、火山防災協議会において噴火に伴う土砂災害の観点から火山ハザードマップの検討を行うとともに一連の警戒避難体制の検討に参画する。

②　山麓斜面に市街地が接している都市において、土砂災害に対する安全性を高め緑豊かな都市環境と景観を保全・創出するために、市街地に隣接する山麓斜面にグリーンベルトとして一連の樹林帯の形成を図る。

⑼　災害時における緊急物資輸送や支援部隊の展開等の拠点として、耐震強化岸壁や広場等から成る臨海部の防災拠点の整備を推進する。

⑽　災害の発生時に住民の安全が確保できるよう、防災機能の向上を図り、災害等に強い安全なまちづくりを促進するため、防災基盤整備及び公共施設等の耐震化などの防災対策事業を促進する。

⑾　海岸保全施設等のハード対策と併せて、「津波防災地域づくりに関する法律」（平成23年法律第123号）に基づいた津波浸水想定の設定、推進計画の作成、津波災害警戒区域等の指定、避難施設の指定

や管理協定の締結等を促進し、ハード・ソフト施策を組み合わせた多重防御による津波防災地域づくりを推進する。

⑿　市町村等が行う地籍調査について、令和２年度からの「第７次国土調査事業十箇年計画」（令和２年５月26日閣議決定）に基づき、災害後の迅速な復旧・復興等に資するものを重点的に支援し、地域における災害対応力の向上を図る。また、「防災・減災、国土強靱化のための５か年加速化対策」（令和２年12月11日閣議決定）に基づき、今後土砂災害が発生する可能性が高いエリア（土砂災害特別警戒区域等）のうち、特に緊急性が高い地域で行われる地籍調査を重点的に支援する。

⒀　東日本大震災の被災地や今後生じ得る大規模な災害の被災地において、「大規模な災害の被災地における借地借家に関する特別措置法」（平成25年法律第61号）を適用するニーズが存在すれば、同法を適用し、借地借家に関する特別措置を講ずる。

⒁　土地の用途に関わらず全国一律の基準により、人家等に被害を及ぼしうる盛土等の行為を都道府県知事等の許可の対象とし、安全性を確保するとともに、土地所有者や盛土等の行為者の責任の明確化、罰則の強化等の措置を講ずる「宅地造成等規制法の一部を改正する法律」（令和４年法律第55号）が令和４年５月に公布されたところであり、引き続き、円滑な施行に向けて、運用ガイドラインの策定・周知や都道府県等に対する助言等を行う。

第3節　低未利用土地の利用促進等

⑴　譲渡価額が低額であるため取引に係るコストが相対的に高い低未利用土地等を譲渡した場合の個人の譲渡所得に係る税制特例措置により、売主の取引に当たっての負担感を軽減し売却するインセンティブを付与することで譲渡を促し、新たな利用意向を示す者による適正な利用・管理を促進する。

⑵　令和４年４月27日に成立し、５月９日に公布された「所有者不明土地の利用の円滑化等に関する特別措置法の一部を改正する法律」（令和４年法律第38号）で指定制度が創設された所有者不明土地利用円滑化等推進法人をはじめとする、行政と民間の専門家等により構成され、地域における相談体制の構築や空き地・空き家の情報共有をしつつ、土地の適正な利用・管理に向けたマッチング・コーディネート、土地所有者等に代わる管理などの機能を担う団体の取組や、空き家のリノベーション等による低未利用の不動産の再生の取組の全国展開による適正な土地利用を推進する。

⑶　地方公共団体が把握・提供している空き地・空き家の情報について、横断的に簡単に検索することを可能とする「全国版空き家・空き地バンク」の活用促進を通じた需要と供給のマッチングにより、低未利用の土地・不動産の取引を促進する。

⑷　農山漁村への移住ニーズを取り込む観点から、「農地付き空き家」等の円滑な取得支援を行うことにより、農村地域において低未利用土地の適正な利用を促進する。

⑸　小規模不動産特定共同事業の活用促進、クラウドファンディングに対応した環境整備、不動産特定共同事業に係る税制特例措置等を通じた地域における小規模不動産の再生等により、適正な低未利用の土地・不動産の取引・利用を促進する。

　　また、クラウドファンディングなどによる特定の地域の発展や個々の活動を期待する「志ある資金」等を活用し、地域の土地・不動産を再生する事業に対する円滑な資金調達を促進する。

⑹　低未利用土地の集約等と併せて公益施設や都心居住に資する住宅等の立地誘導を図る土地区画整理事業及び敷地の集約化を主眼とした敷地整序型土地区画整理事業を推進する。

⑺　土地の高度利用を推進するため、換地の特例制度である高度利用推進区及び市街地再開発事業区を活用した土地区画整理事業を推進する。

⑻　平成28年に創設された低未利用土地利用促進協定制度を活用し、市町村や都市再生推進法人等が所有者等に代わり低未利用の土地、建築物を有効かつ適切に利用する取組を推進する。

(9) 都道府県等において、一定の要件を満たす低未利用土地について遊休土地である旨の通知等を行う「国土利用計画法」（昭和49年法律第92号）に基づく遊休土地制度の的確な運用に努める。

(10) 低未利用土地の有効利用を促進するため「公的不動産（PRE²）ポータルサイト」（http://www.mlit.go.jp/totikensangyo/totikensangyo_tk5_000102.html）において民間活用等に積極的な地方公共団体等が公表しているPRE情報を一元的に集約し公開する。

(11) 公園が不足する地域等において、民間主体が都市の空き地等を住民の利用に供する緑地（市民緑地）として設置・管理する市民緑地認定制度やみどり法人（緑地保全・緑化推進法人）制度等の活用を推進する。

　また、地方公共団体や民間事業者等が進める低未利用土地におけるグリーンインフラの活用を技術的・財政的支援等を通じて推進し、持続可能で魅力ある都市・地域づくりを促進する。さらに、生態系を活用した防災・減災の実装に向けた「生態系機能ポテンシャルマップ」の作成方法や活用方策等の技術的な情報をまとめた自治体職員向けの手引きを策定し、その情報発信に努める。

(12) 都市再生機構において、都市再生のための条件整備として低未利用土地等の土地の整形・集約化及び基盤整備を行う。

(13) 平成30年に創設された換地の特例制度である誘導施設整備区を活用し、低未利用土地の集約と併せて医療・福祉施設等の誘導施設の整備を図る土地区画整理事業（空間再編賑わい創出事業）を推進する。

(14) 都市内部で空き地・空き家等の低未利用土地がランダムに発生する「都市のスポンジ化」に対応するため、平成30年度に創設された低未利用土地の集約再編や利用促進を図るための制度（低未利用土地権利設定等促進計画、立地誘導促進施設協定等）の利用促進を図る。

(15) 都市の再構築を実現するため、基盤整備やオープンスペースの整備を伴う優良プロジェクトに対する容積率等の特例制度の活用などにより、既成市街地の有効・高度利用を促進する。

(16) 「臨海部土地情報」（http://www.mlit.go.jp/kowan/kowan_tk4_000018.html）により、臨海部の土地利用状況や未利用地等に関する情報提供を実施する。

第4節　国公有地の利活用等

1　国公有財産の最適利用の推進

(1) 「新経済・財政再生計画改革工程表2021」（令和3年12月経済財政諮問会議決定）において、国公有財産の最適利用を推進することとされたように、地方公共団体等と連携しながら、一定の地域に所在する国公有財産等の情報を共有し、地方公共団体等の意見も尊重しつつ、各地域における国公有財産の最適利用について調整を行う。

　庁舎については、既存庁舎の効率的な活用を推進するとともに、老朽化等により建替えを要する場合は、利用者の利便性向上に十分配慮しつつ、移転・集約化等を推進する。

(2) 未利用国有地については、売却等を通じて国の財政に貢献するとともに、地域や社会のニーズに対応した有効活用を図る。具体的には、地域や社会のニーズに対応した有効活用を推進するため、まちづくりに配慮した土地利用を行いつつ、民間の企画力・知見を具体的な土地利用に反映させる入札などの手法の活用も行うほか、「今後の国有財産の管理処分のあり方について」（令和元年6月14日財政制度等審議会答申）に基づき、将来世代におけるニーズへの対応のため所有権を留保する財産や、保育・介護等の人々の安心につながる分野で利用を行う財産については、定期借地権による貸付けを行う。また、管理コスト低減に向け、積極的な情報発信による買い手の探索や一時貸付け等の暫定活用の取組を進めるとともに、売却に至らない財産等へ優遇措置を適用するなど、管理処分手法の多様化

---

2 Public Real Estate（公的不動産）の略。

を図る。

(3) 「コロナ克服・新時代開拓のための経済対策」（令和3年11月19日閣議決定）を踏まえ、庁舎等の国有財産を新型コロナウイルス感染症のワクチン接種等のための施設として、地方公共団体等に対して無償提供し、新型コロナウイルス感染症の拡大防止に取り組む。また、2050年カーボンニュートラルの実現に向けて、庁舎等の国有財産を民間事業者による太陽光発電設備や電気自動車向け充電設備等の設置場所として提供し、国有財産の新たな活用策に取り組む。

2 公有地の計画的な取得等

公共投資の円滑な実施に資するとともに、地方公共団体等による計画的な公共用地の先行取得を支援する等のため、以下の施策を引き続き実施する。

① 公共用地先行取得等事業債について、所要の資金の確保を図る。

② 公有化が必要と認められる森林等を取得するための経費を地方債の対象とし、当該経費に対して地方交付税措置を講ずる。

③ 地方公共団体における公共用地取得の迅速化に向けて、用地業務に関する情報提供等の支援を引き続き推進する。

④ 公共用地の取得に係る土地の譲渡等について、引き続き税制上の所要の措置を講じる。

⑤ 都市開発資金の活用により、大都市等において、計画的な都市整備を図るために必要な用地を先行取得するための資金の融資を引き続き行う。

第5節 住宅対策の推進

1 住生活基本計画の推進

「住生活基本計画（全国計画）」（令和3年3月19日閣議決定）において、「社会環境の変化」「居住者・コミュニティ」「住宅ストック・産業」の3つの視点から設定した8つの目標（①「新たな日常」やDXの進展等に対応した新しい住まい方の実現、②頻発・激甚化する災害新ステージにおける安全な住宅・住宅地の形成と被災者の住まいの確保、③子どもを産み育てやすい住まいの実現、④多様な世代が支え合い、高齢者等が健康で安心して暮らせるコミュニティの形成とまちづくり、⑤住宅確保要配慮者が安心して暮らせるセーフティネット機能の整備、⑥脱炭素社会に向けた住宅循環システムの構築と良質な住宅ストックの形成、⑦空き家の状況に応じた適切な管理・除却・利活用の一体的推進、⑧居住者の利便性や豊かさを向上させる住生活産業の発展）に基づき、必要な施策を推進していく。

2 公的賃貸住宅等の供給の促進

高齢者世帯、障害者世帯、子育て世帯等各地域における居住の安定に特に配慮が必要な世帯に対して、公営住宅、地域優良賃貸住宅、都市再生機構賃貸住宅、サービス付き高齢者向け住宅等の良質な賃貸住宅の供給促進を図る。特に既存ストック・民間活力の重視による効率的な供給を推進し、引き続き民間賃貸住宅を活用したセーフティネット登録住宅を推進するとともに、登録住宅の改修や入居者負担の軽減等への支援を行う。

3 大都市を中心とした市街地住宅供給の積極的推進

(1) 住宅建築・宅地開発に関連して必要となる道路、公園、下水道、河川等の関連公共施設の整備等を住宅市街地基盤整備事業により総合的に推進する。

また、防災性の向上、市街地環境の整備、土地の合理的利用等を図りつつ、市街地住宅の供給を促

進するため住宅市街地総合整備事業等を推進する。

(2) 都市再生機構において、その有するノウハウや技術を活かし、まちづくり事業に関する構想・計画策定に対する技術支援等を行う。

4 既成市街地の再整備による良好な居住空間の形成

既成市街地において、快適な居住環境の創出、都市機能の更新、密集市街地の整備改善、職住近接型の住宅供給による街なか居住の推進等を図るため、住宅市街地総合整備事業、優良建築物等整備事業等を推進する。また、地域において福祉施設や医療施設、子育て支援施設等の整備を進めるため、地方公共団体や都市再生機構、地方住宅供給公社、民間事業者等の多様な主体が連携して、既存住宅団地の地域居住機能を再生する取組や、スマートウェルネス住宅の実現に資する取組に対して支援を行う。

5 良質な住宅ストック等の形成及び住宅ストック等の有効活用

(1) 長期にわたって使用可能な質の高い住宅ストックを形成するため、長期優良住宅の普及等を引き続き促進する。

(2) 戸建住宅等における建築士から建築主への説明義務制度の創設等の措置を盛り込み、令和3年4月1日に施行された「建築物のエネルギー消費性能の向上に関する法律の一部を改正する法律」（令和元年法律第4号）について、引き続き周知徹底を図るとともに、省エネ性能に優れた住宅の整備や表示制度の普及を図る。

　　さらに、建築物分野での省エネ対策の加速、木材利用の促進を図るため、「脱炭素社会の実現に資するための建築物のエネルギー消費性能の向上に関する法律等の一部を改正する法律案」（令和4年4月22日閣議決定）を令和4年通常国会に提出したところであり、引き続き、法制化に向けて取り組む。

(3) 住宅ストックの質の向上を図るため、劣化対策・省エネ改修等を総合的に行い住宅の長寿命化を図る長期優良住宅化リフォームに対する支援を実施する。

(4) 「建築物の耐震改修の促進に関する法律」（平成7年法律第123号）に基づく、不特定多数の者が利用する大規模建築物、災害時の機能確保が必要な避難路の沿道建築物等に対する耐震診断の義務付け等により耐震化を促進するとともに、耐震診断義務付け対象建築物について、重点的かつ緊急的な支援を行う。

(5) マンションの管理の適正化及び再生の円滑化を図るため、老朽化マンションの再生検討から長寿命化に資する改修等のモデル的な取組に対する支援、地方公共団体によるマンションの実態把握や再生に向けた取組への支援及びリバースモーゲージ方式の融資等による資金調達について支援を行うとともに、管理適正化に係る先駆的な取組等への支援を引き続き実施する。

(6) 「マンションの管理の適正化の推進に関する法律及びマンションの建替え等の円滑化に関する法律の一部を改正する法律」（令和2年法律第62号）の全面施行（令和4年4月）に伴い、新たに創設された制度の円滑な運用のため、都道府県等によるマンション管理適正化推進計画の作成を促進するとともに、マンションの管理適正化に係る国の基本方針、マンションの管理計画認定制度、除却の必要性に係る認定制度や敷地分割制度等の周知徹底に引き続き取り組む。

(7) 新築住宅に瑕疵が発生した場合にも確実に瑕疵担保責任が履行されるよう、「特定住宅瑕疵担保責任の履行の確保等に関する法律」（平成19年法律第66号）に基づき、建設業者等に資力確保を義務付け、普及啓発等を行う。

(8) 消費者が安心して既存住宅を取得できるよう、既存住宅状況調査（インスペクション）や安心R住宅制度、検査、保証がセットになった既存住宅売買瑕疵保険の普及促進に引き続き取り組む。

(9) 消費者が安心してリフォームを行えるよう、リフォームを含む住宅に関する相談体制の整備やリ

フォーム瑕疵保険の普及促進に引き続き取り組む。

⑽　住宅リフォーム事業の健全な発達及び消費者が安心してリフォームを行うことができる環境の整備を図るため、「住宅リフォーム事業者団体登録制度」の普及に引き続き取り組む。

⑾　良質な住宅ストックが適正に評価される市場環境の構築に向け、住宅ストックの維持向上・評価・流通・金融等の一体的な仕組みの開発・普及を進める取組を引き続き支援する。

⑿　住環境の整備改善等を図るため、空き家住宅等の活用・除却について引き続き支援を行うほか、「空家等対策の推進に関する特別措置法」（平成26年法律第127号）に基づく市町村の取組を一層促進するため、「空家等対策計画」に基づき民間事業者等と連携を行う総合的な空き家対策への支援を行う。また、専門家と連携した空き家相談体制の構築、住宅市場を活用した空き家対策に関する新たなビジネスの構築等のモデル的な取組のほか、ポスト・コロナ時代を見据えて顕在化した新たなニーズに対応した総合的・特徴的な空き家対策に支援を行う。

⒀　「賃貸住宅の管理業務等の適正化に関する法律」（令和2年法律第60号）に基づき、賃貸住宅管理業者登録制度について、引き続きその適切な運用を通じて賃貸住宅管理業者の適正な運営を確保し、賃貸住宅管理業等の適正化を図る。

⒁　不動産業・不動産管理業における「共創」の取り組みを促進するため、先行事例の認知度向上を図るとともに、新規参入者向けの環境整備など、成功事例の創出に向けた取り組みを推進する。

6　住宅取得対策の充実等

⑴　独立行政法人住宅金融支援機構（以下「住宅金融支援機構」という。）により、民間金融機関による長期・固定金利の住宅ローンの供給を支援するため、証券化支援事業（買取型及び保証型）を推進するとともに、同事業の枠組みを活用してフラット35Sによる金利引下げ等を実施する。

⑵　離職や疾病等のやむを得ない事由により住宅ローンの支払能力が低下している利用者が返済を継続できるよう支援するため、住宅ローン返済困難者対策を実施する。

⑶　勤労者財産形成貯蓄の残高保有者に対して低利・長期の住宅資金融資を行う勤労者財産形成持家融資制度を実施する。

⑷　令和4年度税制改正においては、以下の措置を講ずる。

①　住宅ローン減税について、以下の措置を講じた上で、適用期限を令和7年12月31日まで4年延長する。
・控除率を0.7％、控除期間を13年等とする。
・環境性能等に応じた借入限度額の上乗せ措置を講じる。
・既存住宅の築年数要件（耐火住宅25年以内、非耐火住宅20年以内）について、「昭和57年以降に建築された住宅」（新耐震基準適合住宅）に緩和する。
・令和5年以前に建築確認を受けた新築住宅について、合計所得金額1,000万円以下の者に限り、床面積要件を40㎡以上に緩和する。

②　住宅取得等資金に係る贈与税の非課税措置について、非課税限度額を良質な住宅は1,000万円とした上で、適用期限を令和5年12月31日まで2年延長する。
※既存住宅の築年数要件については、住宅ローン減税と同様に緩和

③　認定住宅に係る投資型減税について、対象にZEH水準省エネ住宅を追加した上で、適用期限を令和5年12月31日まで2年延長する。

④　省エネ性能等に優れた住宅の普及を促進するため、住宅ローン減税に係る特例措置のほか、以下のとおり、認定住宅（認定長期優良住宅及び認定低炭素住宅）に係る登録免許税、不動産取得税、固定資産税の特例措置について、適用期限を令和6年3月31日まで2年延長する。
・登録免許税について

所有権保存登記（一般住宅 0.15%→0.1%）、所有権移転登記（認定長期優良住宅：一般住宅 0.3%→戸建て 0.2%、マンション 0.1%、認定低炭素住宅：一般住宅 0.3%→0.1%）

・不動産取得税について（※）

課税標準からの控除額の特例（一般住宅 1,200 万円→1,300 万円）

・固定資産税について（※）：新築住宅特例（1/2 減額）の適用期間を延長（戸建て 3 年→5 年、マンション 5 年→7 年）

（※）の特例については認定長期優良住宅のみ。

⑤ 新築住宅に係る固定資産税の減額措置（戸建て 3 年間、マンション 5 年間：1/2 減額）について、適用期限を令和 6 年 3 月 31 日まで 2 年延長する。

⑥ 住宅用家屋の所有権の保存登記等に係る特例措置（保存登記：本則 0.4%→0.15%、移転登記：本則 2 %→0.3%、抵当権設定登記：本則 0.4%→0.1%）について、適用期限を令和 6 年 3 月 31 日まで 2 年延長する。

※既存住宅の築年数要件については、住宅ローン減税と同様に緩和

⑦ 居住用財産の買換え等に係る所得税等の特例措置（譲渡益に係る課税繰延べ、譲渡損に係る損益通算及び繰越控除）について、適用期限を令和 5 年 12 月 31 日まで 2 年延長する。

⑧ 買取再販事業者により一定の質の向上のための改修工事が行われた既存住宅を、個人が取得した場合の登録免許税の特例措置（所有権移転登記：一般住宅 0.3%→0.1%）について、適用期限を令和 6 年 3 月 31 日まで 2 年延長する。

※既存住宅の築年数要件については、住宅ローン減税と同様に緩和

⑨ 住宅リフォーム（耐震・バリアフリー・省エネ・三世代同居・長期優良住宅化）をした場合の特例措置について、適用期限を令和 5 年 12 月 31 日まで 2 年延長するとともに、省エネリフォームに係る全窓要件の緩和等を実施する。

⑩ 被災居住用財産に係る譲渡期限の延長等の特例について、その譲渡期限の要件を 5 年延長する。

⑪ マンション建替事業の施行者等が受ける権利変換手続開始の登記等の免税措置について、適用期限を令和 6 年 3 月 31 日まで 2 年延長する。

⑫ 「マンションの建替え等の円滑化に関する法律」（平成 14 年法律第 78 号）における施行者又はマンション敷地売却組合が特定要除却認定マンション又はその敷地を取得する場合の非課税措置について、適用期限を 2 年延長する。

⑬ 宅地建物取引業者等が取得する新築住宅の取得日に係る特例措置（本則 6 ヶ月→1 年）及び一定の住宅用地に係る税額の減額措置の期間要件を緩和する特例措置（本則 2 年→3 年等）について、適用期限を令和 6 年 3 月 31 日まで 2 年延長する。

7 良質な居住環境の形成等

(1) 土地区画整理組合等に対する無利子貸付金の貸付け等により、土地区画整理事業を支援する。

(2) 住宅建設・宅地開発に関連して必要となる道路、公園、下水道、河川等の関連公共施設の整備等を住宅市街地基盤整備事業により総合的に推進する。

(3) 「優良田園住宅の建設の促進に関する法律」（平成 10 年法律第 41 号）により、農山村地域、都市の近郊等における優良な住宅の建設の促進を図る。また、「集落地域整備法」（昭和 62 年法律第 63 号）の円滑な運用を推進し、市街地の周辺地域における良好な居住環境の確保を図る。

(4) 高度成長期等において大都市圏の郊外部を中心に計画的に開発された大規模な住宅市街地（ニュータウン）は、急速な高齢化及び人口減少の進展を背景に地域の活力の低下等の課題を抱えており、誰もが暮らしやすい街へと再生を進めていく必要があるため、既存ストックを活用して、官民連携による居住環境の維持・再生を図る取組に対する支援を行う。

(5) 地域住宅団地再生事業（用途規制の緩和手続やコミュニティバスの導入等に必要な許認可手続のワンストップ化等）をはじめ多様な建物用途の導入、地域公共交通の利便性向上等を通じた住宅団地の再生を図るなど、低未利用土地の発生抑制や適正な利用等を促進する。また、令和2年度より開始している住宅団地再生に係るハンズオン支援について、地域住宅団地再生事業を含む住宅団地再生に係る取組に対する技術的助言等を実施する。

第6節　都市と緑・農の共生するまちづくりの推進

(1) 「グリーンインフラ官民連携プラットフォーム」の活動を拡大するとともに、官民連携・分野横断によるグリーンインフラの実装を推進し、土地・不動産の適正な利用を推進する。また、生態系を活用した防災・減災の実装に向けた「生態系機能ポテンシャルマップ」の作成方法や活用方策等の技術的な情報をまとめた自治体職員向けの手引きを策定し、その情報発信に努める。

(2) 潤いある豊かな都市環境の形成を図るための市民緑地認定制度やみどり法人制度、生産緑地や田園住居地域、地区計画農地保全条例等の制度の周知を関係団体等と連携して行うことで、円滑な施行に努めるとともに、活用に際しての課題や対応方針等について調査検討を行う。また、都市農地の貸借の円滑化の制度について関係団体等と連携して引き続き周知を行い、制度の適切かつ円滑な運用に努める。

第7節　農地の適切な保全

(1) 農地の大区画化や排水対策、農業水利施設の整備等を行う農業競争力強化基盤整備事業等や、地方公共団体による農山漁村地域の基盤整備を支援する農山漁村地域整備交付金により、土地条件の改善を推進する。

(2) 農業・農村の多面的機能の維持・発揮の促進に向けた取組を着実に推進するため、「農業の有する多面的機能の発揮の促進に関する法律」（平成26年法律第78号）に基づき、日本型直接支払制度の下で、多面的機能の維持・発揮を支える地域資源の保全管理を行う共同活動、中山間地域等における農業生産活動及び自然環境の保全に資する農業生産活動への支援を実施する。

(3) 農地の転用規制及び農業振興地域制度の適正な運用を通じ、優良農地の確保に努める。

(4) 地域の徹底した話合いにより人・農地プランの取組を推進し、その実行を通じて、担い手への農地の集積・集約化を加速化する。

(5) 「農地中間管理事業の推進に関する法律等の一部を改正する法律」（令和元年法律第12号）の全面施行等により、全都道府県に設立されている農地中間管理機構を軌道に乗せることで担い手への農地の集積・集約化を進める。

(6) 上記の取組に加え、農業者等による地域ぐるみの話合いを通じて荒廃農地の有効活用や低コストな肥培管理による農地利用（粗放的な利用）の取組を推進するとともに、「農地法」（昭和27年法律第229号）に基づく、農業委員会による利用意向調査・農地中間管理機構との協議の勧告等の一連の手続を活用して遊休農地の農地中間管理機構への利用権設定を進めることにより、遊休農地及び荒廃農地の発生防止・解消に努める。

(7) 農業者の減少の加速化が見込まれる中、農業の成長産業化に向け、分散錯圃の状況を解消し、農地の集約化等を進めるとともに、人の確保・育成を図る措置を講ずることを内容とする「農業経営基盤強化促進法等の一部を改正する法律」（令和4年法律第56号）に基づき、新制度の周知等を図り、取組の一層の加速化を進める。

(8) 人口の減少、高齢化が進む農山漁村において、農用地の保全等により荒廃防止を図りつつ、活性化

の取組を計画的に推進するための措置を講ずることを内容とする「農山漁村の活性化のための定住等及び地域間交流の促進に関する法律の一部を改正する法律」（令和4年法律第53号）に基づき、新制度の周知等を図り、取組の一層の加速化を進める。

第8節　森林の適正な保全・利用の確保

(1)　森林の有する多面的機能の高度発揮のため、「森林法」（昭和26年法律第249号）に規定する森林計画制度に基づき、地方公共団体や森林所有者等の計画的な森林の整備について、指導・助言を行う。

(2)　水源の涵養、国土の保全などの森林の有する公益的機能を確保するために指定される保安林について、計画的な配備及び伐採・転用規制等の措置を通じた適正な管理を進めるとともに、荒廃地等の復旧整備、水土保全機能が低下した森林の整備などの治山対策による保全・管理を推進する。

(3)　林地の適正な利用を確保するため、都道府県知事が行う林地開発許可制度に関する処分及び連絡調整について、必要な助言等を行うとともに、違法な開発行為等への対応の徹底を図る。

(4)　我が国の森林面積の約3割を占め、国土保全上重要な奥地脊梁山脈や水源地域に広がっている国有林野は、人工林や原生的な天然林等の多様な森林生態系を有するなど、国民生活に重要な役割を果たしていることから、「国有林野の管理経営に関する基本計画」等に基づき、公益重視の管理経営を一層推進する。また、原生的な天然林や希少な野生生物の生育・生息の場となる森林である「保護林」、これらを中心としたネットワークを形成して野生生物の移動経路となる「緑の回廊」において、モニタリング調査等を行いながら適切な保全・管理を推進する。

さらに、世界自然遺産の「知床」、「白神山地」、「小笠原諸島」、「屋久島」及び「奄美大島、徳之島、沖縄島北部及び西表島」の国有林野において、保全対策を推進するとともに、世界文化遺産登録地等に所在する国有林野において、森林景観等に配慮した管理経営を行う。

(5)　「森林経営管理法」（平成30年法律第35号）に基づき、適切な経営管理が行われていない森林について、その経営管理を市町村や林業経営者に集積・集約化する森林経営管理制度を推進する。

第9節　環境保全等に係る施策の推進

(1)　環境基本計画は、「環境基本法」（平成5年法律第91号）に基づき環境の保全に関する総合的かつ長期的な施策の大綱等を定める計画であり、「第五次環境基本計画」（平成30年4月17日閣議決定）では、今後の環境政策の展開の方向として、特定の施策が複数の異なる課題をも統合的に解決するような、横断的な6つの重点戦略を掲げている。例えば、重点戦略のひとつである「国土のストックとしての価値の向上」では、自然との共生を軸とした国土の多様性の維持、持続可能で魅力あるまちづくり・地域づくり、環境インフラやグリーンインフラ等を活用した強靱性の向上といった環境に配慮するとともに、経済・社会的な課題にも対応するような国土づくりを行う必要があるとしている。

また、同計画では、各地域が自立・分散型の社会を形成しつつ、地域の特性に応じて資源を補完し支え合う「地域循環共生圏」の創造を推進することとしている。

令和4年度は、同計画に基づき、「地域循環共生圏」の創造を目指しながら、環境保全のための土地に関する施策を推進するとともに、各種の土地に関する施策、事業の策定・実施に当たって環境保全への配慮を行う。

また、土地に関する各種計画であって環境の保全に関する事項を定めるものについては、環境基本計画との連携を図る。

(2)　自然環境保全のための以下の土地に関する施策を行う。

①　「自然環境保全法」（昭和47年法律第85号）に基づく自然環境保全地域等の指定等及び管理の充

実を推進する。

② 「自然公園法」（昭和32年法律第161号）に基づく自然公園の指定等及び管理の充実を推進する。

③ 「絶滅のおそれのある野生動植物の種の保存に関する法律」（平成4年法律第75号）に基づく生息地等保護区の指定等及び管理の充実を推進する。

④ 「鳥獣の保護及び管理並びに狩猟の適正化に関する法律」（平成14年法律第88号）に基づく鳥獣保護区等の指定等及び管理の充実を推進する。

⑤ 「都市緑地法」（昭和48年法律第72号）等に基づく特別緑地保全地区等における行為制限や土地の買入れ等を行う。

⑥ 「地域自然資産区域における自然環境の保全及び持続可能な利用の推進に関する法律」（平成26年法律第85号）に基づき、ナショナル・トラスト活動を促進する。

⑦ 自然保護のための民有地買上げを推進する。

⑧ 保護地域以外で生物多様性保全に資する地域（OECM）の設定を推進する。

(3) 工場立地が環境の保全を図りつつ適正に行われるようにするため、「工場立地法」に基づき、工場立地及び工場適地に関する調査を実施するとともに、個々の工場の敷地利用の適正化を図る。

(4) 交通公害の低減を図るため、以下の土地に関する施策を行う。

① 交通公害の低減を図るため、交差点の改良を行うとともに、交通管制技術の高度化を推進し、交通状況に応じた信号制御の導入による交通の円滑化、きめ細かな交通情報の提供による交通流・交通量の誘導及び分散、公共車両優先システムの導入によるマイカー需要の低減と交通総量の抑制等の諸対策を推進する。

② 「幹線道路の沿道の整備に関する法律」（昭和55年法律第34号）に基づき、道路交通騒音の著しい幹線道路の障害防止と、土地利用の適正化を促進する。

③ 「公共用飛行場周辺における航空機騒音による障害の防止等に関する法律」（昭和42年法律第110号）等に基づき、同法で指定する特定飛行場の周辺において建物等の移転補償、土地の買入れ、緑地帯の整備等を推進する。

④ 「防衛施設周辺の生活環境の整備等に関する法律」（昭和49年法律第101号）等に基づき、自衛隊や在日米軍の使用する飛行場等の周辺において建物等の移転補償、土地の買入れ、緑地帯その他の緩衝地帯の整備等を推進する。

⑤ 「新幹線鉄道騒音対策要綱」に沿って、新幹線鉄道とその沿線地域の土地利用との調和を推進する。

(5) 水質、水量など総合的な水環境保全を図り健全な水循環を維持又は回復するため、森林や農地の適切な維持管理、下水道の整備や合流式下水道の改善、都市域における緑地の保全・創出、河川・湖沼の水質浄化などの環境保全対策を推進する。

(6) 土壌環境保全対策として、以下の施策を行う。

① 土壌汚染に関する適切なリスク管理を推進するため、引き続き「土壌汚染対策法」（平成14年法律第53号）の適切かつ着実な実施を推進する。

② 農用地の土壌汚染対策については、引き続き「農用地の土壌の汚染防止等に関する法律」（昭和45年法律第139号）に基づき、特定有害物質による農用地の土壌汚染を防止又は除去するための対策事業を実施する。

③ ダイオキシン類による土壌汚染対策については、「ダイオキシン類対策特別措置法」（平成11年法律第105号）に基づく施策を推進する。

(7) 「工業用水法」（昭和31年法律第146号）及び「建築物用地下水の採取の規制に関する法律」（昭和37年法律第100号）により、地下水採取規制を実施する。濃尾平野、筑後・佐賀平野及び関東平野北部の3地域については、関係機関と連携した地盤沈下防止等対策の実施状況の把握、地下水情報の共有化等について調査・検討し、総合的な対策を推進する。

(8) 中長期的な温室効果ガスの排出削減実現のための低炭素なまちづくりを進めるため、第2期「まち・ひと・しごと創生総合戦略」(2020改訂版)の内容も踏まえ、「地球温暖化対策の推進に関する法律」(平成10年法律第117号)に基づく地方公共団体実行計画の策定・実施の推進や、「都市の低炭素化の促進に関する法律」(平成24年法律第84号)に基づく「低炭素まちづくり計画」や「都市再生特別措置法」に基づく「立地適正化計画」の作成や同計画に基づく取組に対して支援する。具体的には、「地球温暖化対策の推進に関する法律の一部を改正する法律」(令和3年法律第54号)に基づく地域の脱炭素化の推進、地方公共団体実行計画の策定・実施の支援のための情報基盤の整備、再生可能エネルギーや自然資本の活用による災害に強く環境負荷の少ない都市構造への転換や、「低炭素まちづくり計画」や「立地適正化計画」に基づく財政措置や各種の税制等を活用し、都市機能の集約化とこれと連携した公共交通機関の一体的な利用促進、都市のエネルギーシステムの効率化による低炭素化、ヒートアイランド対策、都市緑化等を推進する。

(9) 「環境影響評価法」(平成9年法律第81号)に基づき、規模が大きく環境影響の程度が著しいものとなるおそれのある事業について、引き続き適切な審査の実施を通じた環境保全上の配慮の徹底に努める。

第10節 文化財等の適切な保護及び良好な景観形成の推進等

(1) 歴史的な集落・町並みについては、市町村による伝統的建造物群保存地区の保存と活用に関して指導・助言を行い、さらに、重要伝統的建造物群保存地区の選定等を進めるとともに、その保存と活用を図る。

(2) 遺跡、名勝地、動物・植物・地質鉱物については、史跡、名勝、天然記念物の指定及び登録記念物の登録を進めるとともに、その保存と活用を図る。

(3) 人と自然との関わりの中で育まれた景観地については、重要文化的景観の選定を進めるとともに、その保存と活用を図る。

(4) 埋蔵文化財を包蔵する土地については、都道府県教育委員会等において遺跡地図の作成により周知を図るとともに、開発等の土地利用との調和を図りつつ適切な保護に向けた条件整備を行う。

(5) 地域の多様な文化財の総合的な保存・活用を図るため、地方公共団体による「文化財保存活用地域計画」等の策定を推進する。

(6) 地域の歴史的な風情、情緒を活かしたまちづくりを推進するため、「地域における歴史的風致の維持及び向上に関する法律」(平成20年法律第40号)に基づき、歴史的風致維持向上計画の認定を進めるとともに、計画に基づく取組への支援を行う。また、良好な景観の形成や歴史的風致の維持・向上を推進するため、景観・歴史資源となる建造物の改修等の支援を行う。

(7) 「景観法」(平成16年法律第110号)の基本理念などの普及啓発、多様な主体の参加を図るための景観に関する教育、法制度の効果的な活用の在り方や優良事例に関する情報提供の取組・景観計画策定等への支援等により、引き続き良好な景観形成を推進する。

第11節 適正な土地の管理の確保方策の推進

1 周辺に悪影響を与える管理不全の土地等に関する対策

(1) 公共事業によるハード整備等の対策や、空き地等に関する条例、空き家対策としての「空家等対策の推進に関する特別措置法」等に基づく取組など、地方公共団体等の取組を引き続き支援する。

(2) 令和3年11月1日より施行された鉄道事業者による鉄道施設に障害を及ぼす植物等の伐採等を可

能とする制度に基づき、鉄道用地外からの災害に対する事前防災及び早期復旧を推進する。

(3)　「所有者不明土地の利用の円滑化等に関する特別措置法の一部を改正する法律」による改正後の「所有者不明土地の利用の円滑化等に関する特別措置法」（平成30年法律第49号）（以下、「所有者不明土地法」という。）に基づき、適正に管理されていない所有者不明土地について、周辺の地域における災害の発生や環境の著しい悪化を防止するため、市町村長による代執行等を可能とする新制度について、ガイドラインの作成や普及啓発等の施行に向けた準備を着実に行うとともに、施行後の制度が円滑に運用されるよう支援を行う。

2　民民関係での適正な土地の管理の確保（民事基本法制の見直し）

　所有者不明土地の管理に特化した所有者不明土地管理制度の創設、土地の管理不全化に対応するための管理不全土地管理制度の創設、隣地等を円滑・適正に使用するための相隣関係規定の見直し等の民事基本法制の見直しを内容とする「民法等の一部を改正する法律」（令和3年法律第24号）が令和3年4月21日に成立し、同月28日に公布された。これらの規定の施行日は令和5年4月1日とされており、今後、新たな制度の内容を周知するなど、施行に向けた準備を進める。

第12節　所有者不明土地問題への対応方策の推進

(1)　「所有者不明土地の利用の円滑化等に関する特別措置法の一部を改正する法律」による改正後の「所有者不明土地法」に基づき、市町村をはじめとする地域の関係者が行う取組を支援し、所有者不明土地の利用の円滑化の促進と管理の適正化を図るため、ガイドラインの改訂・作成や普及啓発等の施行に向けた準備を着実に行うとともに、施行後の制度が円滑に運用されるよう支援を行う。また、地方公共団体への支援の充実及び「所有者不明土地法」のより一層の理解の深化を図るため、地方整備局、法務局、地方公共団体、関係士業団体等を構成員とした連携協議会の活動の拡充を行う。

(2)　所有者が不明である農地について、農業委員会による探索・公示手続を経て、農地中間管理機構が利用権を取得できる制度等により、所有者不明農地の利用を促進する「農業経営基盤強化促進法等の一部を改正する法律」（平成30年法律第23号）について、引き続きその活用に向けた普及啓発を図る。

(3)　所有者の全部又は一部が不明であり、手入れが行き届いていない森林について、市町村に経営管理を行う権利を設定する特例が措置された「森林経営管理法」を円滑に運用するため、森林経営管理制度に係る事務の手引の説明等を通じ、地方公共団体の支援に努める。また、同法の規定に基づき、共有者不明森林又は所有者不明森林に関する情報のインターネットの利用による提供等に努める。

(4)　「表題部所有者不明土地の登記及び管理の適正化に関する法律」（令和元年法律第15号）に基づき、歴史的な経緯により不動産登記簿の表題部所有者欄が正常に記録されていない登記を解消することを目的とした制度の円滑な運用を図る。

(5)　共有者の一部が不明である土地を円滑・適正に利用するための仕組みや、ライフラインの導管等を設置するために他人の土地を使用することができる制度等の民事基本法制の見直しを内容とする「民法等の一部を改正する法律」が令和3年4月21日に成立し、同月28日に公布された。これらの規定の施行日は令和5年4月1日とされており、今後、新たな制度の内容を周知するなど、施行に向けた準備を進める。また、平成30年1月に取りまとめた「所有者不明私道への対応ガイドライン」につき、新たな制度を踏まえて改訂し、その普及を図る。

(6)　相続登記の申請が義務化されていないことや特に価値の低い土地を相続した者には相続登記手続に対する負担感があることなどを背景として相続登記がされないまま放置された所有者不明土地が発生していることを踏まえ、「民法等の一部を改正する法律」（令和3年法律第24号）により「不動産登記法」（明治32年法律第24号）の一部を改正し、相続登記の申請の義務化や登記手続の負担軽減策等の

新たな制度を創設した。相続登記の申請義務化関係の改正は令和6年4月1日施行とされており、今後、新たな制度の内容を周知するなど、施行に向けた準備を進める。

(7) 相続等により土地を取得した者が一定の要件の下で土地の所有権を手放して、国に土地を帰属させる制度の創設を内容とする「相続等により取得した土地所有権の国庫への帰属に関する法律」（令和3年法律第25号）が令和3年4月21日に成立し、同月28日に公布された。同法の施行期日は令和5年4月27日とされており、今後、新たな制度の内容を周知するなど、施行に向けた準備を進める。

(8) 令和2年度からの「第7次国土調査事業十箇年計画」に基づき、地籍調査の円滑化・迅速化を図り、所有者や境界等の土地に関する基礎的情報を明確化することで、所有者不明土地の発生抑制に貢献する。

(9) 令和元年12月に改訂した「所有者の所在の把握が難しい土地に関する探索・利活用のためのガイドライン」の更なる普及啓発等を行う。

(10) 「土地基本法」（平成元年法律第84号）に基づく「土地基本方針」（令和3年5月28日閣議決定）については、今後も、関連する他の基本計画等の改定を踏まえて随時見直す。

第13節 安全保障等の観点に基づく土地利用に係る調査及び規制

「重要施設周辺及び国境離島等における土地等の利用状況の調査及び利用の規制等に関する法律」（令和3年法律第84号）の施行に向けた準備を進め、同法施行後、土地等利用状況調査等の措置を着実に実施する。

第3章　土地の取引に関する施策

第1節　不動産取引市場の整備等

⑴　宅地建物取引における消費者利益の保護と宅地建物取引業の健全な発展を図るため、「宅地建物取引業法」（昭和27年法律第176号）の適正な運用に努める。

⑵　不動産流通市場の整備・活性化を進めるための施策を総合的に推進するため、以下の施策を行う。

　　①　「デジタル社会の形成を図るための関係法律の整備に関する法律」（令和3年法律第37号）による宅地建物取引業法の一部改正が令和4年5月に施行され、重要事項説明等における書面の電磁的方法による交付等が可能になったことを踏まえ、関係する法令やマニュアルを周知することなどにより、不動産取引のオンラインでの完結を可能とするための環境整備を推進する。

　　②　不動産IDの利活用による不動産関連情報の連携・蓄積・活用の促進のため、不動産IDの制度の周知を行うとともに、IDの利活用促進に向けた環境整備に係る検討を行う。

　　③　地方公共団体が把握・提供している空き地・空き家の情報について、横断的に簡単に検索することを可能とする「全国版空き家・空き地バンク」の活用促進を通じた需要と供給のマッチングにより取引を促進する。

　　④　インスペクションの活用促進や、インスペクションが行われた既存住宅であること等を示す安心R住宅制度等を通じ、売主・買主が安心して取引ができる市場環境を整備し、既存住宅の流通を促進する。

⑶　「所有者不明土地の利用の円滑化等に関する特別措置法の一部を改正する法律」で指定制度が創設された所有者不明土地利用円滑化等推進法人をはじめとする、行政と民間の専門家等により構成され、地域における相談体制の構築や空き地・空き家の情報共有をしつつ、土地の適正な利用・管理に向けたマッチング・コーディネート、土地所有者等に代わる管理などの機能を担う団体の取組や、空き家のリノベーション等による低未利用の不動産の再生の取組の全国展開による適正な土地の利用を推進する。（再掲）

⑷　「賃貸住宅の管理業務等の適正化に関する法律」（令和2年法律第60号）におけるマスターリース契約のルールについて、引き続き建設・不動産などの関係業界や賃貸住宅のオーナーへの周知を徹底し、マスターリース契約を巡るトラブルの未然防止を図る。

第2節　不動産投資市場の整備

　人口減少や少子高齢化といった課題に直面している中で、我が国の不動産市場において、国内外の資金を適切に活用し、都市における生産性の向上や地方の創生を図ることが、経済成長と国民生活の豊かさの実現のために必要となっている。これらの課題に対応するため、以下の施策を実施する。

⑴　不動産特定共同事業の意義・活用のメリットや好事例、成功のポイントをまとめた「不動産特定共同事業（FTK）の利活用促進ハンドブック」を周知するとともに、専門家派遣等により、遊休不動産の再生等に資する、クラウドファンディングを活用した不動産特定共同事業の形成を促進する。

⑵　不動産特定共同事業におけるデジタル技術を活用した出資持分に係る制度のあり方等について調査・検討を行う。

⑶　リート市場等の更なる拡大や民間の資金・アイディアを活用した老朽不動産の再生・公的不動産

（PRE）の有効活用等の推進に向け、リート、特定目的会社及び特例事業者等が不動産を取得する場合における登録免許税及び不動産取得税の特例措置を引き続き講じる。

⑷　環境不動産等の良質な不動産の形成を促進するため、耐震・環境不動産形成促進（Re-Seed）事業の適切な監督等に努め、耐震・環境性能に優れた良質な不動産の形成を促進し、地域の再生・活性化に資するまちづくり及び地球温暖化対策を推進する。

⑸　S（社会課題）分野における情報開示についての基礎的なガイダンスの作成や、企業によるTCFD（気候関連財務情報開示タスクフォース）提言に基づく情報開示の推進に向けた不動産分野TCFD対応ガイダンスの改訂に係る検討など、不動産分野へのESG[3]投資の促進に向けた環境整備を行う。

⑹　不動産価格の動向を適時・的確に把握するとともに不動産市場の透明性の向上を図る観点から、不動産価格指数、既存住宅販売量指数及び法人取引量指数の継続的な公表を行う。

第3節　土地税制における対応

新型コロナウイルス感染症により打撃を受けた我が国経済の早期回復の実現や、土地の有効利用の促進などの観点から、税制上の措置を講ずる。

令和4年度税制改正において講じる主な措置は、以下のとおりである。

⑴　景気回復に万全を期すため、土地に係る固定資産税及び都市計画税の負担調整措置について、激変緩和の観点から、令和4年度に限り、商業地等における課税標準額の上昇幅を評価額の2.5％（現行：5％）とする。

⑵　「所有者不明土地法」に基づく地域福利増進事業に係る所得税等の税率の特例措置について、対象となる事業等を拡充する。

⑶　建設工事や不動産流通のコストを削減し、消費者負担を軽減することにより、建設投資の促進、不動産取引の活性化を図るため、工事請負契約書及び不動産譲渡契約書に係る印紙税について、現行の軽減措置を延長する。

第4節　不動産市場における国際展開支援

⑴　ASEAN（東南アジア諸国連合）諸国等の政府職員に対する研修などを通じて、我が国不動産企業の進出先におけるビジネス環境の改善に資する制度の整備・普及を支援するとともに、二国間の枠組や国際交渉等の場を活用し、現地における事業実施に当たっての法的安定性の確保や制度・運用の改善等を通じてビジネス環境の整備を図る。

⑵　我が国不動産企業の参入対象となり得る市場の動向や相手国政府の不動産関連政策の方針等を踏まえ、相手国政府と連携した不動産開発投資セミナー等の開催やミッション団派遣、海外不動産業官民ネットワーク（J-NORE）による情報共有・課題整理等を通じて、海外における我が国不動産企業のビジネス展開を支援する。

第5節　土地取引制度の適切な運用

土地の投機的取引及び地価の高騰が国民生活に及ぼす弊害を除去し、適正かつ合理的な土地利用を確保するため、引き続き、土地取引情報等を把握する土地取引規制基礎調査等を実施し、「国土利用計画法」（昭和49年法律第92号）に基づく土地取引規制制度等の適切な運用に努める。

---

[3] Environment（環境）、Social（社会）、Governance（ガバナンス）の略。

第4章 土地に関する調査の実施及び情報の提供等に関する施策

第1節 国土調査の推進等

⑴　市町村等が行う地籍調査について、令和2年度からの「第7次国土調査事業十箇年計画」に基づき、所有者不明等の場合でも円滑に調査を進めるための手続や、地域特性に応じた効率的な調査手法の導入を促進しつつ、社会資本整備が予定される地域等の政策効果の高い地域での地籍調査を重点的に支援することにより、地籍調査を推進する。

　　また、山村部における航空レーザ測量等のリモートセンシングデータの活用や都市部におけるMMS（モービルマッピングシステム）による計測データの活用などの地域特性に応じた効率的な地籍調査手法について、国が基礎的な情報を整備し、その適用手法等を蓄積・普及することにより、市町村等における導入を推進する。

　　さらに、民間事業者や地方公共団体の公共事業部局等が作成する地籍調査以外の測量成果を、地籍調査と同等以上の精度を有するものとして地籍整備へ活用できるよう支援を行う。

　　このほか、地籍調査の円滑な推進のため、新制度や新手法の周知・普及を図るとともに、調査上の課題の克服に向けた助言を行う経験豊富な専門家を市町村に派遣するなど、市町村等への支援を行う。

　　加えて、地籍調査をより円滑かつ迅速に推進する方策を検討し、所要の措置を講ずる。

⑵　土地本来の自然地形や改変状況、災害履歴等の情報を整備・提供する土地履歴調査について、「第7次国土調査事業十箇年計画」に基づき、人口集中地区及びその周辺を対象に調査を順次実施する。

⑶　地下水に関する基礎的な情報として、全国の深井戸の情報を収集・整理した全国地下水資料台帳の整備・更新を行う。

⑷　我が国の土地の所有・利用状況や取引の実態等を明らかにするための統計資料の作成・整備及び行政資料等の収集・分析を行う。特に、令和4年度は、5年周期の基幹統計調査「法人土地・建物基本調査」（令和5年実施予定）の準備として、名簿や調査関連資料の整備を実施する。

第2節 国土に関する情報の整備等の推進

⑴　国土数値情報については、地価公示、都道府県地価調査等の更新を行うとともに、国土政策、土地・不動産政策や災害対策等に必要な情報の整備を引き続き進める。また、これらの国土数値情報をウェブ上でダウンロードできるよう「国土数値情報ダウンロードサービス」の運用、拡充を行う。

⑵　基盤地図情報、主題図、台帳情報、統計情報、空中写真等の地理空間情報を高度に活用できる社会の実現に向け、「地理空間情報活用推進基本計画」（令和4年3月18日閣議決定）に基づき、基盤地図情報をはじめとした社会の基盤となる地理空間情報の整備・更新や、G空間情報センターを中核とした地理空間情報の流通・利活用の推進、地理空間情報を活用した技術を社会実装するためのG空間プロジェクトの推進を行う。また、産学官の連携によりG空間EXPOを開催するなど知識の普及、人材の育成等を推進する。

⑶　基本測量に関する長期計画に基づき、国土の最も基盤的な情報インフラとなる地理空間情報の整備、流通、活用がもたらす新しい社会を実現するため、GNSS（Global Navigation Satellite System）（人工衛星を活用した全世界測位システム）を用いた電子基準点測量等の高精度な基準点測量、電子

国土基本図の整備等を実施し、基盤地図情報の継続的な更新を図り、広く一般の利用に供する。

また、地理空間情報の活用を推進するため、測量成果等を統合的に検索・閲覧・入手することが可能となる地理空間情報ライブラリーを運用する。

さらに、公共測量において基盤地図情報の活用を進めるとともに高度化する測量技術に対応するため、引き続き作業規程の準則の改正に必要な検討を行うとともに、地方公共団体等における準用を促進するため、普及に努める。

⑷ 「スマートシティ」をはじめとするまちづくりＤＸのデジタルインフラとなる３Ｄ都市モデルの整備・活用・オープンデータ化を行うプロジェクト「ＰＬＡＴＥＡＵ」を推進し、３Ｄ都市モデルの整備・オープンデータ化、先進的なユースケースの開発に取り組む。

第3節　土地に関する登記制度の整備

⑴ 全国の都市部における地図混乱地域のほか、大都市や地方の拠点都市の枢要部等、地図整備の緊急性及び必要性が高い地域について、登記所備付地図作成作業を重点的かつ集中的に行う。

⑵ 筆界特定制度について、引き続き適正・円滑に運用する。

⑶ 「所有者不明土地法」に基づき、長期間にわたり相続登記等が未了となっている土地について、当該土地の相続人の探索や登記手続の簡略化等により、更なる相続登記の促進を図る。

⑷ 「表題部所有者不明土地の登記及び管理の適正化に関する法律」に基づき、歴史的な経緯により不動産登記簿の表題部所有者欄が正常に記録されていない登記を解消することを目的とした制度の円滑な運用を図る。（再掲）

⑸ 「民法等の一部を改正する法律」により「不動産登記法」の一部を改正し、相続登記の申請の義務化や登記手続の負担軽減策等の新たな制度を創設した。相続登記の申請義務化関係の改正は令和６年４月１日施行とされており、今後、新たな制度の内容を周知するなど、施行に向けた準備を進める。（再掲）

⑹ 不動産登記を中心にした登記簿と他の公的機関の台帳等との連携により、個人情報保護にも配慮しつつ、関係行政機関が土地所有者に関する情報を円滑に把握できる仕組みを構築することを目指し、検討を進める。

第4節　不動産取引情報の推進等

⑴ 令和５年地価公示は、制度インフラとしての役割を果たすために、全国26,000地点の標準地について実施する結果に基づき、地価動向の分析結果の公表を行う。また、令和４年都道府県地価調査については、各都道府県知事が実施する結果に基づき、地価動向の分析結果の公表を行う。さらに、地価動向を先行的に表しやすい三大都市圏等の主要都市の高度利用地80地区について、四半期毎の地価動向を「地価LOOKレポート」として公表する。地価公示等について、地価の個別化・多極化に対応した調査方法の見直しを行うなど、よりきめ細やかに地価動向を把握・発信する。

⑵ 不動産取引価格等の調査は、平成17年度から三大都市圏の政令指定都市を中心に開始し、現在は全国に拡大して実施している。調査によって得られた情報は、標準地の公示価格の判定に役立てるとともに、個別の物件が容易に特定できないよう配慮して、取引された不動産の種類（土地、土地と建物、中古マンション等、農地、林地）別に所在地（大字又は町名まで）、取引価格、取引時期、面積、建物の用途・構造、最寄り駅等の情報を四半期別にとりまとめ、インターネット（土地総合情報システム）を通じて公表しており、令和４年度も、取引価格等の調査を実施し、得られた情報を公表する。

(3) 不動産価格の動向を適時・的確に把握するとともに不動産市場の透明性の向上を図るため、以下の取組を行う。

① 不動産価格指数（住宅・商業用不動産）、既存住宅販売量指数及び法人取引量指数の継続的な公表を行う。

② 現在、試験運用を行っている不動産価格指数（商業用不動産）については、IMF（国際通貨基金）等の国際機関の動向を踏まえた検討等を行う。

(4) 不動産鑑定評価の信頼性を更に向上させるため、不動産鑑定業者の能力に着目した業者選定に向けた依頼者への情報提供等の支援や、不動産鑑定業者に対する立入検査などを内容とする鑑定評価モニタリングを引き続き実施する。また、不動産鑑定評価基準等について、社会ニーズや環境の変化に的確に対応していくための検討を引き続き進める。

(5) 適正な地価の形成及び課税の適正化を図るため、以下の措置を実施する。

① 固定資産税における土地の評価については、地価公示価格等の7割を目途としてその均衡化・適正化を図るとともに、地価動向等を適切に反映した評価に努める。

② 土地の相続税評価については、引き続き評価時点を1月1日、評価割合を地価公示価格水準の原則8割としてその均衡化・適正化を図るとともに、地価動向等を適切に反映した評価に努める。

(6) 「国土利用計画法」に基づく土地取引情報の把握等を行う。

第5節 災害リスク等についての情報の提供等の推進

(1) 社会のニーズに応じた防災・減災に資する浸水想定や地域の土地の災害履歴等の災害リスク情報、不動産価格情報、「空き家・空き地バンク」に関する情報などを地理空間上において活用可能とするための情報の整備・公開・活用の推進、三次元化等により都市情報を可視化する「i-都市再生」の技術開発等を通じ、土地の利用・管理・取引に関する施策の円滑な実施を促進する。

(2) 不動産分野におけるTCFD提言を踏まえた気候変動によるリスクと機会に関する情報開示を促進するため、不動産分野TCFD対応ガイダンスの改訂に係る検討を行う。

令和4年度土地に関する基本的施策

第5章 土地に関する施策の総合的な推進

第1節 国・地方公共団体の連携協力

(1) 具体的なPPP/PFI案件形成を促進するため、地域プラットフォームの全国への普及を促進する。その際、人口規模が小さい地方公共団体においても案件形成がなされるよう、また、地方企業の案件への参加が促進されるよう、全国の地方公共団体や、地元企業、地域金融機関の地域プラットフォームへの参画を促す。あわせて、専門家の派遣や地方公共団体職員・地域事業者向けの研修・セミナーの実施等による人材育成、官民対話の機会創出のほかに、市町村長との意見交換会を開催し、地方公共団体におけるPPP/PFIの案件形成を促す。（再掲）

(2) 「所有者不明土地の利用の円滑化等に関する特別措置法の一部を改正する法律」による改正後の「所有者不明土地法」に基づき、市町村をはじめとする地域の関係者が行う取組を支援し、所有者不明土地の利用の円滑化の促進と管理の適正化を図るため、ガイドラインの改訂・作成や普及啓発等の施行に向けた準備を着実に行うとともに、施行後の制度が円滑に運用されるよう支援を行う。また、地方公共団体への支援の充実及び「所有者不明土地法」のより一層の理解の深化を図るため、地方整備局、法務局、地方公共団体、関係士業団体等を構成員とした連携協議会の活動の拡充を行う。（再掲）

第2節 関連分野の専門家等との連携協力

(1) 都市再生機構において、その有するノウハウや技術をいかし、まちづくり事業に関する構想・計画策定に対する技術支援等を行う。（再掲）

(2) 地籍調査の円滑な推進のため、新制度や新手法の周知・普及を図るとともに、調査上の課題の克服に向けた助言を行う経験豊富な専門家を市町村に派遣するなど、市町村等への支援を行う。（再掲）

第3節 土地に関する基本理念の普及等

　土地白書の公表や、ポスターコンテストを実施するなど10月の「土地月間」（10月1日は「土地の日」）に関する活動等を通じて、関係団体と連携しつつ、土地に関する基本理念の普及等を図るとともに、土地に関する各種施策・制度等の紹介を行う。民事基本法制の見直しや「所有者不明土地法」の改正等による土地に関する制度の変化を踏まえ、広報活動の強化を行う。

第4節 資金・担い手の確保

(1) 「所有者不明土地の利用の円滑化等に関する特別措置法の一部を改正する法律」で指定制度が創設された所有者不明土地利用円滑化等推進法人をはじめとする、行政と民間の専門家等により構成され、地域における相談体制の構築や空き地・空き家の情報共有をしつつ、土地の適正な利用・管理に向けたマッチング・コーディネート、土地所有者等に代わる管理などの機能を担う団体の取組を推進する。

(2) 民間の創意工夫と事業意欲を積極的に活用しつつ良好なまちづくりを進めていくため、MINTO機構の支援業務を引き続き推進する。具体的には、エリアマネジメントを行うまちづくりファンドを地

域金融機関と共同で立ち上げ、複数のリノベーション事業等を連鎖的に進めていく。あわせて、地方公共団体等のまちづくりファンドを通じて、クラウドファンディングやふるさと納税等を活用したまちづくり事業を支援し促進していく。また、老朽ストックを活用したテレワーク拠点等の整備を行う者に対し出資等を行うまちづくりファンドにより、新型コロナウイルス感染症拡大を契機として、新たに求められる柔軟な働き方等の実現を推進していく。

さらに令和4年度より、環境性能の向上に資する設備の整備を支援対象に加え、都市の脱炭素化を推進する。（再掲）

(3)　地域の価値向上を図り、土地の適正な利用に資するエリアマネジメント活動を推進するため、地域再生エリアマネジメント負担金制度について、制度の内容や必要な手続を解説したガイドラインを活用したコンサルティング等により、制度の活用を促進する。（再掲）

令和4年度土地に関する基本的施策

第6章 東日本大震災と土地に関する復旧・復興施策

第1節 土地利用関連施策

1 宅地関連施策

津波災害対策等の推進のため、以下の施策を実施する。

(1) 被災市街地等において、被災者用住宅、福祉施設、商業施設等の一体的な整備を図るため、市街地再開発事業により、土地の整備、共同施設の整備等に対する支援を行う。

(2) 福島県の原子力災害被災市町村において、福島復興再生拠点整備事業により、再生・復興の拠点となる市街地の形成を支援する。

2 農地関連施策

「第2期復興・創生期間」における東日本大震災からの復興の基本方針」（令和3年3月9日閣議決定）等に基づき、農地・農業用施設の災害復旧、これと併せて行う区画整理等の事業を実施する。また、農業基盤の整備計画の策定や、区画整理、換地等に伴う農地集積のための農業者団体等による調査・調整活動への支援を行う。

3 土地利用再編等に向けた取組

「東日本大震災復興特別区域法」（平成23年法律第122号）の復興整備計画制度に基づき、許認可やゾーニングに係る手続のワンストップ処理、これらの許可に係る基準の緩和等の特例の活用を図り、復興に向けたまちづくり・地域づくりを進めていくために必要となる市街地の整備や農業生産基盤の整備等の各種事業の円滑かつ迅速な実施を促進する。

第2節 住宅関連施策

1 災害公営住宅等の供給の支援

(1) 自力での住宅再建・取得が困難な被災者に対して、地方公共団体が災害公営住宅を供給しており、家賃低廉化等に係る費用に対する支援及び譲渡に係る特例措置を引き続き講ずる。

(2) 福島第一原子力発電所事故に係る対応として、避難指示区域に居住していた方々（避難者や帰還者）に対して、地方公共団体が災害公営住宅を供給しており、その整備や家賃低廉化等に係る費用に対する支援及び入居者資格や譲渡に係る特例措置を引き続き講ずる。

2 個人の住宅再建等への支援

(1) 引き続き、被災者の住宅再建等を支援するため、住宅金融支援機構による災害復興住宅融資について、金利の引下げや元金据置期間の延長等を行うほか、宅地に被害が生じた場合についても支援するため、災害復興宅地融資を実施する。

(2) 住宅金融支援機構から貸付けを受けている被災者に対して、最長5年の払込みの猶予・返済期間の延長や、猶予期間中の金利の引下げ措置を実施し、引き続き支援を行う。

(3) 勤労者財産形成持家融資について、被災した勤労者が住宅の取得、補修のために勤労者財産形成持家融資を新たに受ける場合に、金利の引下げや元金据置期間を設定することができる特例措置を実施するとともに、既に勤労者財産形成持家融資を受けて返済中の勤労者に対し、罹災の程度に応じて、返済猶予、返済猶予期間中の金利の引下げ、返済期間の延長等の措置を実施する。

第3節 被災自治体による土地活用の取組の推進

土地区画整理事業等による造成宅地や防災集団移転促進事業による移転元地等の活用について、計画段階から土地活用等の段階まで、ハンズオン支援により地域の個別課題にきめ細かく対応し、復興施策と一般施策とを連携させ、政府全体の施策の総合的な活用を図りながら、被災地方公共団体の取組を引き続き後押しする。

第4節 土地情報関連施策

1 土地境界の明確化の推進

東日本大震災及び平成28年熊本地震の被災地（岩手県、宮城県、福島県及び熊本県）において、復旧・復興の更なる推進に寄与するため、登記所備付地図作成作業を実施する。

2 適正な取引確保のための土地取引情報の提供

被災地における適正な土地取引を確保するため、宮城県、福島県及び仙台市の求めに応じて、土地取引の登記情報を福島県及び仙台市に、取引価格情報を宮城県、福島県及び仙台市に提供を行う。

第5節 税制上の措置

東日本大震災の被災者等の負担の軽減及び復旧・復興へ向けた取組の推進を図る観点から、土地等の取得、保有、譲渡それぞれの段階において、必要な税制上の措置を引き続き講ずる。

令和４年度土地に関する基本的施策

151

資料編

1. 経済の動向

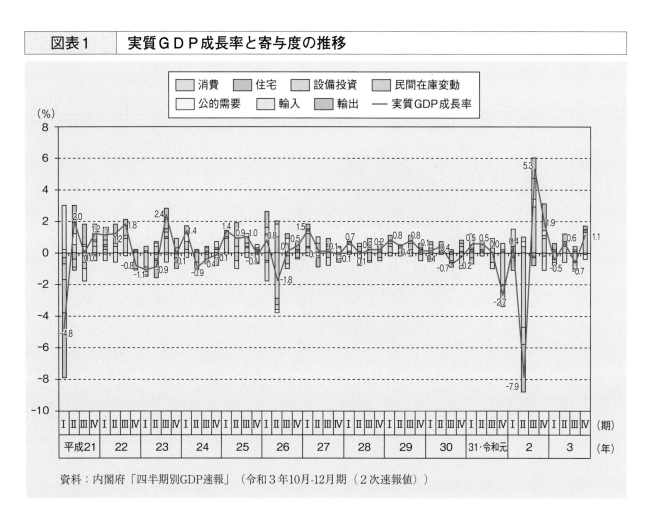

資料：内閣府「四半期別GDP速報」（令和３年10月-12月期（２次速報値））

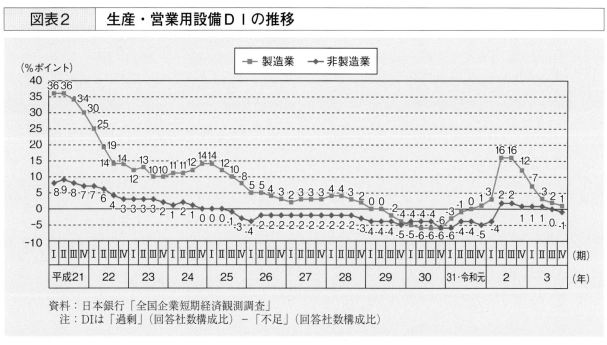

資料：日本銀行「全国企業短期経済観測調査」
注：DIは「過剰」（回答社数構成比）－「不足」（回答社数構成比）

図表3　雇用判断ＤＩ、有効求人倍率の推移

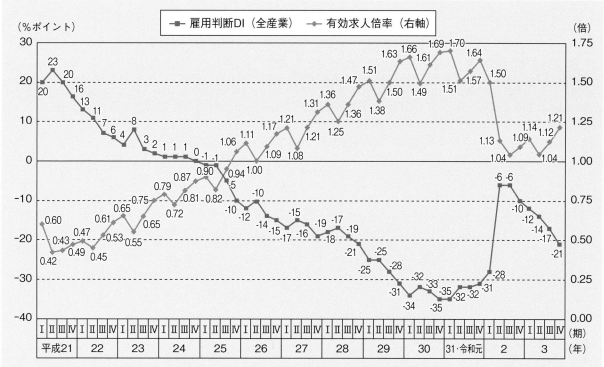

資料：日本銀行「全国企業短期経済観測調査」、厚生労働省「職業安定業務統計」
　注：DIは「過剰」（回答社数構成比）－「不足」（回答社数構成比）

図表4　実質家計最終消費支出（前年同期比）の推移

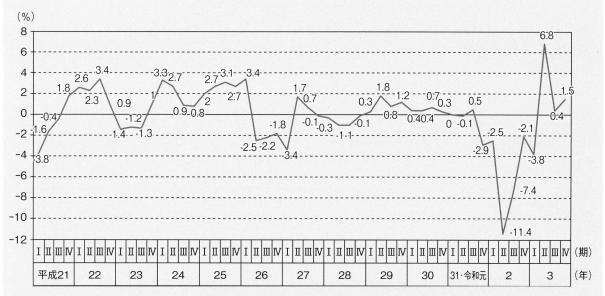

資料：内閣府「四半期別ＧＤＰ速報平成６年1-3月期～令和３年10-12月期２次速報値(2015年(平成27年)基準)」
　注：基礎資料の改定等に伴い、平成31年1-3月期以降の計数の改定が行われている可能性がある

2. 地価の動向

（1）地価動向の的確な把握

① 地価公示制度の概要

　地価公示制度は、地価公示法に基づき、土地鑑定委員会が、毎年１回、都市計画区域その他の土地取引が相当程度見込まれるものとして国土交通省令で定める区域内で標準的な土地（標準地）を選定し、当該標準地について２人以上の不動産鑑定士の鑑定評価を求め、その正常な価格を判定して公示するものである。この公示価格は、一般の土地の取引価格に対する指標となるとともに、不動産鑑定士等が土地についての鑑定評価を行う場合及び公共事業の施行者が土地の取得価格を定める場合にはこれを規準としなければならず、また、収用委員会が収用する土地に対する補償金の額を算定する場合にこれを規準とした価格を考慮せねばならない等の効力を有する。地価公示制度は、これらにより、適正な地価の形成に寄与することをねらいとしている。また、国土利用計画法による土地取引規制における価格審査及び遊休土地の買取り価格の決定を地価公示対象区域内で行う場合には、公示価格を規準として行うべきこととされている。さらに、地価公示は、公的土地評価の相互の均衡化・適正化において、中心的な役割を果たしている。

　令和４年地価公示においては、全国26,000地点（うち、福島第一原子力発電所の事故の影響による７地点で調査を休止。）の標準地について、令和４年１月１日現在における価格が、同年３月23日付け官報をもって公示された。

　標準地の設定区域は、全国の市街化区域及び市街化調整区域に区分された都市計画区域約52,182平方キロメートル並びにその他の都市計画区域約50,688平方キロメートルの計約102,870平方キロメートルの区域並びに都市計画区域外の公示区域で、対象市区町村は1,376（23特別区、787市、528町及び38村）に達している（図表5）。

　標準地の設定密度は、市街化区域では、全国的におおむね約0.7平方キロメートル当たり１地点、市街化調整区域では、約27平方キロメートル当たり１地点、その他の都市計画区域では、約13平方キロメートル当たり１地点となっている。

図表5　地価公示の対象区域、標準地数等の推移

公示年別	対象区域	対象都道府県数	対象市町村数					面積 (km²)	地点数
			特別区	市	町	村	計		
昭和45	市街化区域 三大都市圏（東京、大阪及び名古屋）	8	23	72	17	1	113	3,681	970
46	市街化区域 三大都市圏及び北九州地区	13	23	126	45	2	196	5,060	1,350
47	市街化区域 三大都市圏及び人口50万以上の都市（北九州、札幌、仙台、広島及び福岡）地域	17	23	171	96	11	301	6,476	2,800
48	市街化区域 三大都市圏及びおおむね人口が30万以上の都市（前年の都市のほか新潟、金沢、静岡、岡山、松山、熊本、宇都宮、浜松、姫路、和歌山、長崎、鹿児島及び豊橋）地域	27	23	209	138	18	388	7,910	5,490
49	都市計画区域 市街化区域（全国） 市街化調整区域（全国） その他の都市計画区域（市の区域）	47	23	642	357	58	1,080	64,110	14,570
50		47	23	643	400	60	1,126	66,130	15,010
51		47	23	643	397	57	1,120	66,130	15,010
52		47	23	644	396	58	1,121	68,680	15,010
53		47	23	645	404	56	1,128	69,050	15,580
54		47	23	646	406	55	1,130	69,300	16,480
55		47	23	646	408	54	1,131	69,350	17,030
56		47	23	646	412	52	1,133	69,580	17,380
57		47	23	649	409	52	1,133	69,590	17,600
58		47	23	651	412	49	1,135	69,634	16,975
59		47	23	651	414	49	1,137	69,680	16,975
60		47	23	651	415	48	1,137	69,739	16,975
61		47	23	651	419	45	1,138	69,805	16,635
62		47	23	653	420	43	1,139	69,878	16,635
63		47	23	655	417	42	1,137	70,074	16,820
平成元		47	23	655	409	41	1,128	69,653	16,840
2		47	23	655	410	39	1,127	69,729	16,865
3		47	23	655	411	38	1,127	69,840	16,892
4		47	23	661	404	36	1,124	70,097	17,115
5		47	23	663	403	35	1,124	70,312	20,555
6	都市計画区域 市街化区域（全国） 市街化調整区域（全国） その他の都市計画区域（全国）	47	23	663	1,193	101	1,980	95,596	26,000
7		47	23	663	1,203	102	1,991	95,935	30,000
8		47	23	664	1,210	102	1,999	96,547	30,000
9		47	23	668	1,214	102	2,007	97,070	30,300
10		47	23	670	1,224	102	2,019	97,502	30,600
11		47	23	670	1,234	105	2,032	98,202	30,800
12		47	23	671	1,238	106	2,038	98,552	31,000
13		47	23	671	1,239	105	2,038	98,577	31,000
14		47	23	671	1,246	104	2,044	99,132	31,520
15		47	23	675	1,239	103	2,040	99,540	31,866
16		47	23	679	1,217	99	2,018	99,574	31,866
17		47	23	709	1,085	84	1,901	99,451	31,230
18	都市計画区域（全国） 都市計画区域外の公示区域	47	23	758	727	61	1,569	99,666	31,230
19		47	23	776	615	47	1,461	99,754	30,000
20		47	23	779	598	47	1,447	99,920	29,100
21		47	23	779	589	46	1,437	100,051	28,227
22		47	23	779	578	45	1,425	100,075	27,804
23		47	23	782	548	43	1,396	100,010	26,000
24		47	23	782	540	43	1,388	101,105	26,000
25		47	23	785	538	43	1,389	101,408	26,000
26		47	23	785	531	39	1,378	101,669	23,380
27		47	23	785	530	38	1,376	101,923	23,380
28		47	23	785	530	38	1,376	101,993	25,270
29		47	23	786	529	38	1,376	102,206	26,000
30		47	23	786	529	38	1,376	102,141	26,000
31		47	23	787	528	38	1,376	102,444	26,000
令和2		47	23	787	528	38	1,376	102,441	26,000
3		47	23	787	528	38	1,376	102,097	26,000
4		47	23	787	528	38	1,376	102,870	26,000

資料：国土交通省「地価公示」
注1：「都市計画区域外の公示区域」は土地取引が相当程度見込まれるものとして国土交通省令で定める区域
注2：平成18年以降の面積は都市計画区域外の公示区域を除く
注3：平成24年～27年の対象市町村数及び地点数には、福島第一原子力発電所事故に伴う避難指示区域内において調査を休止した市町村及び休止した17地点が含まれている
注4：平成28年の対象市町村数及び地点数には、福島第一原子力発電所事故に伴う避難指示区域内において調査を休止した市町村及び休止した15地点が含まれている
注5：平成29年～30年の対象市町村数及び地点数には、福島第一原子力発電所事故に伴う避難指示区域内において調査を休止した市町村及び休止した12地点が含まれている
注6：平成31年～令和4年の対象市町村数及び地点数には、福島第一原子力発電所事故に伴う避難指示区域内において調査を休止した市町村及び休止した7地点が含まれている

② 都道府県地価調査の実施

都道府県地価調査は、国土利用計画法による土地取引の規制を適正かつ円滑に実施するため、国土利用計画法施行令第9条の規定に基づき、都道府県知事が、毎年1回、標準的な土地（基準地）を選定し、当該基準地について1人以上の不動産鑑定士等の鑑定評価を求め、その価格（標準価格）を判定して、周知するものである。都道府県地価調査において判定される価格も、地価公示と同じく正常な価格であり、これにより、国が行う地価公示とあわせて、全国にわたって標準的な地価及び地価動向に関する情報を提供している。

令和3年都道府県地価調査は、全国21,443地点の基準地について行われ、令和3年7月1日現在の価格が同年9月30日、各都道府県より公表された（図表6）。

図表6	地価公示と都道府県地価調査との比較	
	地 価 公 示	都道府県地価調査
根拠法等	地価公示法	国土利用計画法
実施機関	国土交通省土地鑑定委員会	都道府県知事
調査結果の性格	各標準地の正常な価格	各基準地の正常な価格
対象地域	全国の都市計画区域その他の土地取引が相当程度見込まれる区域	全 国
調査地点数	平成27年　23,380地点 28年　25,270地点 29年　26,000地点 30年　26,000地点 31年　26,000地点 令和2年　26,000地点 3年　26,000地点 4年　26,000地点	平成26年　21,740地点 27年　21,731地点 28年　21,675地点 29年　21,644地点 30年　21,578地点 令和元年　21,540地点 2年　21,519地点 3年　21,443地点
価格時点	各年1月1日	各年7月1日
法令等に基づく目的・役割	①一般の土地の取引価格に対する指標の提供 ②不動産鑑定士等の鑑定評価の規準 ③相続税評価、固定資産税評価の目安 ④公共用地の取得価格の算定の規準 ⑤収用委員会の補償金の額の算定の規準 ⑥国土利用計画法による価格審査の規準 ⑦国土利用計画法に基づく土地の買収価格の算定の規準	①国土利用計画法による価格審査の規準 ②国土利用計画法に基づく土地の買収価格の算定の規準 ③地価公示の①から③についても、ほぼ同様の役割を果たしている。
創設年度	昭和44年度	昭和50年度
鑑定評価を行う不動産鑑定士	2人	1人

資料：国土交通省

③ 公的土地評価の均衡化・適正化

公的土地評価には、地価公示、都道府県地価調査のほか、課税目的の評価としての相続税評価、固定資産税評価がある。

公的土地評価に対する国民の信頼を確保するとともに、適正な地価の形成、課税の適正化に資する観点から、平成元年に成立した土地基本法等を踏まえ、関係省庁で連絡を図りつつ、その均衡化・適正化を推進している（図表7）。

図表7	公的土地評価一覧		
区　分	地 価 公 示	相 続 税 評 価	固 定 資 産 税 評 価
目 的 等	1　一般の土地取引価格の指標 2　不動産鑑定士等の鑑定評価の規準 3　公共事業用地の取得価格の算定の規準等	相続税及び贈与税課税のため （平成4年分の評価から公示価格の水準の8割程度）	固定資産税課税のため （平成6年度の評価替から公示価格の7割を目処）
評価機関	国土交通省土地鑑定委員会	国 税 局 長	市 町 村 長
価格時点	1月1日 （毎年公示）	1月1日 （毎年評価替）	1月1日 （3年に1度評価替）

資料：国土交通省

（2）各圏域別の地価動向について

図表8	東京圏の地域別対前年平均変動率

（変動率：％）

			住　宅　地		商　業　地	
			令和3年	令和4年	令和3年	令和4年
			R2. 1. 1～R3. 1. 1	R3. 1. 1～R4. 1. 1	R2. 1. 1～R3. 1. 1	R3. 1. 1～R4. 1. 1
東　　京　　都			△0.6	1.0	△1.9	0.6
	東　京　都　区　部		△0.5	1.5	△2.1	0.7
		区　部　都　心　部	△0.4	2.2	△2.8	0.0
		区　部　南　西　部	△0.5	1.4	△1.1	1.4
		区　部　北　東　部	△0.5	1.3	△1.5	1.3
	多　　摩　　地　　域		△0.7	0.5	△1.1	0.5
神　　奈　　川　　県			△0.6	0.2	0.2	1.1
	横　　　浜　　　市		△0.2	0.8	0.5	1.6
	川　　　崎　　　市		0.0	0.6	0.8	1.5
	相　　模　　原　　市		△0.1	0.8	△0.6	0.9
	そ　　　の　　　他		△1.3	△0.4	△0.5	0.1
埼　　　玉　　　県			△0.6	0.6	△0.9	0.2
	さ　　い　　た　　ま　　市		△0.7	1.5	△1.0	1.2
	そ　　　の　　　他		△0.6	0.4	△0.9	△0.1
千　　　葉　　　県			0.1	0.8	0.6	1.5
	千　　　葉　　　市		0.4	1.0	1.4	1.7
	そ　　　の　　　他		0.1	0.7	0.4	1.4
茨　　　城　　　県			△0.7	△0.4	△0.5	△0.2
東　　　京　　　圏			△0.5	0.6	△1.0	0.7

資料：国土交通省「地価公示」
注：区部都心部とは、千代田区、中央区、港区、新宿区、文京区、台東区、渋谷区、豊島区の各区、
　　区部南西部とは、品川区、目黒区、大田区、世田谷区、中野区、杉並区、練馬区の各区、
　　区部北東部とは、墨田区、江東区、北区、荒川区、板橋区、足立区、葛飾区、江戸川区の各区である

（変動率：%）

都県及び市区名	住宅地 令和3年変動率	住宅地 令和4年 変動率	住宅地 令和4年 地点数	商業地 令和3年変動率	商業地 令和4年 変動率	商業地 令和4年 地点数	都県及び市区名	住宅地 令和3年変動率	住宅地 令和4年 変動率	住宅地 令和4年 地点数	商業地 令和3年変動率	商業地 令和4年 変動率	商業地 令和4年 地点数
茨城県							幸 手 市	△0.6	△0.5	7	△0.5	△0.6	2
龍 ケ 崎 市	△0.5	△0.4	14	△0.2	△0.2	5	鶴 ケ 島 市	△0.8	0.2	12	△0.4	0.0	1
常 総 市	△1.2	△1.2	11	△1.0	△0.7	2	日 高 市	△1.1	△0.5	8	△2.0	△0.9	2
取 手 市	△1.0	△0.8	27	△0.6	△0.4	5	吉 川 市	△0.9	△0.1	6	△0.9	0.0	1
牛 久 市	△0.4	△0.3	15	△0.6	△0.4	6	ふじみ野市	△1.4	0.7	12	△1.5	0.2	3
守 谷 市	0.2	1.6	13	0.2	1.6	3	白 岡 市	△0.3	0.0	8	△0.6	△0.3	1
坂 東 市	△0.6	△0.5	12	△1.5	△1.5	1	千葉県						
つくばみらい市	△1.1	△0.5	10	△0.3	△0.5	1	千 葉 市	0.4	1.0	148	1.4	1.7	36
埼玉県							中 央 区	0.9	1.6	39	1.8	2.1	23
さいたま市	△0.7	1.5	153	△1.0	1.2	52	花 見 川 区	0.2	0.3	33	0.4	0.7	2
西 区	△1.6	0.7	9	△0.9	0.0	1	稲 毛 区	0.6	0.9	30	0.3	1.2	3
北 区	△1.2	1.4	21	△0.8	0.9	3	若 葉 区	△0.1	0.6	26	0.9	1.9	2
大 宮 区	△0.8	2.0	16	△1.6	1.5	16	緑 区	0.5	1.5	11	2.5	2.9	1
見 沼 区	△1.1	0.5	14	△0.9	0.0	3	美 浜 区	0.0	1.9	9	0.3	0.4	5
中 央 区	△0.1	2.1	14	△0.6	0.8	7	市 川 市	0.4	2.3	63	1.8	2.6	10
桜 区	△0.6	0.6	9	△0.6	0.6	1	船 橋 市	0.2	1.3	85	0.3	3.1	19
浦 和 区	0.0	2.8	20	△0.7	1.9	12	木 更 津 市	1.2	1.5	37	1.1	1.4	11
南 区	△0.1	2.2	20	△1.0	1.8	3	松 戸 市	0.3	0.6	69	0.3	1.9	16
緑 区	△0.6	1.1	17	0.0	0.8	2	野 田 市	△2.7	△2.1	31	△1.2	△0.9	4
岩 槻 区	△1.3	0.5	13	△1.2	△0.3	4	成 田 市	0.1	0.7	28	△0.8	△0.3	5
川 越 市	△1.0	0.4	47	△1.4	0.4	12	佐 倉 市	△0.3	0.1	37	0.3	0.8	6
熊 谷 市	△0.2	△0.1	26	△0.3	△0.2	8	習 志 野 市	0.7	1.1	23	0.5	1.0	4
川 口 市	1.0	1.1	90	0.3	0.3	13	柏 市	△0.3	0.4	79	0.0	0.6	13
行 田 市	△1.3	△1.1	17	△0.9	△1.2	5	市 原 市	0.5	0.6	53	0.8	1.3	7
所 沢 市	△1.3	1.5	49	△1.5	0.3	10	流 山 市	0.1	0.7	24	△0.1	0.6	5
飯 能 市	△0.7	0.0	14	△1.7	0.7	4	八 千 代 市	△0.2	0.0	31	0.4	1.1	6
加 須 市	△0.8	△0.8	25	△0.9	△0.9	5	我 孫 子 市	△1.3	△0.6	32	0.0	0.6	3
東 松 山 市	△0.3	0.3	15	△0.7	0.2	3	鎌 ケ 谷 市	0.0	0.3	17	0.0	0.1	3
春 日 部 市	△0.6	△0.1	35	△0.7	△0.6	7	君 津 市	2.3	1.6	21	2.2	1.6	6
狭 山 市	△1.7	△0.6	24	△1.3	0.0	6	富 津 市	△1.2	△1.7	10	0.0	0.0	1
羽 生 市	△1.4	△1.3	14	△1.4	△1.4	2	浦 安 市	0.6	3.3	19	△0.8	1.8	4
鴻 巣 市	△0.6	△0.6	22	△0.6	△0.5	4	四 街 道 市	0.2	0.4	17	1.0	1.8	2
上 尾 市	△0.7	0.9	30	△1.1	0.3	5	袖 ケ 浦 市	1.1	1.6	13	1.7	2.4	1
草 加 市	△0.7	0.9	30	△0.7	0.1	5	印 西 市	△0.6	0.2	16	△0.2	0.5	4
越 谷 市	△0.8	0.6	33	△0.7	△0.2	7	白 井 市	△0.6	△0.3	9	0.0	0.0	1
蕨 市	1.0	1.2	6	0.5	0.5	1	富 里 市	△0.2	△0.2	6	0.0	0.0	1
戸 田 市	1.5	1.7	15	1.1	1.3	2	東京都						
入 間 市	△0.8	0.1	22	△1.1	△0.2	3	都区部平均	△0.5	1.5	882	△2.1	0.7	665
朝 霞 市	△0.9	1.7	18	△1.4	0.2	5	千 代 田 区	△0.4	2.1	6	△2.9	△1.2	53
志 木 市	△1.1	1.2	7	△1.6	0.4	2	中 央 区	△0.8	2.9	9	△3.9	△1.3	52
和 光 市	△0.6	2.3	10	△0.5	0.7	3	港 区	0.3	2.4	30	△1.1	△0.3	51
新 座 市	△0.9	1.3	20	△1.4	0.7	4	新 宿 区	△0.5	1.9	28	△3.1	0.5	49
桶 川 市	△0.9	0.6	14	△1.1	0.0	2	文 京 区	△0.7	2.5	22	△2.0	1.8	27
久 喜 市	△0.6	△0.4	29	△0.8	△0.5	6	台 東 区	△0.5	1.8	6	△4.0	1.1	46
北 本 市	△1.0	0.5	13	△1.7	0.0	2	墨 田 区	△0.6	1.5	11	△1.5	1.5	13
八 潮 市	△0.7	0.5	12	△0.5	0.8	1	江 東 区	△0.5	2.1	27	△1.6	1.4	17
富 士 見 市	△1.3	0.5	13	△1.6	0.2	5	品 川 区	△0.6	1.8	31	△1.6	0.8	28
三 郷 市	△1.1	△0.1	17	△1.1	△0.1	3	目 黒 区	0.3	1.8	32	△0.6	0.6	17
蓮 田 市	△0.3	0.0	11	△0.5	△0.4	1	大 田 区	△0.4	1.1	57	△1.0	1.2	36
坂 戸 市	△0.8	0.0	13	△0.7	△0.2	3	世 田 谷 区	△0.5	1.0	109	△1.0	1.1	32

都県及び市区名	住宅地 令和3年変動率	住宅地 令和4年変動率	住宅地 地点数	商業地 令和3年変動率	商業地 令和4年変動率	商業地 地点数
渋 谷 区	△0.5	1.9	25	△2.9	0.1	33
中 野 区	△0.3	2.1	28	△0.5	2.3	24
杉 並 区	△0.7	2.0	63	△1.7	2.1	22
豊 島 区	△0.6	2.6	22	△2.1	1.0	32
北　　区	△0.7	1.3	32	△2.2	1.7	23
荒 川 区	△0.7	1.7	17	△2.0	2.0	12
板 橋 区	△0.8	1.0	48	△1.7	1.4	18
練 馬 区	△0.9	1.1	91	△1.5	1.5	16
足 立 区	△0.2	1.5	73	△0.5	0.7	32
葛 飾 区	△0.4	1.0	44	△1.5	1.1	17
江 戸 川 区	△0.5	1.1	71	△1.6	1.5	15
八 王 子 市	△0.7	0.0	124	△1.2	△0.1	18
立 川 市	△0.5	1.1	31	△1.3	0.5	8
武 蔵 野 市	0.0	1.7	20	△0.9	1.8	11
三 鷹 市	△0.1	0.9	31	△0.6	1.0	12
青 梅 市	△2.7	△0.1	26	△2.3	△0.3	5
府 中 市	0.0	1.4	45	△0.3	1.2	10
昭 島 市	△0.9	0.3	19	△1.1	0.6	3
調 布 市	0.0	1.5	40	△0.8	0.9	7
町 田 市	△0.6	△0.1	79	△1.0	△0.1	16
小 金 井 市	△0.1	0.6	19	△0.4	0.7	5
小 平 市	△0.5	0.4	35	△1.5	0.1	8
日 野 市	△1.4	△0.1	37	△0.9	0.1	6
東 村 山 市	△0.9	0.5	21	△1.6	0.0	9
国 分 寺 市	△0.7	1.1	16	△1.1	1.2	7
国 立 市	△0.2	1.4	11	△1.1	1.2	3
福 生 市	△1.4	0.4	11	△2.5	△0.2	4
狛 江 市	△0.2	1.1	11	△0.8	0.7	2
東 大 和 市	△1.2	0.0	22	△1.2	△0.2	3
清 瀬 市	△0.8	0.3	15	△1.5	0.0	2
東 久 留 米 市	△1.0	0.7	22	△1.5	0.1	3
武 蔵 村 山 市	△1.8	0.0	16	△2.4	△0.7	2
多 摩 市	△0.8	△0.1	31	△1.4	0.0	5
稲 城 市	0.7	2.3	27	△0.8	1.4	3
羽 村 市	△1.7	0.0	9	△2.2	0.0	1
あ き る 野 市	△2.8	△0.2	23	△2.7	△0.5	2
西 東 京 市	△0.3	0.6	30	△0.2	0.6	8
神奈川県						
横 浜 市	△0.2	0.8	482	0.5	1.6	160
鶴 見 区	0.0	1.1	27	0.5	1.3	14
神 奈 川 区	0.7	1.7	22	1.5	2.7	12
西　　区	1.7	2.4	8	2.1	2.7	18
中　　区	0.4	1.3	14	0.8	1.7	25

都県及び市区名	住宅地 令和3年変動率	住宅地 令和4年変動率	住宅地 地点数	商業地 令和3年変動率	商業地 令和4年変動率	商業地 地点数
南　　区	0.0	0.7	19	0.2	2.7	8
保 土 ケ 谷 区	△0.1	0.7	26	0.4	2.3	6
磯 子 区	△1.2	0.1	16	△0.7	0.5	6
金 沢 区	△1.7	0.0	32	△0.5	0.7	5
港 北 区	0.5	1.6	45	0.6	1.2	13
戸 塚 区	△0.5	0.5	41	△0.4	1.2	13
港 南 区	△1.2	0.2	34	△0.7	1.0	9
旭　　区	△0.1	0.6	29	0.5	1.4	6
緑　　区	0.1	0.8	24	0.6	1.5	5
瀬 谷 区	△0.5	0.5	22	△0.9	0.6	2
栄　　区	△0.6	0.3	23	0.2	0.7	2
泉　　区	△0.2	0.5	26	△0.2	0.7	4
青 葉 区	0.1	0.7	49	0.1	0.6	6
都 筑 区	0.3	1.2	25	0.1	0.7	6
川 崎 市	0.0	0.6	180	0.8	1.5	56
川 崎 区	0.2	0.9	16	0.7	1.8	18
幸　　区	0.5	0.9	11	1.3	1.5	6
中 原 区	0.8	1.5	22	1.0	1.8	11
高 津 区	0.2	1.1	27	0.8	1.6	5
多 摩 区	0.1	0.4	35	0.1	0.8	5
宮 前 区	△0.1	0.2	35	0.9	1.0	6
麻 生 区	△0.8	△0.1	34	1.0	1.3	5
相 模 原 市	△0.1	0.8	98	△0.6	0.9	23
緑　　区	0.1	1.0	26	0.6	2.0	6
中 央 区	△0.3	0.7	35	△0.8	0.7	8
南　　区	0.0	0.8	37	△1.2	0.3	9
横 須 賀 市	△2.6	△1.9	71	△1.1	△0.7	16
平 塚 市	△1.3	△0.7	42	△0.8	△0.1	9
鎌 倉 市	△1.0	0.3	42	△0.2	0.4	7
藤 沢 市	△0.7	0.7	58	△0.4	0.4	17
小 田 原 市	△1.9	△1.4	37	△0.9	△0.7	15
茅 ケ 崎 市	0.1	1.0	32	0.0	2.9	5
逗 子 市	△0.3	1.0	16	0.0	0.5	3
三 浦 市	△4.1	△2.9	14	△3.6	△3.5	2
秦 野 市	△2.1	△1.6	35	△1.2	△1.2	6
厚 木 市	△0.5	0.4	34	0.7	2.2	10
大 和 市	△0.3	0.8	26	△0.7	0.0	5
伊 勢 原 市	△0.6	0.3	18	0.9	1.2	5
海 老 名 市	0.0	0.3	18	1.0	1.5	3
座 間 市	△0.8	0.0	14	△0.8	0.3	3
南 足 柄 市	△2.7	△2.4	10	--	--	--
綾 瀬 市	△1.0	△0.4	13	0.0	0.6	1

資料：国土交通省「地価公示」

図表10	大阪圏の地域別対前年平均変動率

(変動率：%)

	住　宅　地		商　業　地	
	令和3年	令和4年	令和3年	令和4年
	R2.1.1〜R3.1.1	R3.1.1〜R4.1.1	R2.1.1〜R3.1.1	R3.1.1〜R4.1.1
大　　阪　　府	△0.5	0.1	△2.1	△0.2
大　　阪　　市	△0.1	0.6	△4.4	△1.1
中　心　6　区	1.1	1.8	△5.9	△1.8
北　　大　　阪	△0.1	0.4	0.2	1.0
東　　大　　阪	△0.6	△0.2	△0.1	0.2
南　　大　　阪	△0.8	△0.1	△0.6	0.5
堺　　　　市	△0.3	1.2	△1.6	2.3
兵　　庫　　県	△0.2	0.4	△0.5	0.5
神　　戸　　市	△0.3	0.2	△1.8	△0.3
東　部　4　区	0.4	1.1	△2.8	△0.8
阪　神　地　域	△0.1	0.5	0.9	1.5
京　　都　　府	△0.6	0.2	△1.9	0.7
京　　都　　市	△0.4	0.5	△2.1	0.7
中　心　5　区	0.0	0.7	△1.1	1.3
そ　　の　　他	△0.8	△0.2	△0.7	0.8
奈　　良　　県	△0.8	△0.7	△1.8	△0.8
奈　　良　　市	△0.2	0.2	△5.2	△0.9
大　　阪　　圏	△0.5	0.1	△1.8	0.0

資料：国土交通省「地価公示」
注1：大阪市の中心6区とは、福島区、西区、天王寺区、浪速区、北区、中央区の各区である
注2：北大阪とは、豊中市、池田市、吹田市、高槻市、茨木市、箕面市、摂津市、島本町、豊能町、能勢町、東大阪とは、守口市、
　　　枚方市、八尾市、寝屋川市、大東市、柏原市、門真市、東大阪市、四條畷市、交野市、南大阪とは、大阪市、北大阪、東大阪
　　　を除くその他の大阪府である
注3：神戸市の東部4区とは、東灘区、灘区、兵庫区、中央区の各区である
注4：阪神地域とは、尼崎市、西宮市、芦屋市、伊丹市、宝塚市、川西市、三田市、猪名川町である
注5：京都市の中心5区とは、北区、上京区、左京区、中京区、下京区の各区である

図表11　大阪圏の市区の対前年平均変動率

（変動率：％）

府県及び市区名	住　宅　地			商　業　地			府県及び市区名	住　宅　地			商　業　地		
	令和3年変動率	令和4年		令和3年変動率	令和4年			令和3年変動率	令和4年		令和3年変動率	令和4年	
		変動率	地点数		変動率	地点数			変動率	地点数		変動率	地点数
京都府							吹　田　市	△0.2	0.4	55	△2.0	0.8	13
京　都　市	△0.4	0.5	219	△2.1	0.7	101	泉　大　津　市	△0.8	△0.4	12	△0.8	△0.3	5
北　　　区	△0.1	0.6	25	△0.3	0.1	6	高　槻　市	△0.2	0.2	44	0.9	1.3	9
上　京　区	0.4	2.0	13	△0.6	0.9	5	貝　塚　市	△0.2	△0.2	23	△1.2	0.0	3
左　京　区	△0.2	0.1	40	△0.3	1.3	7	守　口　市	△0.6	△0.3	18	△0.1	0.2	6
中　京　区	0.3	1.5	5	△1.8	1.3	21	枚　方　市	△0.3	0.2	56	0.1	0.5	12
東　山　区	△0.7	0.7	7	△6.9	0.2	12	茨　木　市	0.1	0.3	34	1.1	1.1	8
下　京　区	0.3	1.9	6	△0.9	1.7	19	八　尾　市	△0.4	△0.2	36	0.0	0.6	7
南　　　区	△0.3	1.1	11	△4.0	0.6	6	泉　佐　野　市	△0.3	△0.1	22	△0.2	0.4	7
右　京　区	△0.7	0.1	25	△2.2	0.4	4	富　田　林　市	△0.9	△0.5	27	0.0	0.0	4
伏　見　区	△0.6	△0.1	37	△2.2	△0.9	12	寝　屋　川　市	△0.9	△0.3	28	0.0	0.3	7
山　科　区	△0.7	△0.1	26	△1.1	△0.3	5	河　内　長　野　市	△1.3	△1.0	27	△0.4	△0.4	5
西　京　区	△0.4	1.1	24	△1.0	2.5	4	松　原　市	△1.5	△0.2	18	0.0	△0.2	3
宇　治　市	△0.5	0.1	34	△1.1	△0.3	10	大　東　市	△0.7	△0.1	17	△0.3	△0.2	6
亀　岡　市	△0.4	△0.2	18	0.0	0.0	2	和　泉　市	△0.6	△0.3	33	△0.1	0.2	3
城　陽　市	△0.4	0.0	14	△0.8	--	--	箕　面　市	0.5	0.9	27	2.7	2.4	6
向　日　市	△0.1	0.9	8	0.1	3.0	4	柏　原　市	△0.7	△0.6	17	0.0	0.0	2
長　岡　京　市	0.1	1.3	15	△1.0	3.3	2	羽　曳　野　市	△1.6	△1.0	21	△0.2	0.0	4
八　幡　市	△1.3	△0.5	15	△0.6	1.1	1	門　真　市	△0.8	△0.6	18	0.0	0.6	4
京　田　辺　市	△0.9	△0.1	15	△1.2	0.4	2	摂　津　市	△0.4	0.0	14	△0.1	0.3	6
南　丹　市	△1.2	△0.8	11	0.0	0.0	1	高　石　市	△0.4	0.5	11	△0.7	0.0	3
木　津　川　市	△2.1	△1.5	19	0.0	0.9	1	藤　井　寺　市	△0.7	△0.5	13	0.0	0.0	3
大阪府							東　大　阪　市	△0.5	△0.3	56	△0.3	△0.1	18
大　阪　市	△0.1	0.6	223	△4.4	△1.1	168	泉　南　市	△0.7	△0.6	20	0.0	0.0	2
都　島　区	1.1	2.0	8	△0.5	1.3	3	四　條　畷　市	△0.8	△0.6	10	△0.2	△0.2	3
福　島　区	2.7	1.1	7	△2.4	△0.1	8	交　野　市	△0.5	△0.1	16	0.0	0.6	2
此　花　区	△0.8	0.2	6	△1.2	0.7	2	大　阪　狭　山　市	△0.4	0.5	12	0.0	0.0	2
西　　　区	0.0	6.0	1	△4.5	△1.0	20	阪　南　市	△1.3	△1.4	18	0.0	0.0	1
港　　　区	△0.7	0.8	8	△1.2	0.9	4	兵庫県						
大　正　区	△0.5	△0.1	5	△0.3	0.6	1	神　戸　市	△0.3	0.2	284	△1.8	△0.3	62
天　王　寺　区	0.7	1.7	8	△4.1	△0.8	4	東　灘　区	0.3	0.9	33	1.1	1.8	6
浪　速　区	△0.8	2.0	1	△6.8	△1.4	10	灘　　　区	1.3	2.0	21	0.9	2.2	4
西　淀　川　区	△1.4	0.0	9	△0.7	0.4	2	兵　庫　区	△0.3	0.3	16	0.0	1.2	6
東　淀　川　区	0.0	0.5	19	△1.0	0.3	6	長　田　区	△1.0	△0.8	18	△0.4	△0.4	5
東　成　区	0.0	0.5	6	0.0	2.0	3	須　磨　区	△0.6	0.0	39	0.1	0.9	8
生　野　区	△1.0	0.1	12	△0.9	0.0	2	垂　水　区	△0.2	0.4	60	0.6	1.1	3
旭　　　区	0.0	0.5	9	△0.7	0.3	3	北　　　区	△0.9	△0.5	49	1.0	1.5	3
城　東　区	0.5	1.3	17	0.0	1.1	1	中　央　区	0.0	0.7	13	△4.9	△2.5	25
阿　倍　野　区	0.1	0.8	9	△3.2	△1.5	4	西　　　区	△0.7	△0.2	35	△0.5	0.0	2
住　吉　区	△0.3	0.2	17	△0.8	0.1	4	尼　崎　市	△0.2	0.2	49	0.2	1.0	14
東　住　吉　区	△0.4	△0.1	15	△1.0	△0.6	2	西　宮　市	△0.2	0.7	90	0.3	1.4	14
西　成　区	△0.6	0.5	7	△4.5	0.6	3	芦　屋　市	0.6	1.6	19	2.4	3.5	4
淀　川　区	0.1	0.6	11	△2.6	0.0	9	伊　丹　市	0.6	1.1	35	1.9	1.9	9
鶴　見　区	0.0	0.5	11	0.0	1.4	2	宝　塚　市	0.1	0.6	49	1.1	1.7	7
住　之　江　区	△0.3	0.0	11	△1.0	0.3	1	川　西　市	△0.7	0.3	34	1.6	1.1	5
平　野　区	△0.6	0.1	18	△0.4	0.1	3	三　田　市	△0.7	△0.6	16	0.0	0.3	3
北　　　区	0.0	1.2	5	△4.4	△1.0	29	奈良県						
中　央　区	0.9	3.5	3	△8.1	△3.2	42	奈　良　市	△0.2	0.2	63	△5.2	△0.9	15
堺　　　市	△0.3	1.2	132	△1.6	2.3	16	大　和　高　田　市	△0.5	△0.4	10	△0.4	△0.4	4
堺　　　区	△0.4	1.3	26	△2.2	2.4	5	大　和　郡　山　市	△0.3	△0.3	13	△0.1	0.0	7
中　　　区	△0.2	0.9	18	0.0	2.6	3	天　理　市	△0.4	△0.4	17	△1.5	△1.2	4
東　　　区	△0.2	2.3	15	△2.9	2.5	1	橿　原　市	△0.2	0.1	21	△0.4	△0.3	10
西　　　区	△0.2	1.0	25	△1.8	1.9	3	桜　井　市	△0.5	△0.5	13	△0.6	△0.6	6
南　　　区	△0.6	0.0	14	0.0	3.3	1	五　條　市	△2.6	△2.8	10	△2.9	△2.9	3
北　　　区	△0.8	1.9	23	△2.4	1.8	2	御　所　市	△1.1	△1.1	8	△1.7	△1.6	2
美　原　区	△0.1	0.2	11	--	1.9	1	生　駒　市	△0.2	0.0	29	△1.6	0.0	5
岸　和　田　市	△0.9	△0.4	41	△0.8	△0.3	7	香　芝　市	△0.4	0.4	18	0.0	0.0	3
豊　中　市	0.0	0.5	54	0.2	0.5	11	葛　城　市	△0.7	△0.7	7	△0.7	△0.7	1
池　田　市	0.1	0.4	20	1.3	1.6	4	宇　陀　市	△1.0	△1.0	15	△0.7	△0.7	1

資料：国土交通省「地価公示」

（変動率：%）

	住　宅　地		商　業　地	
	令和3年	令和4年	令和3年	令和4年
	R2. 1. 1～R3. 1. 1	R3. 1. 1～R4. 1. 1	R2. 1. 1～R3. 1. 1	R3. 1. 1～R4. 1. 1
愛　知　県	△1.0	1.1	△1.8	1.9
名　古　屋　市	△0.8	2.2	△2.1	3.2
尾　張　地　域	△1.0	0.5	△1.4	0.6
西　三　河　地　域	△1.1	1.2	△1.5	0.8
知　多　地　域	△1.5	0.1	△1.9	△0.5
三　　　重　　　県	△0.6	△0.3	△0.5	△0.2
四　日　市　市	△0.4	△0.1	△0.5	△0.1
名　古　屋　圏	△1.0	1.0	△1.7	1.7

資料：国土交通省「地価公示」
注：愛知県の地域区分は、以下のとおりである
　　尾張地域：一宮市、瀬戸市、春日井市、津島市、犬山市、江南市、小牧市、稲沢市、尾張旭市、岩倉市、豊明市、日進市、愛西市、清須市、北名古屋市、弥富市、あま市、長久手市、東郷町、豊山町、大口町、扶桑町、大治町、蟹江町、飛島村
　　西三河地域：岡崎市、碧南市、刈谷市、豊田市、安城市、西尾市、知立市、高浜市、みよし市、幸田町
　　知多地域：半田市、常滑市、東海市、大府市、知多市、阿久比町、東浦町、南知多町、美浜町、武豊町

（変動率：%）

県及び市区名	住　宅　地			商　業　地			県及び市区名	住　宅　地			商　業　地		
	令和3年変動率	令和4年		令和3年変動率	令和4年			令和3年変動率	令和4年		令和3年変動率	令和4年	
		変動率	地点数		変動率	地点数			変動率	地点数		変動率	地点数
愛知県							安　城　市	△0.4	3.2	22	△1.4	1.8	8
名　古　屋　市	△0.8	2.2	345	△2.1	3.2	222	西　尾　市	△2.1	△1.2	40	△3.2	△1.1	9
千　種　区	△0.4	1.7	26	△1.6	3.6	23	犬　山　市	△1.3	△0.1	18	△1.4	△0.2	3
東　区	△0.1	4.7	13	△1.2	4.8	14	常　滑　市	△1.7	△0.7	15	△2.6	△1.2	4
北　区	△0.5	1.3	19	△1.0	2.5	12	江　南　市	△0.7	0.3	8	△1.2	0.2	6
西　区	△1.2	2.4	17	△2.6	3.9	17	小　牧　市	△0.6	0.5	25	△1.4	0.8	7
中　村　区	△0.2	1.0	16	△2.9	3.6	34	稲　沢　市	△0.5	0.1	20	△0.8	0.2	4
中　区	0.1	9.3	5	△2.8	4.4	41	東　海　市	△0.3	2.6	27	△0.8	1.6	6
昭　和　区	△1.6	0.5	12	△2.6	1.7	10	大　府　市	△0.2	2.6	16	△1.5	1.8	5
瑞　穂　区	△1.5	1.1	16	△2.6	1.0	8	知　多　市	△1.2	0.0	16	△1.6	0.0	4
熱　田　区	△0.1	2.2	13	△2.8	3.0	10	知　立　市	△0.9	2.4	14	△1.7	2.0	3
中　川　区	△0.3	2.8	38	△0.8	2.9	14	尾　張　旭　市	△0.8	0.7	20	△2.4	0.0	3
港　区	0.1	2.1	21	△0.6	1.7	5	高　浜　市	△0.9	1.7	12	△1.5	1.1	2
南　区	0.2	4.2	21	△0.4	1.9	6	岩　倉　市	△0.9	0.6	10	△1.5	0.8	4
守　山　区	△1.2	1.7	36	△1.4	1.4	8	豊　明　市	△1.1	0.9	11	△1.8	0.8	3
緑　区	△1.7	2.6	40	△2.8	1.2	7	日　進　市	△1.5	1.3	14	△2.4	1.2	2
名　東　区	△1.1	1.5	24	△1.4	2.1	7	愛　西　市	△1.2	△0.7	11	--	--	--
天　白　区	△1.7	1.7	28	△2.7	1.4	6	清　須　市	△0.4	0.3	26	△1.6	0.3	3
岡　崎　市	△0.8	0.8	72	△0.8	0.4	32	北　名　古　屋　市	△0.7	1.3	18	△1.4	0.7	2
一　宮　市	△0.7	0.7	46	△1.2	0.9	25	弥　富　市	△1.1	△0.2	11	△1.4	0.0	1
瀬　戸　市	△1.4	0.1	38	△1.4	0.0	7	み　よ　し　市	△1.4	1.8	9	△1.1	1.1	2
半　田　市	△1.1	△0.2	28	△1.5	△0.6	9	あ　ま　市	△1.0	△0.4	18	△1.7	△0.5	2
春　日　井　市	△1.0	1.4	49	△1.3	1.0	14	長　久　手　市	△1.5	1.4	13	△2.3	1.3	2
津　島　市	△1.9	△0.9	10	△1.7	△0.8	3	三重県						
碧　南　市	△0.8	0.5	19	△1.5	△0.3	4	四　日　市　市	△0.4	△0.1	62	△0.5	△0.1	26
刈　谷　市	△1.1	3.1	29	△1.5	2.2	7	桑　名　市	△0.7	△0.4	39	△0.3	△0.2	7
豊　田　市	△1.3	1.8	58	△1.7	1.9	13	い　な　べ　市	△0.7	△0.8	7	△0.5	△0.4	2

資料：国土交通省「地価公示」

図表14　地方圏の市区別変動率（人口10万人以上の市）

（人口：万人、変動率：％）

地　方	道　県	都市名（人口）	住宅地			商業地		
			令和3年 変動率	令和4年 変動率	地点数	令和3年 変動率	令和4年 変動率	地点数
北　海　道	北　海　道	札　幌　市（196）	4.3	9.3	305	2.9	5.8	149
		中　央　区（24）	4.0	7.9	26	1.6	5.2	34
		北　　　区（29）	5.2	9.7	46	4.3	5.6	18
		東　　　区（26）	4.5	10.5	37	3.6	6.5	17
		白　石　区（21）	5.8	9.9	28	3.8	4.3	17
		豊　平　区（22）	4.4	9.0	32	2.7	6.9	12
		南　　　区（14）	0.6	4.8	37	1.2	4.7	11
		西　　　区（22）	3.6	8.7	28	2.0	4.9	17
		厚　別　区（13）	5.6	8.1	26	5.8	7.3	9
		手　稲　区（14）	5.6	12.7	27	4.0	7.7	9
		清　田　区（11）	4.1	13.3	18	2.4	8.7	5
		函　館　市（25）	△0.7	△0.4	32	△2.4	△1.3	23
		小　樽　市（11）	△1.0	0.3	32	1.6	0.6	12
		旭　川　市（33）	△0.6	0.4	63	△1.0	△0.7	21
		釧　路　市（17）	△0.2	△0.1	32	△0.3	△0.4	15
		帯　広　市（17）	4.1	7.9	30	1.2	2.5	10
		北　見　市（12）	△0.4	△0.3	14	△0.6	△0.5	5
		苫　小　牧　市（17）	△0.3	0.8	51	△1.1	△1.3	17
		江　別　市（12）	5.1	16.9	29	2.4	13.1	8
東　　　北	青　森　県	青　森　市（28）	△0.8	△0.4	47	△1.2	△0.9	20
		弘　前　市（17）	△0.4	△0.4	31	△1.4	△0.9	9
		八　戸　市（23）	△0.5	△0.3	35	△0.4	△0.3	13
	岩　手　県	盛　岡　市（29）	0.2	1.1	45	△1.5	0.1	18
		一　関　市（11）	△1.8	△1.4	6	△2.5	△2.5	4
		奥　州　市（11）	△0.6	△0.6	9	△2.8	△1.9	4
	宮　城　県	仙　台　市（107）	2.0	4.4	218	2.8	4.2	82
		青　葉　区（29）	2.5	4.3	60	3.1	4.2	50
		宮　城　野　区（19）	1.0	4.3	38	1.9	4.6	12
		若　林　区（14）	1.8	4.6	29	3.8	4.6	9
		太　白　区（23）	2.2	4.0	51	1.6	4.0	7
		泉　　　区（21）	1.9	5.1	40	2.5	2.9	4
		石　巻　市（14）	△1.3	△1.1	24	△0.7	△0.7	11
		大　崎　市（13）	△1.7	△1.1	12	△1.8	△1.8	6
	秋　田　県	秋　田　市（31）	0.0	0.3	58	△0.2	△0.1	26
	山　形　県	山　形　市（24）	2.5	2.3	24	1.0	1.1	17
		鶴　岡　市（12）	△0.4	△0.3	10	△1.4	△0.9	6
		酒　田　市（10）	△0.1	△0.1	16	△1.2	△1.1	3
	福　島　県	福　島　市（28）	0.7	0.7	38	0.2	0.5	21
		会　津　若　松　市（12）	△0.4	0.1	24	△1.4	△1.2	7
		郡　山　市（32）	0.4	2.3	52	△1.2	1.3	18
		い　わ　き　市（32）	△0.2	△0.1	73	0.2	1.0	19
	新　潟　県	新　潟　市（78）	0.0	0.3	106	△0.4	0.3	35
		北　　　区（7）	0.4	0.6	10	△0.5	△0.1	2
		東　　　区（14）	0.4	0.7	12	0.1	0.8	5
		中　央　区（17）	0.6	1.0	22	0.0	0.9	19
		江　南　区（7）	0.7	1.1	12	--	--	--
		秋　葉　区（8）	△0.7	△0.4	16	△1.2	△0.9	4
		南　　　区（4）	△0.5	△0.3	3	--	--	--
		西　　　区（16）	△0.1	0.1	25	△0.1	0.0	2
		西　蒲　区（6）	△1.4	△1.6	6	△2.7	△2.6	3
		長　岡　市（27）	△1.0	△0.9	46	△1.8	△1.6	15
		上　越　市（19）	△1.7	△1.6	35	△2.6	△2.2	11
関　　　東	茨　城　県	水　戸　市（27）	△0.6	△0.5	48	△0.6	△0.4	16
		日　立　市（18）	△0.5	△0.4	39	△0.8	△0.5	8
		土　浦　市（14）	△0.1	0.0	30	△0.4	△0.2	9
		古　河　市（14）	△0.1	0.0	26	△0.3	0.0	8
		つ　く　ば　市（24）	△0.4	0.1	30	0.3	1.3	6
		ひ　た　ち　な　か　市（16）	△0.3	△0.1	31	△0.6	△0.1	6
		筑　西　市（10）	△0.7	△0.6	19	△0.8	△0.4	4
	栃　木　県	宇　都　宮　市（52）	0.1	0.5	79	0.2	0.5	33
		足　利　市（15）	△2.3	△1.8	32	△2.3	△1.5	5
		栃　木　市（16）	△1.9	△1.3	43	△2.3	△1.3	9
		佐　野　市（12）	△1.8	△1.2	32	△2.0	△1.0	6
		小　山　市（17）	△0.1	0.4	27	△0.4	0.2	7
		那　須　塩　原　市（12）	△1.8	△1.6	8	△1.9	△1.7	4
	群　馬　県	前　橋　市（34）	△0.6	△0.5	44	△1.0	△0.8	26
		高　崎　市（37）	△0.3	△0.3	43	0.0	0.0	22
		桐　生　市（11）	△2.0	△2.0	23	△2.2	△2.1	10
		伊　勢　崎　市（21）	△0.7	△0.5	25	△1.0	△0.8	9
		太　田　市（22）	△0.5	△0.4	34	△0.6	△0.5	12
	埼　玉　県	深　谷　市（14）	△0.2	0.0	21	△0.2	△0.1	5
	山　梨　県	甲　府　市（19）	△0.6	△0.6	29	△0.6	△0.5	22
	長　野　県	長　野　市（37）	△0.3	△0.2	48	△0.7	△0.5	24
		松　本　市（24）	0.1	0.4	34	△0.7	△0.5	18
		上　田　市（16）	△0.4	△0.3	10	△1.2	△1.2	4

| 地　方 | 道　県 | 都市名（人口） | 住宅地 | | | 商業地 | | |
			令和3年 変動率	令和4年 変動率	令和4年 地点数	令和3年 変動率	令和4年 変動率	令和4年 地点数
北　陸	富　山　県	富　山　市　（41）	0.1	0.5	67	△0.1	△0.1	33
		高　岡　市　（17）	△0.9	△0.9	32	△1.3	△1.2	12
	石　川　県	金　沢　市　（45）	1.0	2.0	67	△1.7	△0.1	30
		小　松　市　（11）	△0.6	0.5	17	△1.7	0.4	4
		白　山　市　（11）	△0.8	1.1	11	△0.4	△0.2	3
	福　井　県	福　井　市　（26）	△0.6	△0.3	40	0.3	0.3	16
中　部	岐　阜　県	岐　阜　市　（41）	△1.3	△0.7	69	△1.6	△0.7	30
		大　垣　市　（16）	△1.2	△0.9	29	△1.3	△0.8	11
		多　治　見　市　（11）	△0.8	△0.4	16	0.1	0.5	6
		各　務　原　市　（15）	△0.9	△0.6	20	△0.6	△0.1	5
		可　児　市　（10）	△1.5	△1.0	6	△0.3	△0.3	3
	静　岡　県	静　岡　市　（69）	△1.6	△0.5	83	△2.1	△0.2	33
		葵　　　区　（25）	△1.1	0.2	25	△1.9	0.2	19
		駿　河　区　（21）	△1.3	△0.1	28	△1.7	0.1	8
		清　水　区　（23）	△2.2	△1.4	30	△2.8	△2.0	6
		浜　松　市　（80）	△1.2	△0.3	88	△1.8	△0.3	39
		中　　　区　（24）	△0.7	0.2	29	△1.9	△0.2	27
		東　　　区　（13）	△0.7	0.4	14	△0.8	0.4	2
		西　　　区　（11）	△2.6	△1.6	13	△1.9	0.5	3
		南　　　区　（10）	△1.2	△0.1	8	△1.9	△0.5	3
		北　　　区　（9）	△1.6	△1.0	13	--	--	--
		浜　北　区　（10）	△0.8	0.3	8	△0.9	0.0	3
		天　竜　区　（3）	△3.1	△2.4	3	△3.3	△3.1	1
		沼　津　市　（19）	△1.7	△1.6	30	△2.1	△2.3	12
		三　島　市　（11）	△0.7	△0.6	14	0.0	0.2	6
		富　士　宮　市　（13）	△1.5	△1.1	28	△1.4	△1.1	5
		富　士　市　（25）	△1.5	△1.2	39	△1.4	△0.9	12
		磐　田　市　（17）	△1.4	△0.7	23	△1.3	△0.6	4
		焼　津　市　（14）	△2.6	△1.7	17	△2.7	△2.0	4
		掛　川　市　（12）	△1.4	△0.7	8	△2.8	△1.2	4
		藤　枝　市　（14）	△1.5	△0.6	20	△1.5	△0.4	4
	愛　知　県	豊　橋　市　（38）	△0.3	0.1	44	△0.4	0.9	22
		豊　川　市　（19）	△0.6	△0.1	35	△1.0	△0.3	11
	三　重　県	津　　　　市　（28）	△1.1	△0.5	43	△1.1	△0.6	21
		伊　勢　市　（12）	△1.6	△1.3	12	△1.3	△1.2	6
		松　阪　市　（16）	△1.5	△1.2	23	△1.1	△1.0	7
		鈴　鹿　市　（20）	△0.6	△0.2	32	△0.7	△0.2	8
近　畿	滋　賀　県	大　津　市　（34）	△1.0	△0.5	56	△0.1	1.0	22
		彦　根　市　（11）	△1.6	△1.4	19	△1.1	△0.6	8
		長　浜　市　（12）	△1.9	△1.8	19	△1.2	△1.3	9
		草　津　市　（14）	0.4	1.2	14	0.0	1.7	9
		東　近　江　市　（11）	△1.7	△1.4	21	△0.7	△0.6	6
	兵　庫　県	姫　路　市　（53）	△0.9	△0.6	90	△0.2	0.0	27
		明　石　市　（30）	0.1	1.1	35	△0.4	0.5	13
		加　古　川　市　（26）	△0.2	0.0	22	0.0	0.4	8
	和　歌　山　県	和　歌　山　市　（37）	△0.8	△0.7	45	△0.1	△0.3	28
中　国	鳥　取　県	鳥　取　市　（19）	△0.5	△0.1	36	△1.8	△2.0	14
		米　子　市　（15）	△0.5	△0.2	17	△1.0	△0.9	8
	島　根　県	松　江　市　（20）	0.0	0.1	38	△0.4	△0.4	13
		出　雲　市　（17）	△0.4	△0.2	10	△0.9	△0.6	9
	岡　山　県	岡　山　市　（71）	△0.1	0.2	94	0.3	1.0	48
		北　　　区　（30）	0.0	0.7	33	0.4	1.2	32
		中　　　区　（15）	0.1	0.4	18	0.4	1.2	5
		東　　　区　（9）	△0.6	△0.4	19	0.0	0.1	4
		南　　　区　（17）	△0.2	0.0	24	0.2	0.8	7
		倉　敷　市　（48）	△0.4	△0.1	80	0.1	0.1	22
	広　島　県	広　島　市　（119）	0.4	1.4	190	△0.4	2.6	69
		中　　　区　（14）	0.8	2.7	15	△1.6	2.7	30
		東　　　区　（12）	0.1	0.8	24	1.0	2.2	6
		南　　　区　（14）	0.6	2.1	19	△0.2	2.6	10
		西　　　区　（19）	0.9	1.7	29	1.0	3.8	9
		安　佐　南　区　（24）	0.7	1.9	32	1.0	2.8	5
		安　佐　北　区　（14）	△0.1	0.2	28	0.0	0.0	3
		安　芸　区　（8）	△0.1	0.6	17	0.5	0.9	3
		佐　伯　区　（14）	0.4	1.3	26	0.6	2.2	3
		呉　　　市　（22）	△1.4	△1.4	34	△0.9	△1.0	16
		尾　道　市　（13）	△1.2	△0.9	26	△2.0	△1.6	7
		福　山　市　（47）	△1.0	△0.2	76	△1.4	0.8	23
		東　広　島　市　（19）	△0.3	0.3	28	0.3	1.2	7
		廿　日　市　市　（12）	0.5	0.9	22	△2.2	△1.0	5
	山　口　県	下　関　市　（26）	0.1	0.5	52	△0.7	△0.6	21
		宇　部　市　（16）	△0.1	0.1	6	△1.0	△0.7	6
		山　口　市　（19）	0.4	0.6	10	0.1	0.1	9
		防　府　市　（12）	△0.1	0.3	18	0.0	0.1	8
		岩　国　市　（13）	0.5	0.7	24	0.1	0.2	12
		周　南　市　（14）	△0.2	0.0	27	△0.3	△0.1	13

地　方	道　県	都市名（人口）	住宅地 令和3年 変動率	令和4年 変動率	地点数	商業地 令和3年 変動率	令和4年 変動率	地点数
四　　　国	徳 島 県	徳 島 市 （ 25 ）	△0.6	△0.3	42	△1.0	△0.6	16
	香 川 県	高 松 市 （ 43 ）	△0.4	△0.3	55	△0.6	△0.4	26
		丸 亀 市 （ 11 ）	△0.9	△0.8	13	△0.8	△0.7	5
	愛 媛 県	松 山 市 （ 51 ）	△0.3	△0.2	41	0.1	0.0	35
		今 治 市 （ 16 ）	△1.5	△1.6	24	△2.1	△2.1	6
		新 居 浜 市 （ 12 ）	△1.3	△1.4	20	△1.8	△1.9	6
		西 条 市 （ 11 ）	△1.4	△1.4	17	△2.1	△2.2	7
	高 知 県	高 知 市 （ 33 ）	△0.8	△0.5	47	△0.8	△0.7	18
九 州 沖 縄	福 岡 県	北 九 州 市 （ 94 ）	△0.1	0.4	146	0.1	0.9	71
		門 司 区 （ 10 ）	△0.6	△0.3	22	0.5	0.9	8
		若 松 区 （ 8 ）	△1.0	△0.6	17	△0.8	△0.5	7
		戸 畑 区 （ 6 ）	0.1	0.8	7	0.4	0.6	7
		小 倉 北 区 （ 18 ）	0.0	0.7	20	△0.2	1.8	18
		小 倉 南 区 （ 21 ）	0.0	0.7	27	0.3	0.8	7
		八 幡 東 区 （ 7 ）	△0.8	△0.5	15	0.8	1.7	6
		八 幡 西 区 （ 25 ）	0.7	1.1	38	0.1	0.5	18
		福 岡 市 （ 156 ）	3.3	6.1	194	6.6	9.4	84
		東 区 （ 32 ）	3.7	5.8	41	7.5	11.5	8
		博 多 区 （ 24 ）	7.8	10.8	16	8.8	11.0	23
		中 央 区 （ 19 ）	4.9	7.4	22	7.5	9.5	26
		南 区 （ 26 ）	2.4	5.8	32	2.6	6.3	11
		西 区 （ 21 ）	1.9	4.8	23	4.4	7.7	5
		城 南 区 （ 13 ）	2.1	4.7	17	3.0	7.8	2
		早 良 区 （ 22 ）	2.1	5.5	43	3.9	8.6	9
		大 牟 田 市 （ 11 ）	△1.4	△1.0	22	△1.5	△0.8	8
		久 留 米 市 （ 30 ）	0.4	1.0	36	1.4	2.7	15
		飯 塚 市 （ 13 ）	0.2	2.7	9	△1.0	0.6	7
		筑 紫 野 市 （ 10 ）	6.5	7.2	12	5.7	7.7	3
		春 日 市 （ 11 ）	2.8	6.7	14	2.0	7.0	3
		大 野 城 市 （ 10 ）	2.7	7.3	13	3.3	6.8	2
		糸 島 市 （ 10 ）	1.5	3.2	10	1.1	4.4	2
	佐 賀 県	佐 賀 市 （ 23 ）	0.7	1.7	25	1.7	2.8	13
		唐 津 市 （ 12 ）	△0.8	△0.6	11	△1.3	△1.4	6
	長 崎 県	長 崎 市 （ 41 ）	△0.2	0.7	62	0.0	1.9	22
		佐 世 保 市 （ 25 ）	0.0	0.4	43	0.4	0.7	18
		諫 早 市 （ 14 ）	0.0	0.5	15	0.0	0.3	6
	熊 本 県	熊 本 市 （ 73 ）	0.7	1.0	91	0.8	1.4	43
		中 央 区 （ 18 ）	1.3	2.4	23	0.8	1.5	23
		東 区 （ 19 ）	0.7	0.9	22	△0.1	0.9	6
		西 区 （ 9 ）	△0.1	△0.1	13	1.2	1.6	7
		南 区 （ 13 ）	0.7	0.7	16	0.8	1.3	3
		北 区 （ 14 ）	0.4	0.6	17	0.9	1.5	4
		八 代 市 （ 13 ）	△0.6	△0.3	7	△0.6	△0.7	4
	大 分 県	大 分 市 （ 48 ）	1.6	2.3	76	0.6	0.9	36
		別 府 市 （ 12 ）	△0.2	△0.2	25	△0.9	△0.6	16
	宮 崎 県	宮 崎 市 （ 40 ）	0.0	0.1	63	△0.4	△0.3	25
		都 城 市 （ 16 ）	△0.9	△0.8	15	△1.1	△1.3	7
		延 岡 市 （ 12 ）	△0.1	△0.1	20	△0.8	△0.4	10
	鹿 児 島 県	鹿 児 島 市 （ 60 ）	△0.1	0.1	68	△0.2	0.1	33
		鹿 屋 市 （ 10 ）	△1.2	△0.7	8	△1.6	△2.1	5
		霧 島 市 （ 12 ）	△1.5	△1.3	13	△1.3	△1.0	8
	沖 縄 県	那 覇 市 （ 32 ）	0.6	1.0	28	△0.6	0.1	19
		宜 野 湾 市 （ 10 ）	1.1	2.9	11	0.1	0.5	7
		浦 添 市 （ 12 ）	0.9	1.9	13	1.1	2.1	4
		沖 縄 市 （ 14 ）	1.4	2.7	8	1.5	1.8	5
		う る ま 市 （ 13 ）	△0.1	0.8	6	△0.9	0.4	5

資料：国土交通省「地価公示」
注：表中の人口は住民基本台帳に基づく人口（令和3年1月1日現在）による概数である

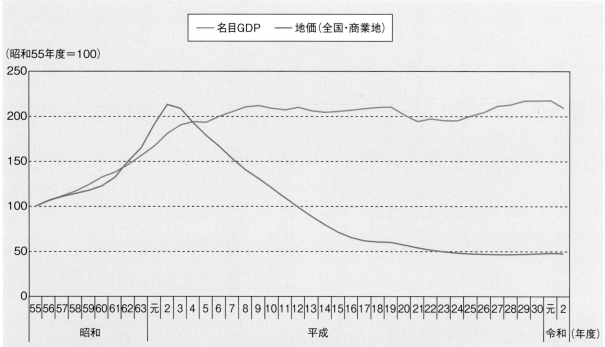

資料：内閣府「国民経済計算」、（一財）日本不動産研究所「市街地価格指数」より作成
注1：地価は年度末の数値。
注2：名目GDPについては、昭和55年度から平成5年度までは「平成23年基準支出側GDP系列簡易遡及」より作成。
　　　平成6年度以降は「令和2年度国民経済計算年次推計」より作成。

3. 土地取引の動向

図表16	制度部門別土地純購入額の推移

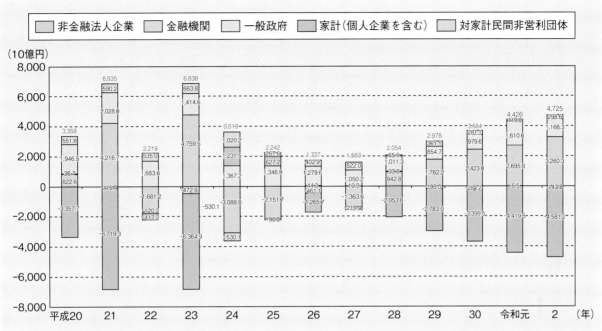

資料：内閣府「国民経済計算」より作成
注：赤字の数値は、各年の純購入総額（＝純売却総額）

図表17	土地売却主体の状況（面積割合）

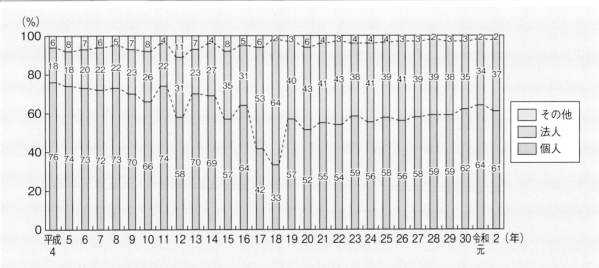

資料：国土交通省「土地保有移動調査」（～H29）及び「土地保有・動態調査」（H30～）より
注：平成19年までの面積は、全国で行われた売買による所有権移転登記のあった土地取引から、抽出率50分の1で
　　無作為抽出した土地取引データを基に分析
　　平成20年以降は全数を分析

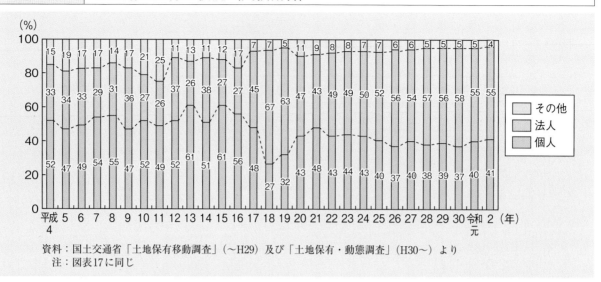

資料：国土交通省「土地保有移動調査」（～H29）及び「土地保有・動態調査」（H30～）より
注：図表17に同じ

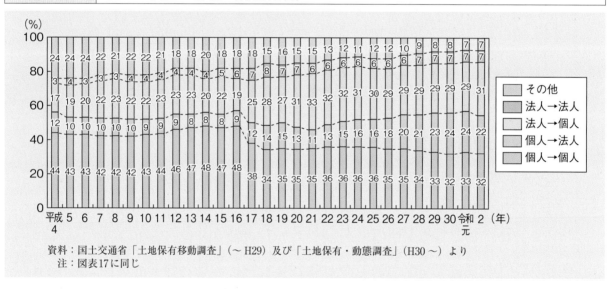

資料：国土交通省「土地保有移動調査」（～H29）及び「土地保有・動態調査」（H30～）より
注：図表17に同じ

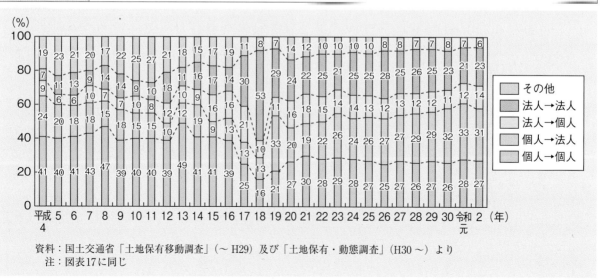

資料：国土交通省「土地保有移動調査」（～H29）及び「土地保有・動態調査」（H30～）より
注：図表17に同じ

図表21　土地取引の地目別割合（件数割合）

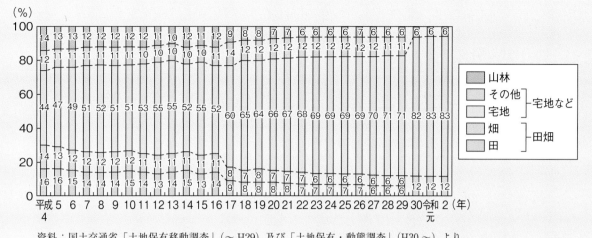

資料：国土交通省「土地保有移動調査」（〜 H29）及び「土地保有・動態調査」（H30 〜）より
注１：平成30年より「宅地」と「その他」を統合し「宅地など」、「田」と「畑」を統合し「田畑」として集計
注２：図表17に同じ

図表22　土地取引の地目別割合（面積割合）

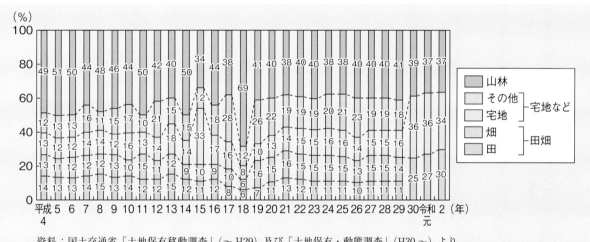

資料：国土交通省「土地保有移動調査」（〜 H29）及び「土地保有・動態調査」（H30 〜）より
注１：平成30年より「宅地」と「その他」を統合し「宅地など」、「田」と「畑」を統合し「田畑」として集計
注２：図表17に同じ

図表23　個人買主の購入目的（件数割合）

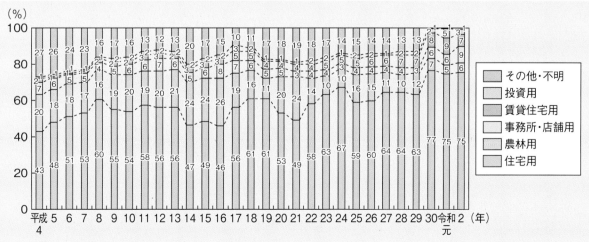

資料：国土交通省「土地保有移動調査」（〜 H29）及び「土地保有・動態調査」（H30 〜）より
注１：全国で行われた土地取引から層化無作為抽出等された土地取引の当事者（売主、買主）が対象
注２：平成30年より、調査項目から「その他」を削除

図表24　個人売主の売却理由（件数割合）

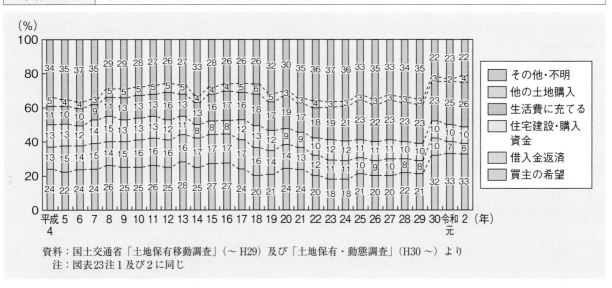

資料：国土交通省「土地保有移動調査」（～H29）及び「土地保有・動態調査」（H30～）より
注：図表23注1及び2に同じ

図表25　法人買主の業種（件数割合）

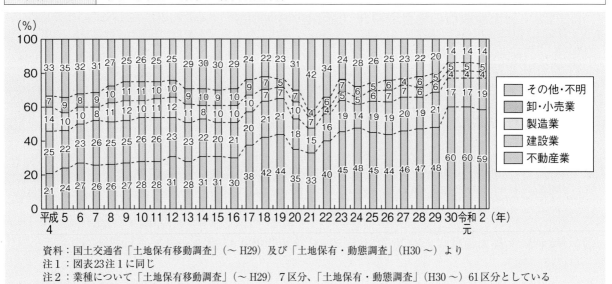

資料：国土交通省「土地保有移動調査」（～H29）及び「土地保有・動態調査」（H30～）より
注1：図表23注1に同じ
注2：業種について「土地保有移動調査」（～H29）7区分、「土地保有・動態調査」（H30～）61区分としている

図表26　法人買主の購入目的（件数割合）

(%)

購入目的＼取引年	平成4	5	6	7	8	9	10	11	12	13	14	15	16	17	18	19	20	21	22	23	24	25	26	27	28	29	30	令和元	2
事業用	56	53	47	47	50	50	50	51	49	51	46	50	55	51	44	39	39	31	35	34	34	34	39	38	38	41	36	34	34
事務所・店舗用地	13	13	11	14	14	13	11	12	12	13	12	13	14	11	9	8	7	7	8	9	7	7	7	8	7	9	9	9	9
工場・倉庫用地	9	7	8	6	8	9	9	9	8	8	8	9	9	8	7	6	10	5	5	3	4	6	6	5	6	6	6	6	6
資材置場等	16	17	15	16	17	20	20	21	20	21	17	17	22	19	14	12	11	12	12	10	11	13	15	12	11	12	6	6	6
福利厚生用地	7	7	6	7	6	5	5	4	4	4	3	4	4	3	3	3	3	3	3	3	3	2	2	3	3	3	2	2	2
レジャー施設用地	9	6	4	2	4	2	1	1	1	1	1	1	1	1	1	0	0	1	0	0	0	0	0	0	0	1	1	1	1
賃貸住宅用地	2	3	3	4	5	3	5	5	5	5	5	7	6	9	10	10	6	4	7	9	9	8	9	11	11	13	11	11	12
販売用[販売目的の住宅地造成・分譲住宅用地]	23	25	32	33	31	31	30	31	35	32	29	27	30	33	40	36	27	28	29	32	32	32	23	26	25	23	39	40	40
投資用	1	1	1	1	1	1	1	2	3	2	3	3	4	5	4	3	8	7	11	13	13	12	14	15	13	13	12	12	13
その他・不明	20	21	20	20	19	18	19	16	13	15	22	20	11	10	12	23	27	34	26	21	21	22	24	21	24	23	13	13	14

資料：国土交通省「土地保有移動調査」（～H29）及び「土地保有・動態調査」（H30～）より
注：図表23注1に同じ

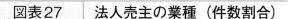

図表27　法人売主の業種（件数割合）

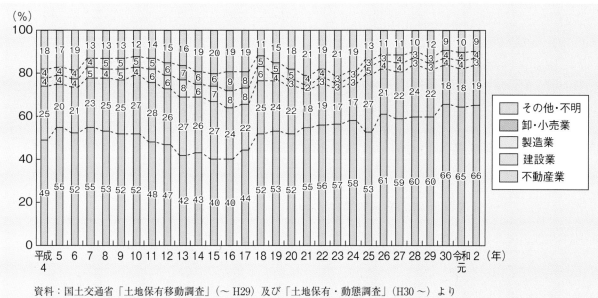

凡例：
- その他・不明
- 卸・小売業
- 製造業
- 建設業
- 不動産業

資料：国土交通省「土地保有移動調査」（〜 H29）及び「土地保有・動態調査」（H30 〜）より
注1：図表23注1に同じ
注2：図表25注2に同じ

図表28　法人売主の売却理由（件数割合）

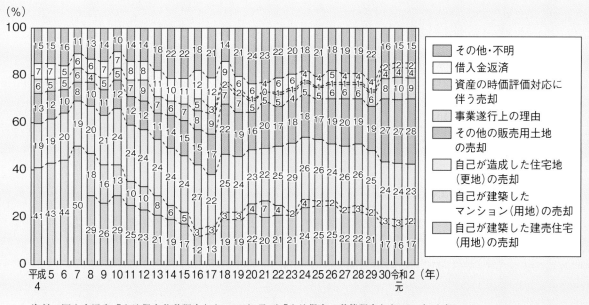

凡例：
- その他・不明
- 借入金返済
- 資産の時価評価対応に伴う売却
- 事業遂行上の理由
- その他の販売用土地の売却
- 自己が造成した住宅地（更地）の売却
- 自己が建築したマンション（用地）の売却
- 自己が建築した建売住宅（用地）の売却

資料：国土交通省「土地保有移動調査」（〜 H29）及び「土地保有・動態調査」（H30 〜）より
注1：「自己が建築したマンション（用地）の売却」及び「自己が建築した建売住宅（用地）の売却」について、平成7年以前は「自己が建築した分譲住宅（用地）」として一括している
注2：「その他の販売用土地の売却」とは、自己が造成した住宅地及び自己が建設した分譲住宅（用地）以外で販売用土地として保有していた土地の売却をいう
注3：図表23注1及び2に同じ

図表29		耕作目的の農地の権利移動

(千ha)

区分＼年	昭和60	平成2	7	12	17	22	27	28	29	30	令和元
移 動 面 積	218.2	209.8	162.5	197.3	198.2	215.0	347.9	344.0	311.1	295.0	271.3
うち売買による所有権移転	38.1	34.4	27.1	31.1	31.3	28.2	32.1	29.0	32.7	30.5	33.6
賃 借 権 の 設 定	45.3	53.4	62.5	94.2	111.9	133.4	232.9	233.0	200.6	188.6	170.7
うち農業経営基盤強化促進法によるもの	39.5	48.0	58.4	90.8	108.2	127.1	185.6	157.3	156.8	147.4	135.5

資料：農林水産省「農地の移動と転用」、「農地の権利移動・借賃等調査」
　注：「農業経営基盤強化促進法」は、平成5年8月に「農用地利用増進法」を改正したもの

図表30		土地取得面積の業種別割合の推移（販売用土地）

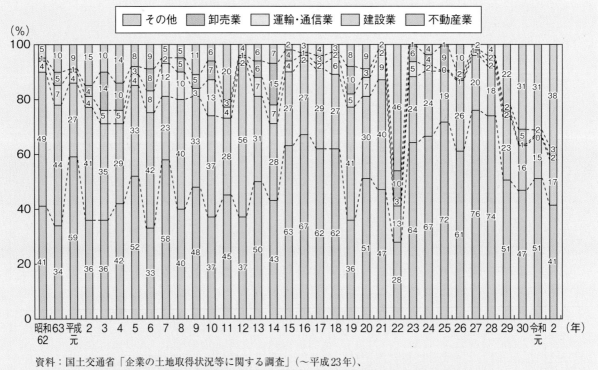

資料：国土交通省「企業の土地取得状況等に関する調査」（～平成23年）、
　　　「法人土地・建物基本調査 土地動態統計」（平成24年）、「土地動態調査」（平成25 ～ 28年）
　　　「法人土地・建物基本調査 土地動態編」（平成29年）「土地保有・動態調査」（平成30年～）
　注1：平成13年まではその年度末（3月31日）現在、平成14年以降はその翌年の1月1日現在の数値
　注2：卸売業は、平成13年までは総合商社

174

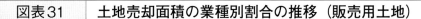
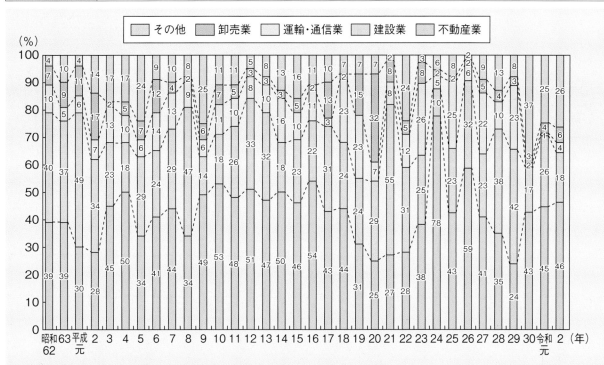

図表31	土地売却面積の業種別割合の推移（販売用土地）

資料：国土交通省「企業の土地取得状況等に関する調査」（〜平成23年）、
　　　「法人土地・建物基本調査 土地動態統計」（平成24年）、「土地動態調査」（平成25 〜 28年）
　　　「法人土地・建物基本調査 土地動態編」（平成29年）、「土地保有・動態調査」（平成30年〜）
注１：平成13年まではその年度末（３月31日）現在、平成14年以降はその翌年の１月１日現在の数値
注２：卸売業は、平成13年までは総合商社

資料編

図表32	産業別工場立地面積の推移

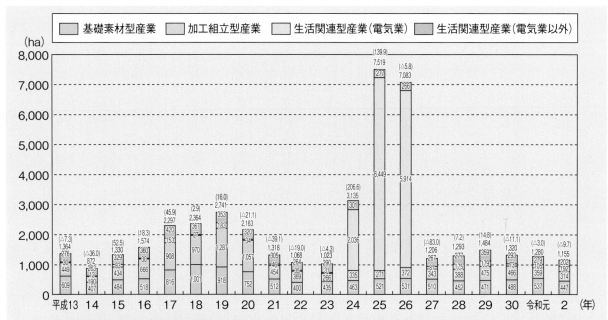

資料：経済産業省「工場立地動向調査」より作成

注１：調査対象は全国の製造業、電気業（水力発電所、地熱発電所を除く）、ガス業、熱供給業のための工場又は事業場を建設する目的をもって取得（借地を含む）された1,000㎡以上の用地（埋立予定を含む）

注２：（　）内は、対前年比伸び率（％）

注３：産業区分は以下のとおり

基礎素材型産業：木材・木製品製造業、パルプ・紙・紙加工品製造業、化学工業、石油製品・石炭製品製造業、プラスチック製品製造業、ゴム製品製造業、窯業・土石製品製造業、鉄鋼業、非鉄金属製造業、金属製品製造業

加工組立型産業：はん用機械器具製造業、生産用機械器具製造業、業務用機械器具製造業、電子部品・デバイス・電子回路製造業、電気機械器具製造業、情報通信機械器具製造業、輸送用機械器具製造業

生活関連型産業：食料品製造業、飲料・飼料・たばこ製造業、繊維工業、家具・装備品製造業、印刷・同関連業、なめし革・同製品・毛皮製造業、その他の製造業、電気業、ガス業、熱供給業

注４：本表については、統計上の秘匿処理の関係で、合計に含めることが出来ない数字があるため、図表33の合計値と数値が異なっている

図表33　地域別工場立地面積の推移

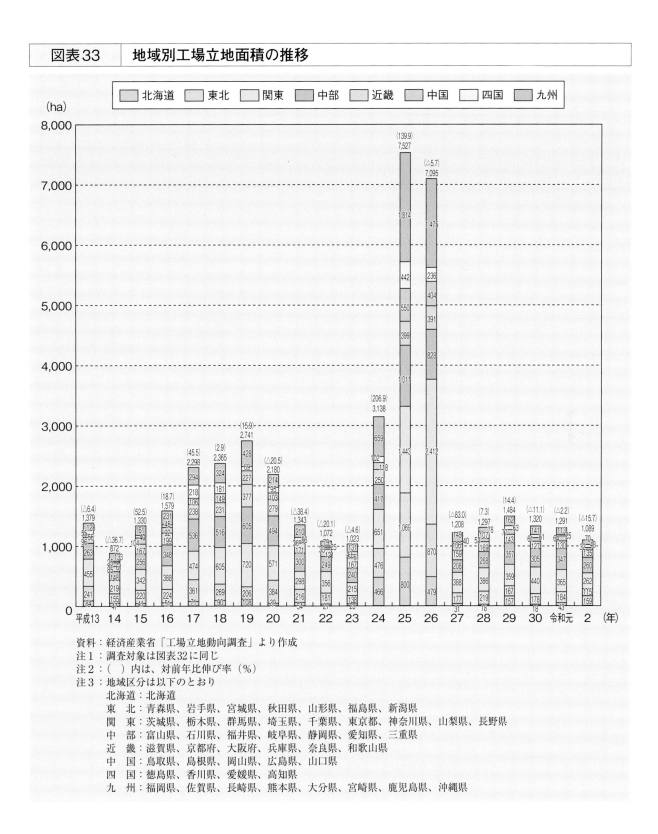

資料：経済産業省「工場立地動向調査」より作成
注1：調査対象は図表32に同じ
注2：（　）内は、対前年比伸び率（％）
注3：地域区分は以下のとおり

北海道：	北海道
東　北：	青森県、岩手県、宮城県、秋田県、山形県、福島県、新潟県
関　東：	茨城県、栃木県、群馬県、埼玉県、千葉県、東京都、神奈川県、山梨県、長野県
中　部：	富山県、石川県、福井県、岐阜県、静岡県、愛知県、三重県
近　畿：	滋賀県、京都府、大阪府、兵庫県、奈良県、和歌山県
中　国：	鳥取県、島根県、岡山県、広島県、山口県
四　国：	徳島県、香川県、愛媛県、高知県
九　州：	福岡県、佐賀県、長崎県、熊本県、大分県、宮崎県、鹿児島県、沖縄県

資料編

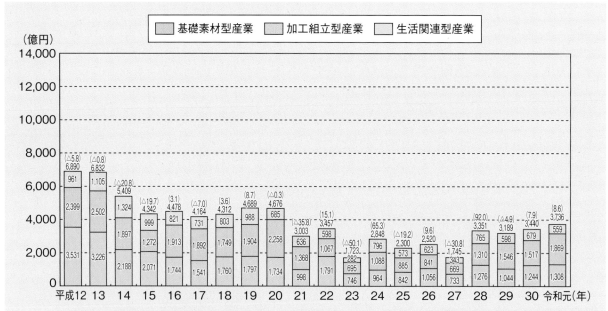

資料：経済産業省「工業統計表　産業別統計表」「工業統計表（産業編）」、総務省・経済産業省「経済センサス‐
　　　活動調査 製造業（産業編）」より作成
注1：従業者30人以上の事務所に係る有形固定資産取得額の内数（土地）
注2：（　）内は、対前年比伸び率（％）
注3：産業別区分は図表32に同じ
注4：平成27年の数値については、個人経営事業所は含まない

4．土地利用の動向

| 図表35 | 国有地の面積の推移 |

（万ha）

財産区分＼年度	昭和55	平成2	12	22	27	28	29	30	令和元	2
行　政　財　産	884.8	883.8	881.4	866.4	866.3	866.3	866.4	866.4	866.6	866.6
公　用　財　産	25.4	25.8	26.2	11.8	11.8	11.8	11.9	11.9	12.0	12.0
公　共　用　財　産	0.2	0.6	0.7	1.1	1.2	1.2	1.2	1.2	1.3	1.4
皇　室　用　財　産	0.2	0.2	0.2	0.2	0.2	0.2	0.2	0.2	0.2	0.2
企　業　用　財　産	859.0	857.1	854.2	853.3	—	—	—	—	—	—
森林経営用財産	—	—	—	—	853.2	853.2	853.1	853.1	853.1	853.1
普　通　財　産	12.6	11.3	11.4	10.3	10.2	10.2	10.2	10.1	10.2	10.2
計	897.5	895.0	892.8	876.6	876.5	876.5	876.5	876.6	876.7	876.8

資料：財務省「国有財産増減及び現在額総計算書」
注1：公共用財産の面積には、公園及び広場の面積が含まれているが、道路、河川、海浜地等のその他の公共用財産は含まれていない
注2：各年とも年度末現在の数値
注3：四捨五入により、内訳の和が合計値と一致しない場合がある

| 図表36 | 公有地の面積の推移 |

（万ha）

財産区分＼年度	昭和55 都道府県分	市町村分	合計	60 都道府県分	市町村分	合計	平成2 都道府県分	市町村分	合計
行　政　財　産	28.8	33.2	62.1	29.9	32.8	62.7	30.8	37.1	67.9
普　通　財　産	5.9	139.6	145.6	6.1	138.8	144.9	5.7	138.5	144.2
基　　金	0.8	4.1	5.0	1.1	4.2	5.3	1.1	4.2	5.3
計	35.5	176.9	212.8	37.1	175.8	212.9	37.6	179.8	217.4

財産区分＼年度末	7 都道府県分	市町村分	合計	12 都道府県分	市町村分	合計	17 都道府県分	市町村分	合計
行　政　財　産	32.5	42.9	75.4	34.5	46.8	81.3	35.0	52.0	87.0
普　通　財　産	6.4	139.4	145.7	67.7	143.3	211.1	67.9	146.7	214.6
基　　金	0.9	4.6	5.5	0.9	4.6	5.5	1.0	3.5	4.4
計	39.8	186.8	226.7	103.1	194.8	297.9	103.9	202.2	306.1

財産区分＼年度末	22 都道府県分	市町村分	合計	27 都道府県分	市町村分	合計	令和元 都道府県分	市町村分	合計
行　政　財　産	35.7	58.0	93.8	35.9	61.8	97.7	36.0	64.2	100.2
普　通　財　産	68.1	146.1	214.1	68.1	147.1	215.2	68.2	146.7	214.9
基　　金	0.9	3.5	4.4	0.9	2.9	3.8	0.9	3.2	4.1
計	104.7	207.5	312.2	104.9	211.9	316.8	105.1	214.1	319.2

資料：総務省「公共施設状況調」
注1：道路、橋梁、河川、海岸、港湾及び漁港の用地は含まれていない
注2：各年とも年度末現在の数値

（面積：万ha、構成比：%）

年度	昭和55	60	平成2	7	12	17	22	27	28	29	30	令和元
国公有地	1,106 (34.0)	1,109 (34.0)	1,112 (34.3)	1,121 (34.8)	1,191 (37.1)	1,183 (37.0)	1,189 (37.3)	1,193 (37.5)	1,194 (37.5)	1,195 (37.6)	1,196 (37.6)	1,196 (37.7)
国 有 地	897 (27.5)	896 (27.5)	895 (27.6)	894 (27.7)	893 (27.8)	877 (27.4)	877 (27.5)	876 (27.5)	877 (27.6)	877 (27.6)	877 (27.6)	877 (27.6)
公 有 地	209 (6.5)	213 (6.5)	217 (6.7)	227 (7.0)	298 (9.3)	306 (9.6)	312 (9.8)	317 (10.0)	317 (10.0)	319 (10.0)	319 (10.0)	319 (10.1)
私 有 地	2,156 (66.0)	2,150 (66.0)	2,133 (65.7)	2,102 (65.2)	2,017 (62.9)	2,018 (63.0)	2,002 (62.7)	1,989 (62.5)	1,988 (62.5)	1,984 (62.4)	1,980 (62.4)	1,979 (62.3)
合　　　計	3,266	3,259	3,245	3,223	3,208	3,201	3,191	3,183	3,182	3,179	3,176	3,175

資料：財務省「国有財産増減及び現在額総計算書」、総務省「公共施設状況調」により作成
注1：国公有地は「財政金融統計月報」及び「公共施設状況調」から求め、私有地は、国土交通省が調査した合計面積から国公有地を
　　　差し引いた残りとしている
注2：合計は道路等を除いた値
注3：（　）内は、構成比（%）

（%）

年 地目	昭和55		60		平成2		7		12		17		22		27		令和2		3	
	個人	法人	個人	法人	個人	法人	個人	法人	個人	法人	個人	法人	個人	法人	個人	法人	個人	法人	個人	法人
宅　　　地	5.8	1.8	6.4	1.9	6.8	2.1	7.4	2.3	7.8	2.5	8.2	2.5	8.5	2.6	8.6	2.6	8.7	2.8	8.7	2.8
田 畑 等	36.0	0.8	35.6	0.7	35.0	0.8	34.3	0.9	33.5	1.0	32.9	1.0	32.0	0.8	31.6	1.2	30.8	1.3	30.6	1.4
山林・原野	45.5	8.1	45.1	8.1	44.3	8.3	42.9	8.9	42.8	8.7	43.0	8.6	43.6	8.7	43.3	8.8	43.2	9.2	43.2	9.3
雑 種 地 等	0.8	1.2	0.9	1.3	1.0	1.7	1.2	2.1	1.4	2.3	1.5	2.3	1.5	2.2	1.6	2.2	1.7	2.4	1.7	2.5
小　　　計	88.2	11.8	88.0	12.0	87.1	12.9	85.8	14.2	85.5	14.5	85.6	14.4	85.7	14.3	85.2	14.8	84.3	15.7	84.2	15.8
合　　　計	100.0		100.0		100.0		100.0		100.0		100.0		100.0		100.0		100.0		100.0	

資料：総務省「固定資産の価格等の概要調書」
注1：構成比は、免税点以上の土地面積の割合による
注2：田畑等には、牧場を含む
注3：雑種地等には、塩田、鉱泉地、池沼を含む
注4：各年とも1月1日現在の数値である

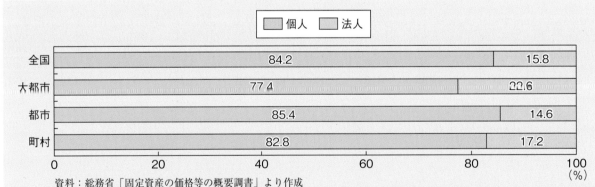

資料：総務省「固定資産の価格等の概要調書」より作成
注1：構成比は、免税点以上の土地の面積の割合による
注2：令和3年1月1日現在の数値
注3：地域区分は以下のとおり
　　　大都市：東京23区及び政令指定都市
　　　都　市：政令指定都市以外の市
　　　町　村：全国の全町村

図表40	法人所有土地・建物及び世帯所有土地の面積

(面積：千㎡、率：%)

土地の種類		平成5年		平成10年		平成15年		平成20年		平成25年		平成30年	
		土地所有面積	構成率	土地所有面積	構成率	土地所有面積	構成率	土地所有面積	構成率	土地所有面積	構成率	土地所有面積	構成率
法人土地	土地全体	21,742,760	100.0	22,223,346	100.0	22,423,071	100.0	24,972,328	100.0	26,073,863	100.0	26,203,370	100.0
	事業用資産	18,750,869	86.2	18,481,805	83.2	19,006,632	84.8	21,785,868	87.2	22,809,582	87.5	22,525,572	86.0
	宅地など	7,569,399	34.8	6,973,598	31.4	7,141,133	31.8	7,344,796	29.4	7,530,777	28.9	7,362,002	28.1
	農地	994,182	4.6	994,185	4.5	1,016,788	4.5	1,151,898	4.6	1,133,876	4.3	1,234,337	4.7
	林地	10,187,288	46.9	10,514,022	47.3	10,848,711	48.4	13,289,174	53.2	14,144,929	54.2	13,929,234	53.2
	棚卸資産	2,107,584	9.7	1,810,405	8.1	1,070,601	4.8	930,849	3.7	962,707	3.7	1,055,657	4.0
	特殊用途土地	477,405	2.2	1,931,136	8.7	2,345,838	10.5	2,255,611	9.0	2,278,502	8.7	2,484,461	9.5
世帯土地	土地全体	112,454,133	100.0	113,757,072	100.0	112,379,485	100.0	96,843,881	100.0	116,360,881	100.0	101,623,829	100.0
	現住居の敷地	6,470,314	5.8	6,527,692	5.7	6,607,515	5.9	6,500,492	6.7	7,053,226	6.1	6,614,980	6.5
	現住居の敷地以外	105,983,819	94.2	107,229,380	94.3	105,771,970	94.1	90,343,389	93.3	109,307,655	93.9	95,008,849	93.5
	宅地など	3,373,945	3.0	3,008,418	2.6	3,504,327	3.1	3,199,173	3.3	4,317,149	3.7	4,366,925	4.3
	農地	39,770,959	35.4	39,874,700	35.1	39,037,338	34.7	33,503,141	34.6	41,672,941	35.8	34,881,364	34.3
	山林	62,838,915	55.9	64,346,262	56.6	63,230,305	56.3	53,641,075	55.4	63,317,565	54.4	55,760,560	54.9

建物敷地		平成5年		平成10年		平成15年		平成20年		平成25年		平成30年	
		建物延べ床面積	構成率	建物延べ床面積	構成率	建物延べ床面積	構成率	建物延べ床面積	構成率	建物延べ床面積	構成率	建物延べ床面積	構成率
法人建物	建物全体	…	…	1,658,658	100.0	1,650,617	100.0	1,714,796	100.0	1,848,929	100.0	1,963,191	100.0
	工場敷地以外	…	…	…	…	1,028,205	62.3	1,108,836	64.7	1,196,947	64.7	1,268,589	64.6
	工場敷地	…	…	…	…	622,412	37.7	605,960	35.3	651,982	35.3	694,602	35.4

資料：国土交通省「土地基本調査」
注：土地全体及び建物全体には「不詳」を含む

図表41	地目別土地所有者数の推移

(万人、%)

土地所有者数	年	昭和55	60	平成2	7	12	17	22	27	令和2	3
地目別土地所有者数	宅地	3,120.1	(16.1) 3,622.4	(9.7) 3,972.7	(3.0) 4,090.6	(8.1) 4,420.5	(6.1) 4,689.2	(2.6) 4,813.2	(2.8) 4,947.9	(0.9) 4,993.1	(0.2) 5,004.5
	うち住宅用地	2,630.9	(17.1) 3,080.7	(10.3) 3,396.5	(3.5) 3,514.2	(8.7) 3,821.3	(6.1) 4,056.1	(4.3) 4,229.8	(3.6) 4,380.7	(1.3) 4,436.1	(0.4) 4,452.4
	田畑等	1,198.3	(△0.4) 1,194.1	(△1.0) 1,181.9	(△10.5) 1,057.8	(△3.4) 1,021.7	(1.2) 1,034.4	(△5.6) 976.7	(△3.1) 946.9	(△3.4) 914.3	(△0.9) 906.0
	山林・原野	611.6	(4.4) 638.6	(△0.1) 637.8	(△12.0) 561.0	(△2.9) 545.0	(△0.6) 541.8	(△0.5) 539.3	(△1.9) 528.9	(△1.1) 523.1	(△0.4) 521.1
	雑種地等	167.9	(27.2) 213.5	(16.5) 248.7	(7.9) 268.3	(11.1) 298.1	(6.0) 315.9	(5.0) 331.8	(2.2) 339.1	(3.8) 351.9	(0.7) 354.4
	合計	5,097.9	(11.2) 5,668.6	(6.6) 6,041.1	(△1.0) 5,977.7	(5.1) 6,285.3	(4.7) 6,581.3	(1.2) 6,661.1	(1.5) 6,762.8	(0.3) 6,782.4	(0.1) 6,786.0
土地所有者数 (納税義務者数)		2,930.5	(8.4) 3,176.1	(6.0) 3,367.5	(4.9) 3,532.2	(5.0) 3,708.1	(4.0) 3,856.7	(2.2) 3,941.6	(3.0) 4,059.3	(1.5) 4,122.2	(0.4) 4,138.1

資料：総務省「固定資産の価格等の概要調書」より作成
注1：宅地については宅地計の数値を、住宅用地については小規模住宅用地と一般住宅用地の合計値を用いた
注2：田畑等には、牧場を含む。雑種地等には、塩田、鉱泉地、池沼を含む
注3：各年とも、1月1日現在の数字である
注4：（　）内の数値は、左隣の欄に掲載している数値に対する伸び率（%）
注5：「地目別土地所有者数」は、法定免税点以上の土地の地目別の所有者数。2種類以上の地目の土地を所有している場合には、各地目につき1人として計算されている。また、2以上の市町村に土地を所有している場合は、各市町村ごとに1人として計算されている
注6：「土地所有者数」は、土地に係る固定資産税の納税義務者数。各市町村内において、2以上の地目の土地を所有しても、1人として計算されている。また、2以上の市町村に土地を所有している場合は、市町村ごとに1人として計算されている

資料編

（1）宅地などの利用現況

図表42	法人が所有する宅地などの利用現況別面積

（千㎡）

宅地などの利用現況			土地所有面積					
			平成5年	平成10年	平成15年	平成20年	平成25年	平成30年
合　計　1）			7,569,399	6,973,598	7,141,133	7,344,796	7,530,777	7,362,002
建物敷地			4,764,125	4,073,776	4,285,540	4,440,925	4,653,109	4,490,175
	建物		4,764,125	4,073,776	4,285,540	4,398,667	4,624,484	4,468,452
		事務所	912,805	608,578	499,372	566,142	560,536	571,421
		店舗		235,574	256,123	290,746	332,612	333,589
		工場	2,067,604	2,022,343	2,151,416	2,121,740	2,166,087	1,736,551
		倉庫						315,501
		社宅・従業員宿舎	165,918	139,843	113,193	92,618	98,427	89,744
		その他の福利厚生施設	59,583	56,230	52,141	45,621	42,892	42,786
		社宅・従業員宿舎以外の住宅	120,970	118,799	126,038	143,171	174,375	186,663
		ホテル・旅館	73,984	99,667	85,251	63,929	80,821	114,188
		文教用施設	…	339,299	233,639	330,659	365,578	325,097
		宗教用施設	…	…	452,808	429,397	457,119	429,873
		医療施設・福祉施設	…	…	…	…	…	199,936
		ビル型駐車場	…	1,515	2,660	2,307	2,249	3,185
		その他の建物	1,363,261	451,928	312,899	312,336	343,787	119,918
	利用できない建物（廃屋等）		…	…	…	42,258	28,625	21,724
建物敷地以外の土地			2,769,052	2,840,873	2,799,336	2,885,051	2,811,834	2,796,216
	建物以外		2,202,594	2,391,881	2,170,508	2,299,705	2,238,800	2,270,545
		駐車場	107,677	128,699	125,072	152,036	193,257	201,314
		資材置場	129,457	146,773	151,147	151,868	134,843	177,000
		グラウンドなどの福利厚生施設	61,077	43,440	34,092	27,952	30,227	27,871
		ゴルフ場・スキー場・キャンプ場	1,009,106	1,076,390	985,869	893,263	806,508	725,538
		貯水池・水路	…	160,447	212,809	232,749	195,672	84,795
		文教用地	…	75,803	28,453	61,367	62,557	81,341
		宗教用地	…	…	149,675	244,017	263,423	268,965
		その他	895,277	760,328	483,392	536,452	552,314	703,721
	空き地		566,458	448,992	628,828	585,346	573,034	525,671

資料：国土交通省「土地基本調査」
注1：「宅地など」とは、所有土地のうち、「農地」、「林地」、「送配電等用地」を除いたもの
注2：「文教用施設」「貯水池・水路」「文教用地」は平成10年調査から、「宗教用施設」「宗教用地」は平成15年調査から、「利用できない建物（廃屋等）」（平成20年は「利用していない建物」）は平成20年から、「医療施設・福祉施設」は平成30年調査から、それぞれ新設した区分である
1）宅地などの利用現況「不詳」を含む

| 図表43 | 世帯が所有する宅地などの利用現況別面積割合 |

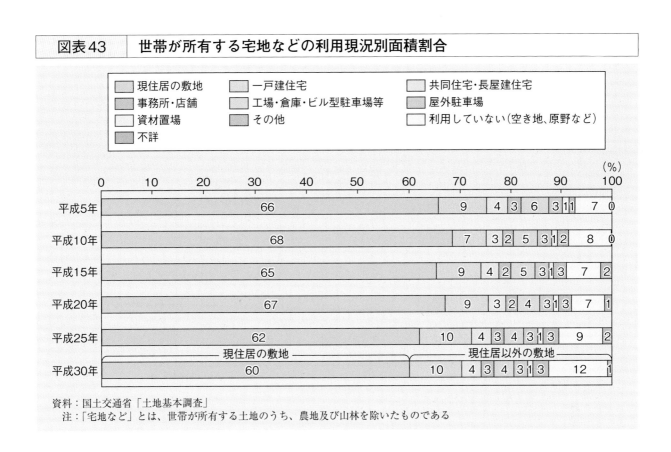

凡例：
- 現住居の敷地
- 一戸建住宅
- 共同住宅・長屋建住宅
- 事務所・店舗
- 工場・倉庫・ビル型駐車場等
- 屋外駐車場
- 資材置場
- その他
- 利用していない(空き地、原野など)
- 不詳

資料：国土交通省「土地基本調査」
注：「宅地など」とは、世帯が所有する土地のうち、農地及び山林を除いたものである

(2) 未利用地の状況

| 図表44 | 法人・世帯が所有する宅地などの空き地及び低利用地面積の推移 |

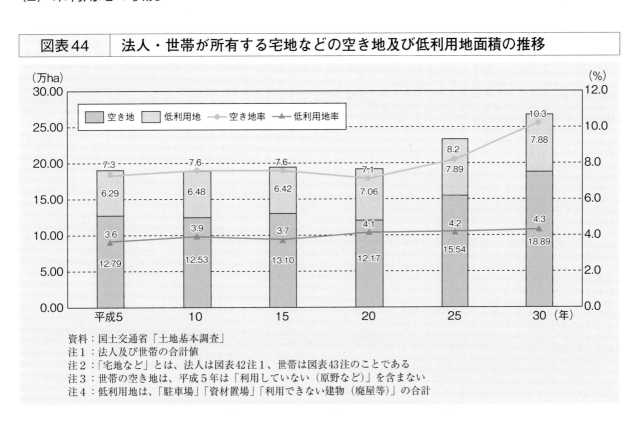

資料：国土交通省「土地基本調査」
注1：法人及び世帯の合計値
注2：「宅地など」とは、法人は図表42注1、世帯は図表43注のことである
注3：世帯の空き地は、平成5年は「利用していない（原野など）」を含まない
注4：低利用地は、「駐車場」「資材置場」「利用できない建物（廃屋等）」の合計

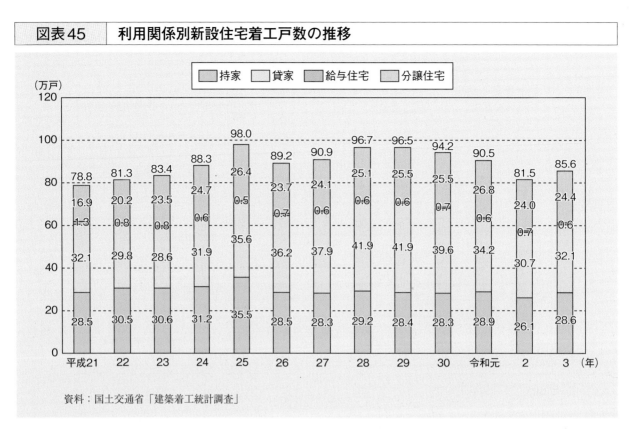

図表45　利用関係別新設住宅着工戸数の推移

資料：国土交通省「建築着工統計調査」

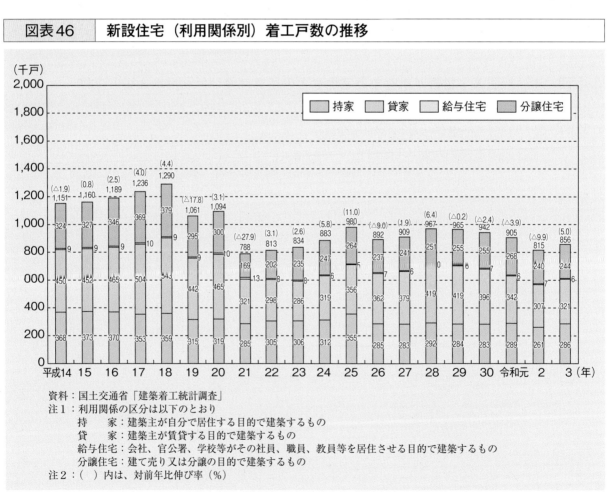

図表46　新設住宅（利用関係別）着工戸数の推移

資料：国土交通省「建築着工統計調査」
注1：利用関係の区分は以下のとおり
　　持　　家：建築主が自分で居住する目的で建築するもの
　　貸　　家：建築主が賃貸する目的で建築するもの
　　給与住宅：会社、官公署、学校等がその社員、職員、教員等を居住させる目的で建築するもの
　　分譲住宅：建て売り又は分譲の目的で建築するもの
注2：（　）内は、対前年比伸び率（％）

図表47	新設住宅（利用関係別）着工床面積の推移

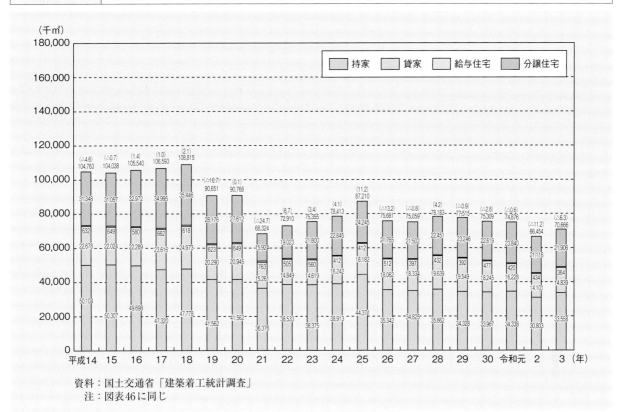

資料：国土交通省「建築着工統計調査」
注：図表46に同じ

図表48	新設住宅（利用関係別、地域別、資金別）着工戸数

（前年比：％）

	総　計		持　家		貸　家		給与住宅		分譲住宅			
	戸数	前年比	戸数	前年比	戸数	前年比	戸数	前年比	戸数	前年比	うちマンション	前年比
全　　　　国	856,484	5.0	285,575	9.4	321,376	4.8	5,589	▲22.7	243,944	1.5	101,292	▲6.1
三大都市圏	530,693	4.3	140,463	10.6	208,694	6.9	3,347	▲22.9	178,189	▲2.2	79,563	▲10.9
首　都　圏	293,139	3.4	61,862	13.2	121,637	3.2	1,612	▲6.2	108,028	▲1.1	49,962	▲7.3
中　部　圏	101,778	6.6	41,894	7.2	31,877	10.3	687	▲49.5	27,320	4.6	8,685	▲9.2
近　畿　圏	135,776	4.5	36,707	10.1	55,180	13.8	1,048	▲17.0	42,841	▲8.6	20,916	▲18.8
地　　方　　圏	325,791	6.3	145,112	8.3	112,682	1.1	2,242	▲22.4	65,755	13.3	21,729	16.6
民間資金住宅	779,374	6.0	258,268	10.5	295,257	6.5	4,301	▲32.6	221,548	1.7		
公的資金住宅	77,110	▲4.0	27,307	▲0.5	26,119	▲11.6	1,288	52.1	22,396	▲0.5		

資料：国土交通省「建築着工統計調査」
注1：利用関係の区分は、図表46に同じ
注2：マンションとは、利用関係別で言う分譲住宅のうち、構造が鉄骨鉄筋コンクリート造り、鉄筋コンクリート造り、鉄骨造りで、かつ、建て方が共同（１つの建築物（１棟）内に２戸以上の住宅があって、広間、廊下もしくは階段等の全部または一部を共有するもの。）のもの
注3：地域区分は以下のとおり
　　　首都圏：埼玉県、千葉県、東京都、神奈川県
　　　中部圏：岐阜県、静岡県、愛知県、三重県
　　　近畿圏：滋賀県、京都府、大阪府、兵庫県、奈良県、和歌山県
　　　地方圏：上記以外の地域
注4：資金の区分は以下のとおり
　　　民間資金住宅：民間資金のみで建てた住宅
　　　公的資金住宅：公営住宅、住宅金融公庫融資住宅、都市再生機構建設住宅、その他の住宅
注5：令和３年の数値

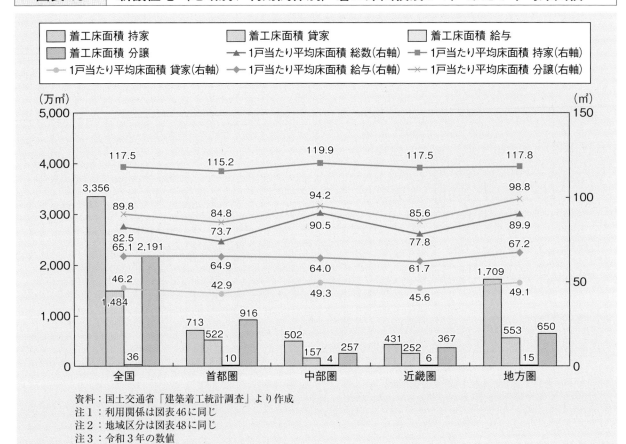

資料：国土交通省「建築着工統計調査」より作成
注1：利用関係は図表46に同じ
注2：地域区分は図表48に同じ
注3：令和3年の数値

図表50　産業別工業用地面積の推移

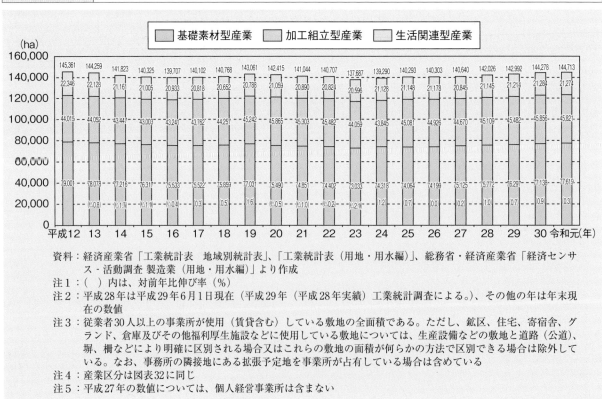

資料：経済産業省「工業統計表　地域別統計表」、「工業統計表（用地・用水編）」、総務省・経済産業省「経済センサス－活動調査 製造業（用地・用水編）」より作成
注1：（　）内は、対前年比伸び率（％）
注2：平成28年は平成29年6月1日現在（平成29年（平成28年実績）工業統計調査による。）、その他の年は年末現在の数値
注3：従業者30人以上の事業所が使用（賃貸含む）している敷地の全面積である。ただし、鉱区、住宅、寄宿舎、グランド、倉庫及びその他福利厚生施設などに使用している敷地については、生産設備などの敷地と道路（公道）、塀、柵などにより明確に区別される場合又はこれらの敷地の面積が何らかの方法で区別できる場合は除外している。なお、事務所の隣接地にある拡張予定地を事業所が占有している場合は含めている
注4：産業区分は図表32に同じ
注5：平成27年の数値については、個人経営事業所は含まない

図表51　地域別工業用地面積の推移

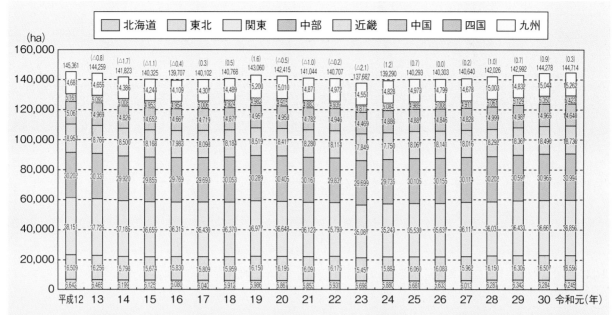

資料：経済産業省「工業統計表　地域別統計表」、「工業統計表（用地・用水編）」、総務省・経済産業省「経済センサス
　　　－活動調査 製造業（用地・用水編）」より作成
注１：（　）内は、対前年度伸び率（％）
注２：平成28年は平成29年6月1日現在（平成29年（平成28年実績）工業統計調査による。）、その他の年は年末現在の数値
注３：地域区分は図表33に同じ
注４：平成27年の数値については、個人経営事業所は含まない

図表52　地域別森林面積

（面積：千ha、割合：％）

地域	森林面積	地域の総面積に占める割合
全　　　国	25,443	68.2%
北　海　道	5,596	71.4%
東　　　北（青森県、岩手県、宮城県、秋田県、山形県、福島県、新潟県）	5,652	71.1%
関　　　東（茨城県、栃木県、群馬県、埼玉県、千葉県、東京都、神奈川県、山梨県）	1,779	48.2%
中　　　部（長野県、富山県、石川県、福井県、岐阜県、静岡県、愛知県、三重県）	3,953	71.2%
近　　　畿（滋賀県、京都府、大阪府、兵庫県、奈良県、和歌山県）	1,838	67.2%
中国・四国（鳥取県、島根県、岡山県、広島県、山口県、徳島県、香川県、愛媛県、高知県）	3,788	74.7%
九州・沖縄（福岡県、佐賀県、長崎県、熊本県、大分県、宮崎県、鹿児島県、沖縄県）	2,837	63.7%

資料：国土交通省
　注：令和3年現在の数値

（面積：千ha、耕地率：%）

	耕地面積	田	畑	耕地率
全国	4,349.0	2,366.0	1,983.0	11.7
北海道	1,143.0	222.0	920.7	14.6
東北	823.9	593.7	230.2	12.3
北陸	306.7	274.6	32.0	12.2
関東・東山	699.2	391.7	307.6	13.9
東海	247.5	149.3	98.2	8.4
近畿	217.2	168.7	48.5	7.9
中国	230.3	178.6	51.7	7.2
四国	129.8	85.1	44.7	6.9
九州	515.2	301.6	213.7	12.2
沖縄	36.5	0.8	35.7	16.0

資料：農林水産省「耕地及び作付面積統計」（令和3年）
注1：「関東・東山」とは茨城県、栃木県、群馬県、埼玉県、千葉県、東京都、神奈川県、山梨県及び長野県
注2：耕地面積は令和3年7月15日現在の数値

図表54　　耕地面積等の推移

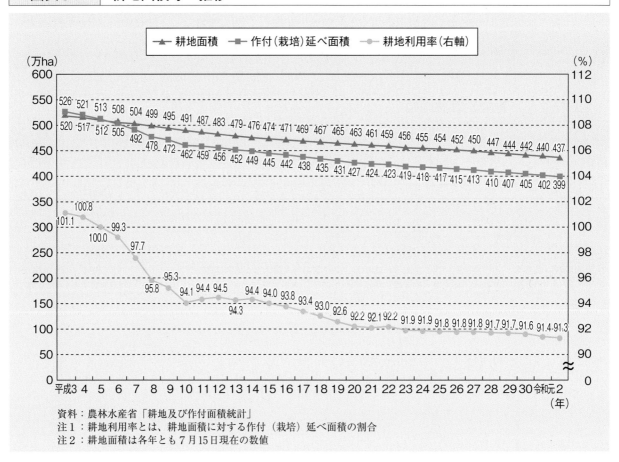

資料：農林水産省「耕地及び作付面積統計」
注1：耕地利用率とは、耕地面積に対する作付（栽培）延べ面積の割合
注2：耕地面積は各年とも7月15日現在の数値

図表55	市街化区域内に占める市街化区域農地の割合

（面積：ha、割合：％）

地域 ＼ 区分	市街化区域面積（A）	市街化区域農地面積（B）	(B)／(A)
全　　　　　　国	1,450,520(100.0)	49,402(100.0)	3.4
三　大　都　市　圏	701,468(48.4)	15,239(30.8)	2.2
東　　京　　圏	345,364(23.8)	5,347(10.8)	1.5
東　　京　　都	108,087(7.5)	738(1.5)	0.7
区　　　部	58,214(4.0)	89(0.2)	0.2
地　　　方　　　圏	749,052(51.6)	34,163(69.2)	4.6

資料：総務省「固定資産の価格等の概要調書」及び国土交通省「都市計画現況調査」より作成
注１：地域区分は以下のとおり
　　　三大都市圏：埼玉県、千葉県、東京都、神奈川県、愛知県、三重県、京都府、大阪府、兵庫県、奈良県
　　　東京圏：埼玉県、千葉県、東京都、神奈川県
　　　地方圏：三大都市圏以外の道県
注２：市街化区域農地面積は令和２年１月１日現在、市街化区域面積は令和２年３月31日現在の数値
注３：（　）内の数値は、構成比

図表56	市街化区域内農地の転用面積

(ha)

地域 ＼ 年	昭和60	平成2	7	12	17	22	27	28	29	30	令和元
全　　　　国	6,698	7,744	6,554	4,996	4,677	3,304	4,004	3,941	3,778	3,816	3,530
三　大　都　市　圏	3,106	3,424	2,977	2,195	2,271	1,604	1,854	1,804	1,774	1,670	1,631
うち東京圏	1,679	1,743	1,588	1,209	1,346	966	1,077	1,034	977	897	860
地　　方　　圏	3,592	4,321	3,578	2,800	2,406	1,700	2,150	2,137	2,003	2,147	1,899

資料：農林水産省「農地の移動と転用」、「農地の権利移動・借賃等調査」
　注：地域区分は図表55に同じ

図表57	農地に太陽光発電設備を設置するための農地転用許可実績

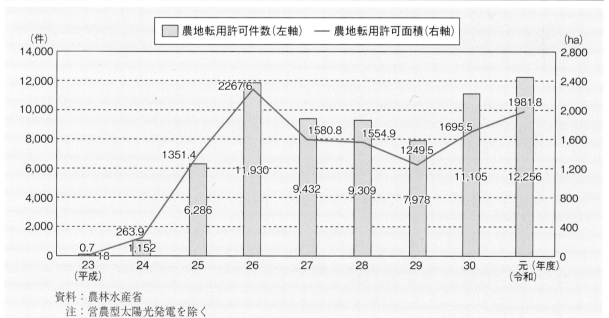

資料：農林水産省
　注：営農型太陽光発電を除く

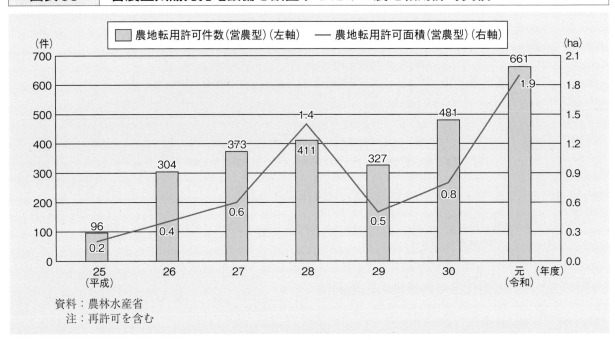

資料：農林水産省
注：再許可を含む

| 図表59 | 三大都市圏特定市における生産緑地地区指定状況 |

（面積：ha、割合：%）

地域			特定市街化区域農地面積 （A）	生産緑地地区指定面積 （B）	割合（%） （B／（A＋B））
	茨 城 県		252	70	22
	埼 玉 県		1,658	1,597	49
	千 葉 県		1,196	1,034	46
	東 京 都		664	2,951	82
	神 奈 川 県		1,005	1,249	55
首 都 圏 計			4,773	6,901	59
	静 岡 県		539	226	30
	愛 知 県		2,129	953	31
	三 重 県		303	156	34
中 部 圏 計			2,971	1,335	31
	京 都 府		400	715	64
	大 阪 府		961	1,839	66
	兵 庫 県		207	493	70
	奈 良 県		703	554	44
近 畿 圏 計			2,270	3,601	61
三 大 都 市 圏 計			10,015	11,837	54

資料：総務省「固定資産の価格等の概要調書」及び国土交通省「都市計画現況調査」より作成
注1：特定市とは、次に掲げる地域をいう
　　　① 都の特別区の区域
　　　② 首都圏、中部圏又は近畿圏内にある政令指定都市
　　　③ ②以外の市でその区域の全部又は一部が以下の区域にあるもの
　　　　首都圏整備法に規定する既成市街地又は近郊整備地帯
　　　　中部圏開発整備法に規定する都市整備区域
　　　　近畿圏整備法に規定する既成都市区域又は近郊整備区域
注2：特定市街化区域農地とは、特定市内の市街化区域農地であり、宅地並み課税が適用される農地をいう
注3：特定市街化区域農地面積は令和2年1月1日現在、生産緑地地区指定面積は令和2年3月31日現在の数値

| 図表60 | オフィスの新規賃借予定理由 |

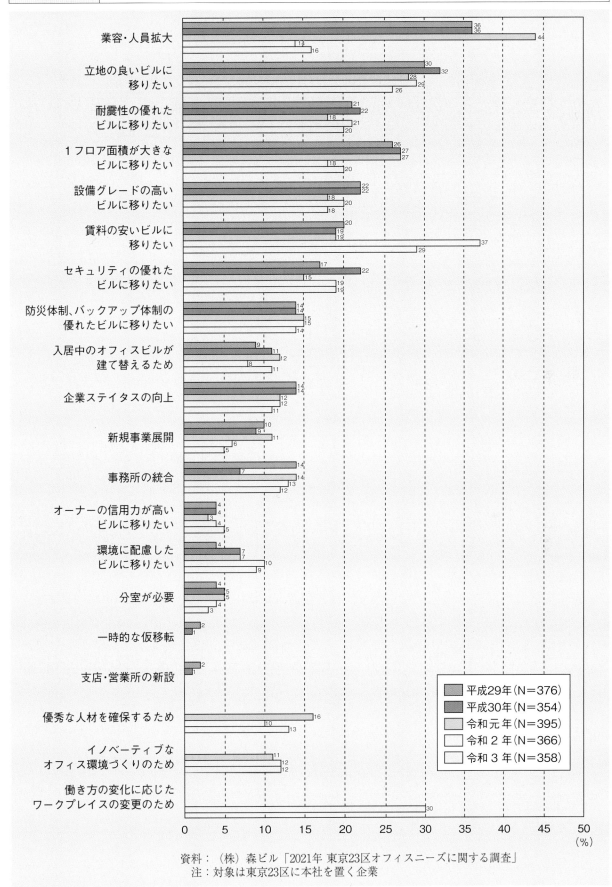

資料：（株）森ビル「2021年 東京23区オフィスニーズに関する調査」
注：対象は東京23区に本社を置く企業

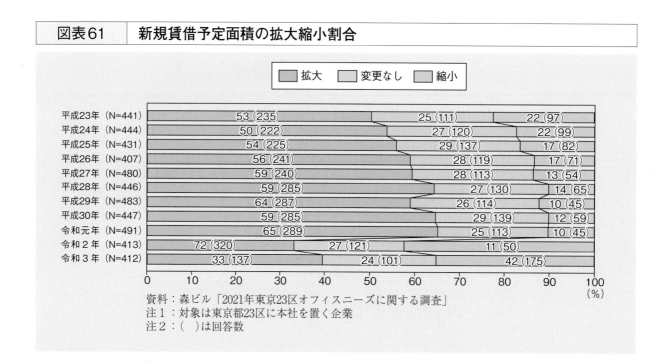

資料：森ビル「2021年東京23区オフィスニーズに関する調査」
注１：対象は東京都23区に本社を置く企業
注２：（ ）は回答数

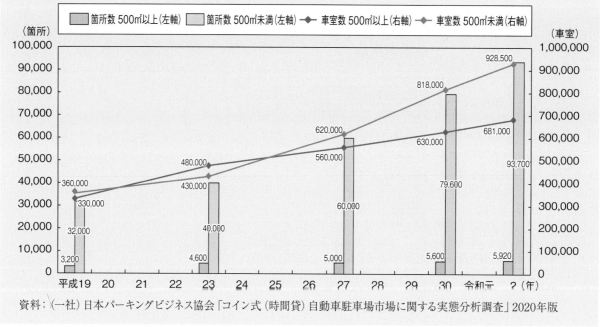

資料：（一社）日本パーキングビジネス協会「コイン式（時間貸）自動車駐車場市場に関する実態分析調査」2020年版

5. 不動産投資市場の動向

| 図表63 | 東証REIT指数の推移（令和３年１月～令和４年３月） |

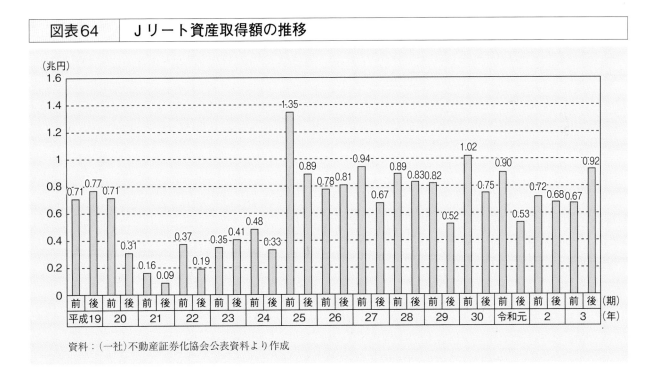

資料：（株）日本経済新聞社、東京証券取引所
注：平成15年３月31日を1,000とした指数値である

| 図表64 | Ｊリート資産取得額の推移 |

資料：（一社)不動産証券化協会公表資料より作成

図表65	Jリートにおける外国人の売買状況

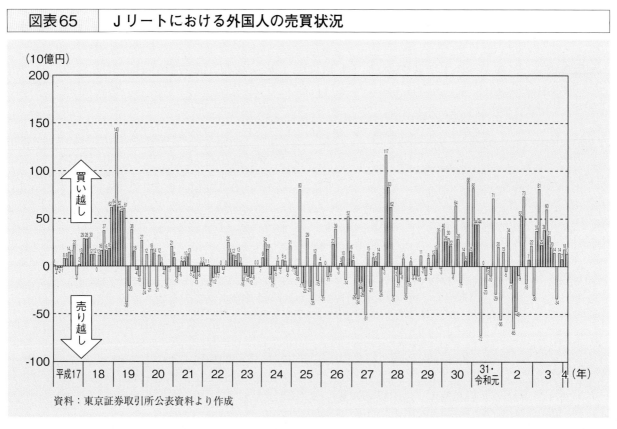

資料：東京証券取引所公表資料より作成

図表66	Jリート等の取引件数・割合の推移

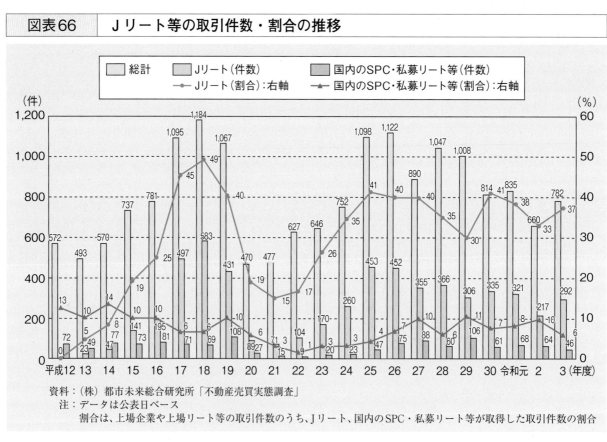

資料：（株）都市未来総合研究所「不動産売買実態調査」
注：データは公表日ベース
　　割合は、上場企業や上場リート等の取引件数のうち、Jリート、国内のSPC・私募リート等が取得した取引件数の割合

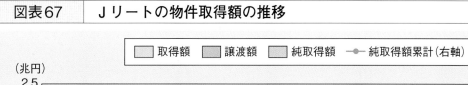

図表67　Ｊリートの物件取得額の推移

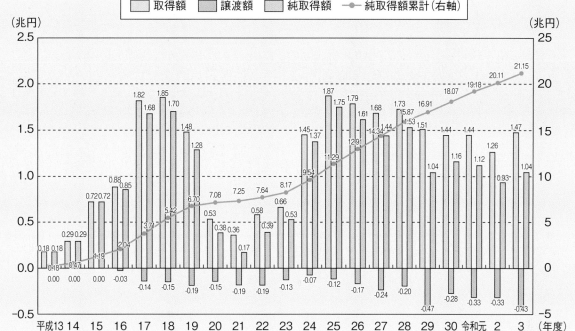

資料：　(株) 都市未来総合研究所「不動産売買実態調査」
注：データは公表日ベース
　　純取得額＝取得額－譲渡額

図表68　Ｊリートの取得した物件の推移（地域別累積件数）

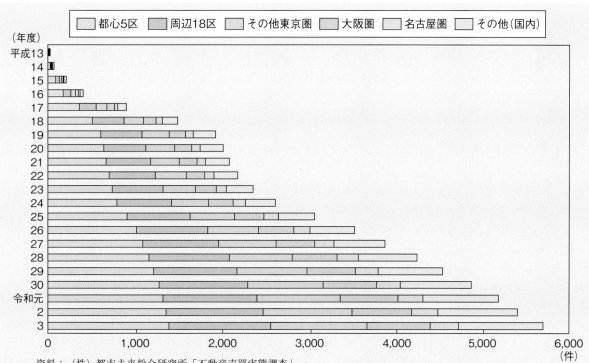

資料：　(株) 都市未来総合研究所「不動産売買実態調査」
注1：海外所在物件は除く。不明は除く。データは公表日ベース
注2：地域区分は以下のとおり
　　　都心5区：千代田区、中央区、港区、新宿区、渋谷区
　　　周辺18区：東京23区から都心5区を除いた18区
　　　その他東京圏：東京圏(東京都、神奈川県、埼玉県、千葉県)から東京23区を除く
　　　大阪圏：大阪府、京都府、兵庫県、奈良県
　　　名古屋圏：愛知県、三重県、岐阜県
　　　その他(国内)：上記以外

6. 土地資産額の動向

図表69 ┃ 我が国の資産額の推移

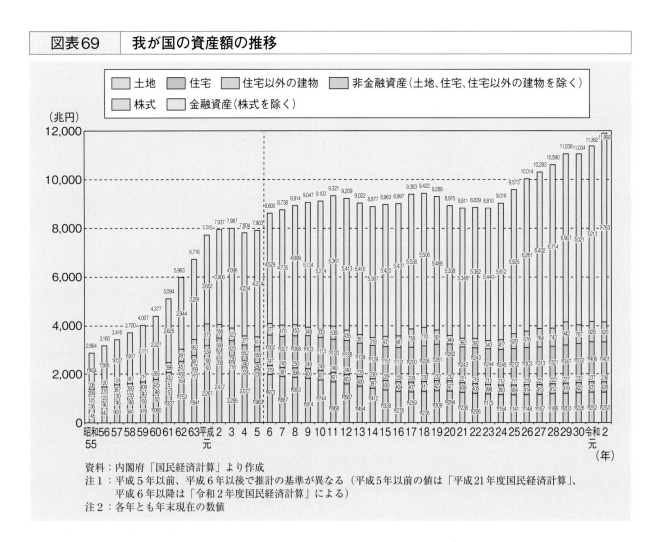

資料：内閣府「国民経済計算」より作成

注1：平成5年以前、平成6年以後で推計の基準が異なる（平成5年以前の値は「平成21年度国民経済計算」、
　　　平成6年以降は「令和2年度国民経済計算」による）

注2：各年とも年末現在の数値

図表70　名目GDPと土地資産額の推移

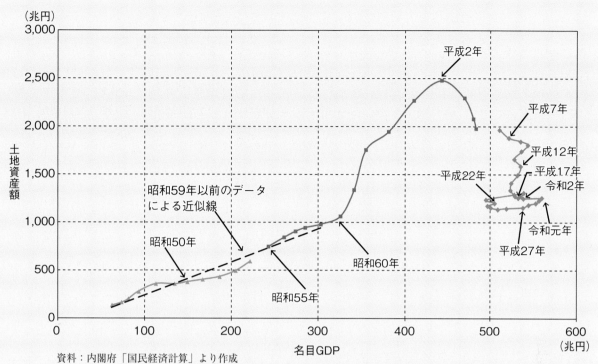

資料：内閣府「国民経済計算」より作成
注：昭和54年以前は平成2年基準値（平成10年度国民経済計算年次推計より作成）
　　昭和55年から平成5年までは平成12年基準値（平成21年度国民経済計算年次推計より作成）
　　平成6年以降は平成27年基準値（令和2年度国民経済計算年次推計より作成）

図表71　制度部門別土地資産額の推移

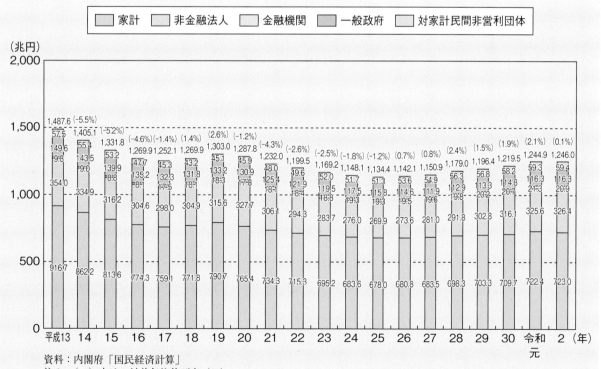

資料：内閣府「国民経済計算」
注1：（　）内は、対前年比伸び率（％）
注2：各年とも年末現在の数値

図表72　法人所有土地・建物及び世帯所有土地の資産額

(十億円、%)

土地の種類		平成10年		平成15年		平成20年		平成25年		平成30年	
		土地資産額	構成率	土地資産額	構成率	土地資産額	構成率	土地資産額	構成率	土地資産額	構成率
法人土地	土地全体	616,540	100.0	405,812	100.0	381,925	100.0	345,417	100.0	387,240	100.0
	事業用資産	500,838	81.2	336,793	83.0	324,239	84.9	295,172	85.5	321,565	83.0
	宅地など	494,127	80.1	333,829	82.3	321,675	84.2	292,643	84.7	318,972	82.4
	農地	2,681	0.4	1,247	0.3	1,332	0.3	1,163	0.3	1,480	0.4
	山林	4,030	0.7	1,717	0.4	1,232	0.3	1,367	0.4	1,113	0.3
	棚卸資産	51,896	8.4	20,907	5.2	16,581	4.3	13,141	3.8	15,041	3.9
	特殊用途土地	63,805	10.3	48,110	11.9	41,105	10.8	36,653	10.6	42,394	10.9
世帯土地	土地全体	…	…	747,883	100.0	591,491	100.0	598,387	100.0	595,671	100.0
	現住居の敷地	…	…	436,098	58.3	389,512	65.9	366,003	61.2	378,381	63.5
	現住居の敷地以外	…	…	311,785	41.7	201,979	34.1	232,385	38.8	217,290	36.5
	宅地など	…	…	174,118	23.3	115,237	19.5	145,235	24.3	157,273	26.4
	農地	…	…	125,314	16.8	81,256	13.7	80,928	13.5	55,446	9.3
	山林	…	…	12,353	1.7	5,486	0.9	6,221	1.0	4,571	0.8

建物敷地		平成10年		平成15年		平成20年		平成25年		平成30年	
		建物資産額	構成率	建物資産額	構成率	建物資産額	構成率	建物資産額	構成率	建物資産額	構成率
法人建物	建物全体	…	…	84,058	100.0	89,045	100.0	80,229	100.0	123,736	100.0
	工場敷地以外	…	…	70,428	83.8	74,772	84.0	67,454	84.1	98,889	79.9
	工場敷地	…	…	13,630	16.2	14,273	16.0	12,775	15.9	24,847	20.1

資料：国土交通省「土地基本調査」
注：土地全体及び建物全体には「不詳」を含む

7. 土地関連諸制度の動向

（1）土地取引規制等

　国土利用計画法においては、土地の投機的取引及び地価の高騰が国民生活に及ぼす弊害を除去し、かつ、適正かつ合理的な土地利用の確保を図るため、①事後届出制、②注視区域及び監視区域における事前届出制、③規制区域における許可制を設けている（図表73、図表74）。

| 図表73 | 土地取引規制制度について |

制度	事後届出制	事前届出制		許可制
区域	右3区域以外の地域	注視区域	監視区域	規制区域
区域指定要件	なし （右3区域以外の地域）	・地価の社会的経済的に相当な程度を越えた上昇又はそのおそれ ・適正かつ合理的な土地利用の確保に支障を生ずるおそれ	・地価の急激な上昇又はそのおそれ ・適正かつ合理的な土地利用の確保が困難となるおそれ	・投機的取引の相当範囲にわたる集中又はそのおそれ及び地価の急激な上昇又はそのおそれ（都市計画区域）等
届出対象面積	都市計画区域内 市街化区域　　2,000m²以上 〃　　その他の区域　　5,000m²以上 都市計画区域外　　10,000m²以上	都道府県知事等が規則で定める面積（左の面積未満）以上		面積要件なし （許可制）
届出時期	契約締結後	契約締結前		契約締結前 （許可制）
勧告要件	利用目的のみ ・公表された土地利用計画に適合しないこと等	価格及び利用目的 ・届出時の相当な価額に照らし著しく適正を欠くこと ・土地利用計画に適合しないこと等	価格及び利用目的 ・届出時の相当な価額に照らし著しく適正を欠くこと ・土地利用計画に適合しないこと等 ・投機的取引に当たること	価格及び利用目的（不許可基準） ・区域指定時の相当な価額に照らし適正を欠くこと ・土地利用計画に適合しないこと等 ・投機的取引に当たること
勧告内容	利用目的の変更	契約締結中止など	同左	

資料：国土交通省

| 図表74 | 届出制フロー |

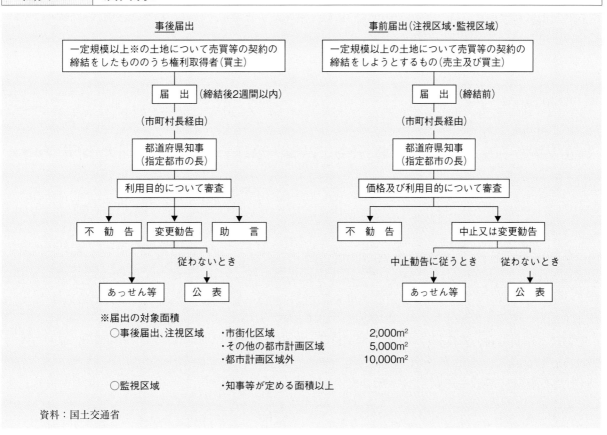

資料：国土交通省

① 事後届出制

　大規模な土地取引に関する土地売買等の契約を締結した者のうち、権利取得者は、当該契約に係る土地の利用目的、価格等を、契約締結後2週間以内に都道府県知事又は指定都市の長（以下「都道府県知事等」という。）に届け出なければならず、都道府県知事等は、土地の利用目的が不適当な場合には、利用目的の変更を勧告することができ、勧告に従わないときにはその旨を公表することができることとされている。

　事後届出の件数及び面積の推移は、図表1-2-3のとおりである。また、届出された取引のうち利用目的を審査した結果、勧告・助言をした件数及びその割合は図表75のとおりである。

図表75	事後届出があった場合において勧告・助言をした割合

年	平成10	11	12	13	14	15	16	17	18	19	20	21	22	23	24	25	26	27	28	29	30	令和元	2	3
事後届出件数（A）	3,332	14,894	12,512	10,603	9,668	10,790	11,989	12,683	15,624	16,439	14,179	10,139	10,931	11,051	12,407	13,367	14,736	15,176	15,785	17,699	16,723	17,039	15,694	18,147
勧告件数（B）	0	1	0	0	0	0	0	0	0	0	0	0	0	0	0	0	0	0	0	0	0	0	0	0
助言件数（C）	17	168	243	137	139	243	280	261	320	366	251	463	425	310	337	383	291	475	365	272	424	287	353	566
（B＋C）／A	0.5%	1.1%	2.0%	1.3%	1.4%	2.3%	2.3%	2.1%	2.0%	2.2%	1.8%	4.6%	3.9%	2.8%	2.7%	2.9%	2.0%	3.1%	2.3%	1.5%	2.5%	1.7%	2.2%	3.1%

資料：国土交通省
注1：事後届出件数は、届出の処理月ベースである
注2：「勧告」とは、国土利用計画法第24条の規定による土地の利用目的に関する勧告をいう
注3：「助言」とは、国土利用計画法第27条の2の規定による土地の利用目的に関する助言をいう

② 注視区域又は監視区域における事前届出制
ア　注視区域制度

　都道府県知事等は、地価が相当程度上昇し、又はそのおそれがあり、これによって適正かつ合理的な土地利用の確保に支障を生ずるおそれがあると認められる区域を、注視区域として指定することができる。

　注視区域においては、大規模な土地取引について土地売買等の契約を締結しようとする者は、当該契約に係る予定価格及び土地の利用目的を届け出なければならず、都道府県知事等は、予定価格又は土地の利用目的が不適切な場合には、契約の中止等の措置を講ずるよう勧告することができ、勧告に従わない場合には、その旨及び当該勧告の内容を公表することができることとされている。

　令和4年4月1日現在、その指定は行われていない。

イ　監視区域制度

　都道府県知事等は、地価が急激に上昇し、又はそのおそれがあり、これによって適正かつ合理的な土地利用の確保に支障を生ずるおそれがあると認められる区域を、監視区域として指定することができる。

　監視区域においては、都道府県又は指定都市の規則により定められた面積以上の土地取引について土地売買等の契約を締結しようとする者は、当該契約に係る予定価格、土地の利用目的等を届け出なければならず、都道府県知事等は、予定価格又は土地の利用目的が不適切な場合には、契約の中止等の措置を講ずるよう勧告することができ、勧告に従わない場合には、その旨及び当該勧告の内容を公表することができるとされている。

　監視区域は、平成5年のピーク時には58団体（1,212市町村）において指定されていた。その後、地価の下落・沈静化傾向等を踏まえ、都道府県知事等が監視区域の指定解除を機動的かつ弾力的に行い、平成11年末には、監視区域を指定している団体は1都（1村）となった（図表76）。

　その後、国会等移転審議会答申において国会等の移転先候補地が選定されたことに伴い、平成12年1月に関係8府県（48市町村）で監視区域が指定されていたが、令和4年4月1日現在、監視区域を指定している団体は、1都（1村）となっている（図表77）。

図表76　監視区域指定市町村数の推移

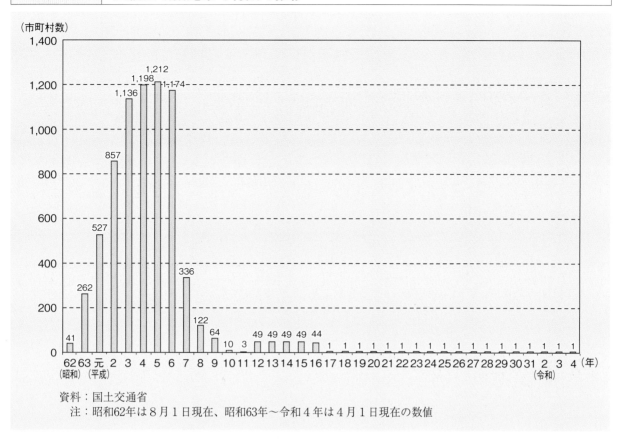

（市町村数）

資料：国土交通省
注：昭和62年は8月1日現在、昭和63年～令和4年は4月1日現在の数値

図表77　監視区域の指定を行っている団体

都道府県名 （市町村数）	市　町　村　名	届出対象面積 （下記の面積以上）	指定期間
東　京　都（1村）	小笠原村 （都市計画区域のみ）	500m²	令和2年1月5日 ～令和7年1月4日

資料：国土交通省
注：令和4年4月1日現在の数値

③　規制区域における許可制

　都道府県知事は、土地の投機的取引が相当範囲にわたり集中して行われ、又はそのおそれがあって、地価が急激に上昇し又は上昇するおそれがあると認められる区域等を、規制区域として指定することができる。

　規制区域においては、原則として、全ての土地取引を許可に係らしめ、自己利用等の一定の場合を除き、土地取引が規制されている。

　令和4年4月1日現在、その指定は行われていない。

④　遊休土地制度

　国土利用計画法の遊休土地制度は、遊休土地の積極的な活用を図るとともに、土地に関する権利の移転等の許可又は届出に際して行われる土地利用目的の審査を事後的に補完する意味を持つ制度である。

　土地取引の許可又は届出手続きを経た土地のうち、取得後2年以上経過した一定規模以上の低・未利用地について、その利用を促進する必要があると認められる場合に、都道府県知事がその土地の所有者等に対し遊休土地である旨の通知を行い、通知を受けた者はその土地の利用又は処分に関する計画を届け出な

資料編

ければならない。

　都道府県知事は、届け出られた計画に対して必要な助言、勧告等を行うとともに、勧告に従わない場合には買取り協議を行う旨の通知をすることとなっている（図表78、図表79）。

　制度創設以来、全国で246件、223.5haの土地に対し遊休土地である旨の通知がなされている。

| 図表78 | 遊休土地制度の仕組み |

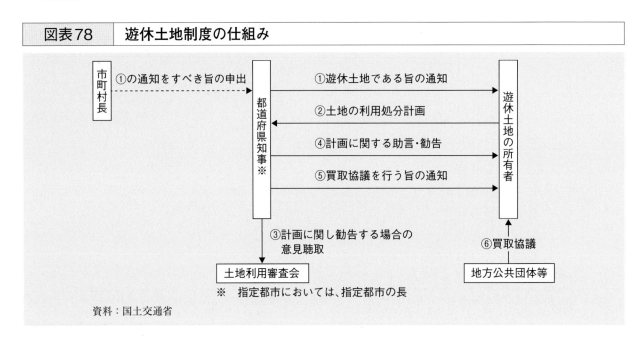

資料：国土交通省

| 図表79 | 遊休土地の通知条件 |

① 一定規模以上の一団の土地であること。

	市街化区域	都市計画区域	都市計画区域外
規制区域	1,000㎡	3,000㎡	5,000㎡
監視区域	都道府県（指定都市）が規則で定める面積。 ただし、その面積が規制区域欄に示す面積未満である場合は、規制区域欄の面積。		
その他	2,000㎡	5,000㎡	10,000㎡

② 国土利用計画法の届出をし、取得後2年経過していること。
③ 低・未利用地であること。
④ 周辺地域における計画的な土地利用の増進を図るため、特に有効かつ適切な利用を促進する必要があること。

資料：国土交通省

（2）国土利用計画体系

① 国土利用計画

　国土利用計画は、国土利用計画法に示されている「国土の利用は、国土が現在及び将来における国民のための限られた資源であるとともに、生活及び生産を通ずる諸活動の共通の基盤であることにかんがみ、公共の福祉を優先させ、自然環境の保全を図りつつ、地域の自然的、社会的、経済的及び文化的条件に配意して、健康で文化的な生活環境の確保と国土の均衡ある発展を図る」との基本理念に即して策定する、国土の利用に関して基本となる計画であり、全国計画、都道府県計画、市町村計画から構成される。国土利用計画においては、「国土の利用に関する基本構想」、農地、森林、宅地等の国土の利用区分ごとの規模の目標とその地域別の規模の目標を示す「国土の利用目的に応じた区分ごとの規模の目標及びその地域別の概要」及び「これらを達成するために必要な措置の概要」を定めることとしている。

　平成17年に国土総合開発法が国土形成計画法へ改正され、国土形成計画（全国計画）と国土利用計画（全国計画）を一体のものとして定めることとされ、平成20年に第四次全国計画が閣議決定され、その目標年次は平成29年としていた。

　しかしながら、この間わが国は平成20年をピークに総人口が減少に転じ、本格的な人口減少社会、超高齢社会に突入した。また、平成23年の東日本大震災をはじめ、多くの自然災害に見舞われた。このような状況において、国土を適切に管理し荒廃を防ぐこと、開発圧力が低減する機会をとらえ、自然環境の再生・活用や災害に対する安全な土地利用の推進等を図ることによって、より安全で豊かな国土を実現することが重要な課題であるという認識の下、平成27年8月に第五次となる国土利用計画（全国計画）を策定した。本計画では、国土の安全性を高め、持続可能で豊かな国土を形成する国土利用を目指し、「適切な国土管理を実現する国土利用」「自然環境・美しい景観等を保全・再生・活用する国土利用」「安全・安心を実現する国土利用」の3つを基本方針としている。また、今後人口減少、高齢化、財政制約等が進行するなかで、基本方針を効率的に実現するために、防災・減災、自然共生、国土管理などの効果を複合的にもたらす「複合的な施策」の推進と、開発圧力が低減する機会をとらえ、土地の履歴や特性を踏まえ、最適な国土利用を選択する「国土の選択的な利用」の推進についても言及している。

　都道府県計画は、全国計画を基本として都道府県の区域内における国土利用の方向を示し、かつ、土地利用基本計画及び市町村計画の基本となるものであり、あらかじめ市町村長等の意見を聴取した上で定められるものである。

　また、市町村計画は、都道府県計画を基本として市町村の区域内における国土利用の方向を示すものであり、公聴会の開催等住民の意向を十分反映させるための措置を講じた上で定められるものである。

　第五次全国計画の策定を受け、多くの都道府県、市町村において計画の策定、見直しが順次進められているところである（図表80）。

図表80　国土利用計画市町村計画策定状況

（件数、率：%）

	市町村数 （a）	策定数 （b）	策定率 （b／a）
北　海　道	179	83	46.4
東　　　北　（青森県、岩手県、宮城県、秋田県、山形県、福島県、新潟県）	257	197	76.7
関　　　東　（茨城県、栃木県、群馬県、埼玉県、千葉県、東京都、神奈川県、山梨県）	343	103	30.0
北　　　陸　（富山県、石川県、福井県）	51	12	23.5
中　　　部　（長野県、岐阜県、静岡県、愛知県、三重県）	237	142	59.9
近　　　畿　（滋賀県、京都府、大阪府、兵庫県、奈良県、和歌山県）	198	55	27.8
中　　　国　（鳥取県、島根県、岡山県、広島県、山口県）	107	36	33.6
四　　　国　（徳島県、香川県、愛媛県、高知県）	95	45	47.4
九　　　州　（福岡県、佐賀県、長崎県、熊本県、大分県、宮崎県、鹿児島県、沖縄県）	274	168	61.3
合　　計	1,741	841	48.3

資料：国土交通省
注1：策定数には、計画の目標年次を経過しているものも含む
注2：首都圏の市町村数には、地方自治法第281条に定める特別区を含む
注3：令和4年3月末現在の数値

② 土地利用基本計画及び土地利用規制

ア 土地利用基本計画

　土地利用基本計画は、国土利用計画（全国計画及び都道府県計画）を基本とし、都市地域、農業地域、森林地域、自然公園地域及び自然保全地域の五地域を定めるとともに、土地利用の調整等に関する事項を内容として都道府県が作成するものである。関係行政機関や地方公共団体は、この土地利用基本計画に即して適正かつ合理的な土地利用規制が図られるよう措置を講ずることとされており、土地利用に関する行政部内の総合調整機能を果たすものである。また、土地取引については直接的に、開発行為については都市計画法を始めとする個別規制法を通じて間接的に、規制の基準としての役割を果たすものである。

　土地利用基本計画における五地域（都市、農業、森林、自然公園及び自然保全）は、それぞれ、個別規制法に基づく地域・区域等の指定がこの五地域に即して行われることを予定して定めている（図表81）。

図表81　五地域の指定状況

令和3年3月末現在　　　　　　　　　　　　　　　　　　　　　　　　　（面積：千ha、割合：%）

地域＼圏域	三大都市圏 面積	三大都市圏 割合	地方圏 面積	地方圏 割合	全国 面積	全国 割合
都　市　地　域	2,842	52.9	7,418	23.2	10,260	27.5
農　業　地　域	1,649	30.7	15,785	49.4	17,434	46.7
森　林　地　域	3,199	59.5	22,244	69.7	25,443	68.2
自　然　公　園　地　域	1,127	21.0	4,497	14.1	5,624	15.1
自　然　保　全　地　域	19	0.4	85	0.3	105	0.3
五　地　域　計	8,836	164.4	50,030	156.7	58,866	157.8
白　地　地　域	53	1.0	353	1.1	406	1.1
単　純　合　計	8,889	165.4	50,382	157.8	59,272	158.9
国　土　面　積	5,374	100.0	31,923	100.0	37,297	100.0

令和2年3月末現在　　　　　　　　　　　　　　　　　　　　　　　　　（面積：千ha、割合：%）

地域＼圏域	三大都市圏 面積	三大都市圏 割合	地方圏 面積	地方圏 割合	全国 面積	全国 割合
都　市　地　域	2,842	52.9	7,386	23.1	10,227	27.4
農　業　地　域	1,650	30.7	15,789	49.5	17,438	46.8
森　林　地　域	3,200	59.5	22,237	69.7	25,437	68.2
自　然　公　園　地　域	1,127	21.0	4,486	14.1	5,613	15.0
自　然　保　全　地　域	19	0.4	86	0.3	105	0.3
五　地　域　計	8,837	164.4	49,983	156.6	58,820	157.7
白　地　地　域	53	1.0	360	1.1	414	1.1
単　純　合　計	8,890	165.4	50,343	157.7	59,234	158.8
国　土　面　積	5,374	100.0	31,923	100.0	37,297	100.0

資料：国土交通省
注1：「割合」は、各圏域の国土面積に占める各地域の面積の割合である
注2：地方圏面積及び全国面積には、歯舞、色丹、国後及び択捉の各島の面積は含まれていない
注3：五地域が重複して指定されているものもあり、五地域を単純に合計した面積は、全国土面積に対して約1.6倍となっている
注4：三大都市圏は、東京圏（埼玉県、千葉県、東京都、神奈川県）、名古屋圏（岐阜県、愛知県、三重県）、大阪圏（京都府、大阪府、兵庫県、奈良県）である

イ 土地利用規制

　国土利用計画法では、土地の利用について土地取引段階において規制を行い、開発・利用を行う段階での規制等は個別の法律に委ねている。個別の法律における土地利用規制の概要は、次のとおりである。

（ア） 都市地域における土地利用規制

　都市計画法では、(a) 都市計画区域の指定（令和2年3月末現在、1,352市町村、約1,025万ha、うち市街化区域約145万ha）、(b) 市街化区域及び市街化調整区域の区分、(c) 用途地域等の決定、(d) 開発行為の許可等に関する措置を定めている（図表82、図表83）。

図表82	都市計画区域の指定状況

(件、面積：千ha、割合：%)

区　　　　　分	総　　　数			計	都　市計　画区域数	面　積
	市	町	村			
都 市 計 画 区 域 　（A）	787	529	36	1,352	1,003	10,246
区 域 区 分 決 定 済	441	173	11	625	255	5,218
用 　途 　地 　域	758	413	20	1,191	816	1,871
全 　　　　国 　（B）	793	743	183		－	37,797
（A）／（B）	99.2	71.2	19.7		－	27.1

資料：国土交通省「都市計画現況調査」
注1：東京都区部は、1市とした
注2：線引き完了済み都市計画区域の内訳は、市街化区域1,451千ha、市街化調整区域3,767千haである
注3：令和2年3月31日現在の数値

図表83	都市計画法第29条に基づく開発許可の状況

(件、面積：ha)

年度	区域区分設定済都市計画区域						非線引都市計画区域		準都市計画区域		「都市計画区域・準都市計画区域」外		合計	
	市街化区域		市街化調整区域		小計									
	件数	面積	件数	面積	件数	面積	件数	面積	件数	面積	件数	面積	件数	面積
平成 14	8,539	2,534	8,494	2,022	17,033	4,556	1,117	1,484	0	0	88	270	18,238	6,310
15	10,157	2,996	10,637	1,370	20,794	4,366	1,153	1,218	0	0	63	272	22,010	5,856
16	10,330	3,399	11,870	1,716	22,200	5,115	1,620	1,399	0	0	54	174	23,874	6,688
17	9,947	3,119	12,808	1,933	22,755	5,052	1,580	1,608	0	0	70	215	24,405	6,875
18	10,057	3,137	14,232	2,150	24,289	5,287	1,672	1,566	0	0	81	442	26,042	7,295
19	9,535	3,386	13,650	2,503	23,185	5,889	1,634	2,276	0	0	74	272	24,893	8,437
20	8,608	2,910	13,834	2,297	22,442	5,207	1,459	1,729	13	40	78	549	23,992	7,525
21	6,876	2,282	12,847	1,712	19,723	3,994	1,012	1,162	21	143	49	263	20,805	5,562
22	8,082	2,657	12,450	1,829	20,532	4,486	1,159	1,266	16	21	48	194	21,755	5,967
23	8,577	2,612	12,096	1,495	20,673	4,107	1,241	1,394	13	12	52	619	21,979	6,132
24	9,452	2,869	12,586	1,918	22,038	4,787	1,443	1,195	14	30	51	174	23,546	6,186
25	9,899	3,000	13,321	1,703	23,220	4,703	1,537	1,520	11	13	95	498	24,863	6,734
26	8,989	2,602	11,057	1,739	20,046	4,341	1,338	1,510	21	119	103	354	21,508	6,324
27	8,765	2,933	11,058	1,738	19,823	4,671	1,324	1,113	9	9	59	280	21,215	6,073
28	9,070	2,702	11,587	1,749	20,657	4,451	1,498	1,252	9	8	61	439	22,225	6,150
29	8,792	2,910	11,339	1,851	20,131	4,761	1,518	1,864	19	39	50	217	21,718	6,881
30	8,733	2,564	11,618	1,534	20,351	4,098	1,566	1,375	19	56	58	270	21,994	5,799
令和 元	7,862	2,344	11,149	1,733	19,011	4,077	1,417	1,226	11	29	33	162	20,472	5,494
2	7,142	2,247	10,606	1,727	17,748	3,974	1,296	1,103	15	41	35	191	19,094	5,308

資料：国土交通省

（イ）　農業地域における土地利用規制

　農振法では、（a）農業振興地域の指定、（b）農用地区域の設定等を内容とする農業振興地域整備計画の策定、（c）農用地区域内における開発行為の制限、（d）土地利用に関する勧告及び交換分合等を定めている（図表84）。

　また、農地法では、耕作者の地位の安定、土地の農業上の効率的な利用の促進及び農業生産力の増進を図る観点から、農地等の権利移転や転用の制限等の措置を定めている（図表85）。

　農用地区域の状況

(万ha)

総面積	農用地	混牧林地	混牧林地以外の 山林原野	農業用施設用地	その他
467	419	6	32	5	4

資料：農林水産省
注1：市町村から報告のあった数値を集計したもの
注2：農用地の面積は、田、畑、樹園地及び採草放牧地の面積の合計
注3：令和2年12月31日現在の数値
注4：数値は四捨五入の関係で一致しない場合がある

図表85　転用用途別にみた農地転用の状況

(ha)

区分 年	住宅用地	工・鉱業 用　　地	学校用地	公園、運 動場用地	道路、水 路、鉄道 等 用 地	商業サー ビ ス 等 用 地	そ の 他 建設施設 用 地	植 林 そ の 他	合　計
平成16	5,158	334	70	166	1,761	1,590	6,262	2,335	17,675
17	5,277	442	85	130	1,618	1,578	5,833	2,037	17,001
18	5,271	439	55	123	1,775	1,705	5,762	1,827	16,959
19	4,970	575	74	101	1,369	1,779	5,594	1,720	16,182
20	4,546	471	56	117	1,327	1,113	4,979	3,236	15,846
21	3,708	382	63	109	1,360	870	4,079	3,121	13,692
22	3,794	323	80	88	841	808	4,197	2,157	12,288
23	3,864	258	80	98	842	764	3,564	1,823	11,292
24	4,160	291	93	86	837	938	3,902	1,688	11,996
25	4,537	251	65	100	1,032	1,022	4,721	2,076	13,804
26	4,065	406	97	109	1,143	960	5,843	2,610	15,233
27	4,204	316	101	73	855	1,017	6,004	3,938	16,508
28	4,193	384	98	65	759	913	6,217	3,814	16,443
29	4,093	444	79	65	643	884	6,622	4,850	17,681
30	4,115	476	66	71	757	935	7,114	3,770	17,304
令和元	3,924	529	94	54	584	811	7,292	3,489	16,778

資料：農林水産省「農地の移動と転用」、「農地の権利移動・借賃等調査」

（ウ）　森林地域における土地利用規制

　森林法では、（a）保安林及び保安施設地区の指定並びにそれらの区域内における立木の伐採、土地の形質の変更等についての許可制、（b）地域森林計画の対象となっている民有林（保安林等を除く。）における1haを超える開発行為の許可制等に関する措置を定めている（図表86、図表87）。

図表86　森林面積及び保安林面積の推移

(面積：千ha、割合：%)

区分		年度 昭和55	60	平成元	6	13	18	23	28	令和元	2
森林面積	総　数（A）	25,279	25,255	25,212	25,146	25,121	25,097	25,081	25,048	25,048	25,048
	国 有 林	7,907	7,887	7,861	7,844	7,838	7,686	7,674	7,659	7,659	7,659
	民 有 林	17,372	17,368	17,351	17,302	17,283	17,411	17,407	17,389	17,389	17,389
保安林面積	総　数（B）	7,317	7,981	8,224	8,512	9,052	11,763	12,053	12,184	12,230	12,245
	国 有 林	3,727	3,936	3,984	4,072	4,309	6,763	6,899	6,919	6,918	6,917
	民 有 林	3,591	4,046	4,240	4,440	4,743	4,999	5,155	5,265	5,312	5,329
（B）／（A）		29	32	33	34	36	47	48	49	49	49

資料：林野庁
注1：森林面積は、森林法第2条第1項に規定する森林の面積
注2：保安林面積は、実面積
注3：国有林は、林野庁所管以外の国有林を含む
注4：各年度末現在の数値である。ただし、令和元、2年度の森林面積は平成28年度末の数値

| 図表87 | 森林法第10条の2に基づく林地開発許可の状況 |

(件)

開発行為の目的＼年度	件数														
	平成18	19	20	21	22	23	24	25	26	27	28	29	30	令和元	2
工事・事業場用地の造成	84	75	72	61	43	46	70	175	304	322	322	271	297	296	161
住宅用地の造成	19	29	15	9	8	6	10	10	9	9	10	9	6	9	5
別荘地の造成	0	2	2	1	0	0	0	0	0	0	0	0	0	0	1
ゴルフ場の設置	1	1	2	0	1	1	0	0	0	0	0	1	0	0	0
レジャー施設の設置	11	8	6	7	5	4	4	4	2	4	3	3	3	4	7
農用地の造成	41	61	58	44	48	53	38	18	23	35	34	23	26	28	31
土石の採掘	119	108	111	82	94	85	79	103	110	103	92	79	63	53	71
道路の新設又は改築	6	15	18	11	21	19	10	13	12	20	13	7	7	6	3
その他	47	34	27	23	27	24	17	35	28	25	27	30	36	41	39
計	328	333	311	238	247	238	228	358	488	518	501	423	438	437	318

(ha)

開発行為の目的＼年度	面積														
	平成18	19	20	21	22	23	24	25	26	27	28	29	30	令和元	2
工事・事業場用地の造成	407	518	465	297	213	128	489	869	1,941	2,302	2,861	2,547	2,421	3,569	1,306
住宅用地の造成	72	111	34	38	36	35	28	-14	-37	36	62	85	11	36	17
別荘地の造成	0	10	12	1	0	0	-1	0	0	9	0	0	-2	0	7
ゴルフ場の設置	-1	9	9	0	1	3	8	0	-29	-25	0	-56	5	-55	0
レジャー施設の設置	59	23	-33	9	22	11	53	29	13	17	9	7	44	34	50
農用地の造成	211	292	231	223	184	195	205	126	128	162	138	96	105	131	163
土石の採掘	1,054	1,009	899	788	879	784	720	1,066	1,148	954	999	682	669	716	627
道路の新設又は改築	47	249	87	146	170	215	133	89	66	113	45	43	76	37	21
その他	253	181	186	102	84	87	146	169	90	167	167	220	203	183	219
計	2,102	2,402	1,890	1,604	1,589	1,458	1,781	2,334	3,320	3,735	4,281	3,624	3,532	4,651	2,410

資料：農林水産省
注1：面積は、土地の形質の変更に係る面積であって、開発区域に残置する森林の面積は含まない
注2：件数は、新規許可処分に係るものであって、面積は、当該年度の新規許可処分面積に当該年度の変更許可処分による増減面積を加えたもの
注3：「その他」には産業廃棄物処理場、残土処理場、福祉施設、墓地等が含まれる

（エ）　自然公園地域における土地利用規制

　自然公園法では、国立公園・国定公園等を指定しており、公園内の特別保護地区、特別地域、普通地域等における工作物の新改増築、木竹の伐採、植物採取、土石の採取等の行為について、国又は都道府県知事への許可申請や届出等が必要である（図表88）。

| 図表88 | 国立公園等の指定状況 |

（面積：千ha、割合：%）

区分	公園数	公園面積（A）	特別地域面積（B）	（B／A）	特別保護地区面積（C）	（C／A）	普通地域面積（D）	（D／A）
国立公園	34	2,196	1,620	73.8	292	13.3	576	26.2
国定公園	58	1,494	1,360	91	66	4.4	135	9
都道府県立自然公園	310	1,913	678	35.5	-	-	1,235	64.5

資料：環境省
注1：特別地域の面積には、特別保護地区の面積を含む
注2：令和4年3月末現在の数値

（オ）　自然環境保全地域における土地利用規制

　自然環境保全法では、（a）原生自然環境保全地域・自然環境保全地域等の指定並びに原生自然環境保全地域内における立入制限地区及び自然環境保全地域内における特別地区等の指定、（b）原生自然環境保全地域内における開発行為等の禁止及び立入制限地区における立入禁止、（c）自然環境保全地域内の特別地区等における開発行為等の許可及び普通地区における届出等に関する措置を定めている（図表89）。

図表89	自然環境保全地域等の面積

（面積・地区：ha、比率：%）

区分	地域数	面　積 (A)	特別地区及び 海域特別地区 [野生動植物保護地区] (B)	比　率 (B／A)
原生自然環境保全地域	5	5,631	—	—
自然環境保全地域	10	22,542	18,343 (14,868)	81.4 (66.0)
都道府県自然環境保全地域	546	77,413	25,492 (2,836)	32.9 (3.7)

資料：環境省
注１：原生自然環境保全地域は、南硫黄島、屋久島、大井川源流部、十勝川源流部、遠音別岳の５箇所である
注２：自然環境保全地域は、早池峰、稲尾岳、大平山、利根川源流部、白髪岳、大佐飛山、和賀岳、笹ヶ峰、崎山湾・網取湾、白神山地の10箇所である
注３：令和４年３月末現在の数値

（3）自然環境保全等のための土地利用規制

①　生息地等保護区における土地利用規制等

　「絶滅のおそれのある野生動植物の種の保存に関する法律」に基づき指定された国内希少野生動植物種の保存のため必要があるときは、その生息・生育地を生息地等保護区に指定することができ、また、生息地等保護区の区域内で特に必要があると認める区域を管理地区として指定することができるとされている。生息地等保護区においては工作物の新築等を行う際にはあらかじめ環境大臣に届け出る必要があり、また、管理地区内においては上記届出を必要とする行為に加えて木竹の伐採等の行為を行う際には、あらかじめ環境大臣の許可が必要である（図表90）。

図表90	生息地等保護区の現況

（面積：ha）

区分	箇所数	面積
生息地等保護区	10	1489.18
うち管理地区	10	651.07

資料：環境省
注：令和４年６月末現在の数値

② 鳥獣保護区における土地利用規制等

「鳥獣の保護及び管理並びに狩猟の適正化に関する法律」に基づき、鳥獣の保護を図るため特に必要があるときは、環境大臣又は都道府県知事は、国指定鳥獣保護区又は都道府県指定鳥獣保護区を指定することができる。また、鳥獣保護区の区域内に特別保護地区及び特別保護指定区域を指定し、これらの地域における工作物の設置等には、環境大臣又は都道府県知事の許可が必要となっている（図表91）。

図表91	鳥獣保護区の現況

（面積：千ha）

区分	国指定		都道府県指定		計	
	箇所数	面積	箇所数	面積	箇所数	面積
鳥獣保護区	86	592	3,645	2,923	3,731	3,515
うち特別保護地区	71	165	540	142	611	307
うち特別保護指定区域	2	1	3	6	5	7

資料：環境省
注：令和3年11月1日現在の数値

③ 特別緑地保全地区等における行為制限や土地の買入れの実施等

「都市緑地法」に基づき、市町村による「緑地の保全及び緑化の推進に関する基本計画（緑の基本計画）」の策定を促進している。また、同法に基づく「特別緑地保全地区」の指定を促進し、緑地の保全に支障を生じるおそれのある一定の行為について許可制による制限を行うとともに、地方公共団体による土地の買入れ等を促進している。

また、「首都圏近郊緑地保全法」及び「近畿圏の保全区域の整備に関する法律」に基づき「近郊緑地保全区域」を指定し、区域内における一定の開発行為について届出制を設けるとともに、近郊緑地保全区域内の枢要な部分を構成している地域については「近郊緑地特別保全地区」の指定を促進し、一定の開発行為について許可制による制限を行うとともに、地方公共団体による土地の買入れ等を促進している。

さらに、「古都における歴史的風土の保存に関する特別措置法」に基づき「歴史的風土保存区域」を指定し、区域内の一定の開発行為について届出制を設け、また、歴史的風土保存区域内の枢要な部分を構成している地域については「歴史的風土特別保存地区」の指定を促進し、一定の開発行為について許可制による制限を行うとともに、地方公共団体による土地の買入れ等を促進している。

各区域及び地区の指定状況は、図表92のとおりである。なお、令和2年度末までに、約1,761haの特別緑地保全地区（近郊緑地特別保全地区を含む。）の土地の買入れが行われ、約946haの歴史的風土特別保存地区の土地の買入れが行われた。

図表92	特別緑地保全地区等の指定状況

（面積：ha）

区分	箇所数	面積
特別緑地保全地区	636	2,896
近郊緑地保全区域	25	97,330
うち近郊緑地特別保全地区	30	3,754
歴史的風土保存区域	32	20,083
歴史的風土特別保存地区	60	6,428

資料：国土交通省
注1：特別緑地保全地区は平成16年の都市緑地法改正で緑地保全地区より名称変更
注2：令和3年3月末現在の数値
注3：歴史的風土特別保存地区の箇所数及び面積には、明日香村における歴史的風土の保存及び生活環境の整備に関する特別措置法に基づく第1種歴史的風土保存地区及び第2種歴史的風土保存地区を含まない

④　保安林制度

　水源の涵養、災害の防備、生活環境の保全・形成等の公共目的を達成するため、特にこれらの機能を発揮させる必要のある森林を保安林として指定し、その森林の保全と適切な森林施業の確保を図ることによって、森林の有する公益的機能を高度に発揮させることが重要である。このため、全国森林計画に基づいた保安林の計画的な配備に努め、令和３年３月末現在の保安林の指定面積は約1,225万ha（実面積）となっている（図表93）。

図表93	保安林の指定状況

（千ha）

年度 区分	平成18	19	20	21	22	23	24	25	26	27	28	29	30	令和元	2
水源涵養のための保安林	8,870	8,966	9,001	9,033	9,080	9,100	9,128	9,152	9,167	9,185	9,195	9,204	9,224	9,235	9,244
災害防備のための保安林	2,841	2,855	2,860	2,876	2,898	2,911	2,919	2,926	2,933	2,940	2,945	2,952	2,959	2,963	2,967
保健・風致の保存等のための保安林	780	785	785	787	788	788	789	790	790	790	791	793	793	793	793
合　　　計	11,763	11,876	11,915	11,964	12,023	12,053	12,091	12,122	12,143	12,170	12,184	12,197	12,214	12,230	12,245

資料：農林水産省
注１：各年度とも３月31日現在の数値
注２：水源涵養のための保安林とは、森林法第25条第１項第１号の目的、災害防備のための保安林とは、土砂の流出の防備、土砂の崩壊の防備などの第２号から第７号までの目的、保健・風致の保存等のための保安林とは、第８号から第11号までの目的を達成するために指定する保安林をいう
注３：保安林面積の合計欄は、２以上の目的を達成するために指定する保安林があるため、内訳の合計に合致しない

⑤　国有林野における保護林

　国土面積の約２割、森林面積の約３割を占める国有林野については、「国有林野の管理経営に関する法律」に基づき管理経営を行っており、世界遺産一覧表に記載された「知床」（北海道）、「白神山地」（青森県、秋田県）、「小笠原諸島」（東京都）、「屋久島」（鹿児島県）及び「奄美大島、徳之島、沖縄島北部及び西表島」（鹿児島県、沖縄県）を始めとする、原生的な天然林や希少な野生生物の生育・生息の場となっている森林が多く所在している。国有林野事業では、このような生物多様性の核となる森林を保護林（令和４年４月１日現在、661箇所、981千ha）に設定して、厳格な保護・管理を行っている（図表94）。

図表94	保護林の現況

（面積：千ha）

保護林区分	特　　徴	箇所数	面積
森林生態系保護地域	我が国の気候帯又は森林帯を代表する原生的な天然林を保護・管理	31	703
生物群集保護林	地域固有の生物群集を有する森林を保護・管理	97	238
希少個体群保護林	希少な野生生物の生育・生息に必要な森林を保護・管理	533	40
合　　　計		661	981

資料：農林水産省
　注：令和４年４月１日現在の数値

（4）国土調査

① 第7次国土調査事業十箇年計画に基づく国土調査事業の推進

　国土調査（基本調査、土地分類調査、水調査、地籍調査）は、国土調査法及び国土調査促進特別措置法等に基づき、国土の開発及び保全並びにその利用の高度化に資するとともに、あわせて地籍の明確化を図るため、国土の実態を科学的かつ総合的に調査するものである。国土調査は、土地に関する最も基礎的な情報を整備するものであり、大きく三つに分けることができる（図表95）。

図表95	国土調査の種類

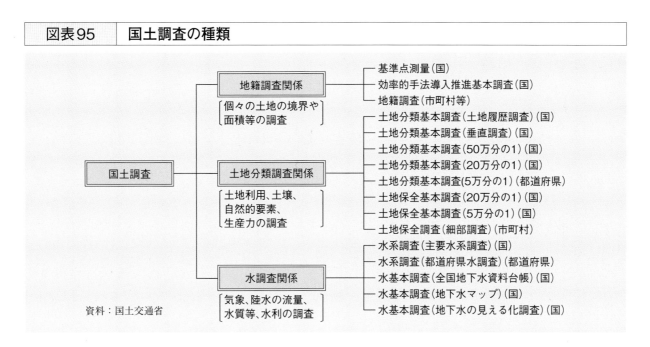

　国土調査の緊急かつ計画的な実施の促進を図るため、昭和37年に国土調査促進特別措置法が制定され、昭和38年以降、同法に基づく国土調査事業十箇年計画を策定し、その推進を図ってきたところである。

　令和2年3月に国土調査促進特別措置法が改正され、これに基づき、令和2年5月に第7次国土調査事業十箇年計画（計画期間：令和2年度から令和11年度まで）が閣議決定されており、国土調査のより一層の推進に取り組んでいる（図表96）。

図表96	第7次国土調査事業十箇年計画の事業量

調 査 名	実 績	第7次計画
地籍調査（km²）	1,667	15,000
地籍基本調査（km²）	104	450
土地分類基本調査（土地履歴調査）（km²）	2,635	20,000

資料：国土交通省
注1：「実績」は、令和3年度末現在の数値
注2：実績面積は、地籍調査以外の成果の活用（19条5項指定）による地籍の明確化を含む、地籍整備が実施された面積である

② 地籍調査の実施

　地籍調査は、個々の土地の境界や面積等を調査し、その結果を地籍図及び地籍簿に取りまとめるものである。

　我が国では、土地の位置や形状を示す図面が登記所に備え付けられているが、その約4割は、明治時代の地租改正等に由来する「地図に準ずる図面」（その大部分が旧土地台帳附属地図）である。そのため、一般的に精度が劣っているものが多いことに加え、登記記録上の面積も不正確な場合があり、現代の社会経済上の要請に応えきれていない面がある。このような状況を改善するため、地籍調査では、国家基準点に基づく正確な測量を行い、現地において復元できる地籍図と地籍簿を作成することになっている（図表97）。

| 図表97 | 公図と地籍図 |

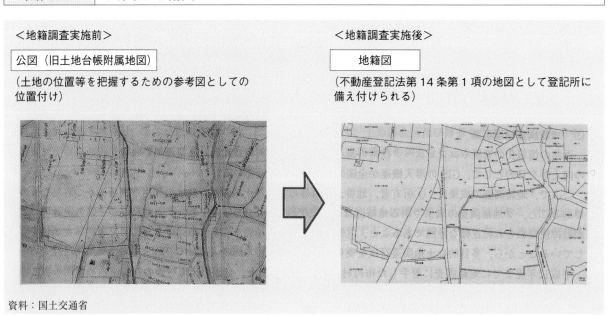

　＜地籍調査実施前＞　　　　　　　　　　　　　　　　＜地籍調査実施後＞

　公図（旧土地台帳附属地図）　　　　　　　　　　　　　地籍図

（土地の位置等を把握するための参考図としての位置付け）　（不動産登記法第14条第1項の地図として登記所に備え付けられる）

資料：国土交通省

ア　地籍調査の重要性

　地籍調査の成果は、20日間の閲覧後に、都道府県知事の認証等を経て、その写しが登記所に送付される。登記所では、地籍簿に基づき登記記録の内容が改められるとともに、地籍図が原則として不動産登記法第14条第1項の地図として備え付けられることになり、土地取引の円滑化や土地資産の保全に貢献する。

　また、地籍調査の成果は、公共事業や民間開発事業のコスト縮減、公共物管理の適正化、まちづくり等の様々な場面において広く活用されている。

　さらに、地籍調査が実施された地域では、地震、土砂崩れ、水害等の災害により土地の形状が変わってしまった場合にも、土地の境界を正確に復元し、復旧活動に迅速に取りかかることが可能となるため、災害復旧・復興の迅速化という点からも地籍調査の推進が強く望まれている。

イ　地籍調査の進捗状況

　地籍調査の進捗率は、令和3年度末現在、全国で約52％となっており、人口集中地区（DID）においては約26％と特に低い状況にある（図表98）。この原因としては、都市部では、土地が細分化され筆数が多く、土地の権利関係が複雑化している上に、地価が高く所有者の権利意識が強いため、他の地域に比べて境界確認の合意を得ることが困難であることなどが挙げられる。

　また、林地における進捗率が約46％にとどまっており、全国平均に比べて低い状況にある。この原因としては、土地所有者の高齢化に伴い、地形が急峻な山村地域における現地立会いが困難になるなどの調査・測量上の課題が挙げられる。

図表98	地籍調査の地域区分別の進捗率

地籍調査対象 地域全体	対象面積 (km²)	実績面積 (km²)	進捗率 (%)
D　I　D	12,673	3,347	26
宅　　　地	19,453	9,994	51
農　用　地	77,690	54,818	71
林　　　地	178,150	81,993	46
合　　　計	287,966	150,153	52

優先実施地域	対象面積 (km²)	実績面積 (km²)	進捗率 (%)
D　I　D	9,985	3,347	34
宅　　　地	13,517	9,994	74
農　用　地	61,410	54,818	89
林　　　地	103,872	81,993	79
合　　　計	188,694	150,153	80

資料：国土交通省
注1：「地籍調査対象地域」とは、全国土から国有林野及び公有水面等を除いた地域である
注2：優先実施地域とは、土地区画整理事業等の実施により地籍が一定程度明らかになっている地域及び大規模な国・公有地等の土地取引が行われる可能性が低い地域（防災対策、社会資本整備等のために調査の優先度が高い地域を除く。）を、地籍調査対象地域から除いた地域である
注3：対象面積等は、第7次国土調査事業十箇年計画の作成に当たって精査したものである
注4：実績面積は、地籍調査以外の成果の活用（19条5項指定）による地籍の明確化を含む、地籍整備が実施された面積である
注5：「ＤＩＤ」とは、国勢調査による人口集中地区（Densely Inhabited Districtsの略）を指し、具体的には、人口密度4,000人/km²以上の国勢調査上の基本単位区が互いに隣接して、5,000人以上の人口となる地区のことである
注6：宅地、農用地、林地については、ＤＩＤ以外の地域を分類したものである
注7：令和3年度末現在の数値
注8：計数は、それぞれ四捨五入によっているので合計は一致しない場合もある

資料編

土 地 白 書 （令和4年版）

令和4年9月15日　発行

編　集　　国 土 交 通 省
　　　　　〒100-8918
　　　　　東 京 都 千 代 田 区 霞 が 関 2 - 1 - 3
　　　　　TEL 03 (5253) 8111

発　行　　株 式 会 社 サ ン ワ
　　　　　〒102-0072
　　　　　東 京 都 千 代 田 区 飯 田 橋 2 -11- 8
　　　　　TEL 03 (3812) 5201

発　売　　全国官報販売協同組合
　　　　　〒105-0001
　　　　　東 京 都 北 区 田 端 新 町 1 - 1 - 14
　　　　　TEL 03 (6737) 1500

ISBN978-4-9909712-6-7　　落丁・乱丁本はお取り替えします。